utb 1751

Eine Arbeitsgemeinschaft der Verlage

Brill | Schöningh – Fink · Paderborn
Brill | Vandenhoeck & Ruprecht · Göttingen – Böhlau Verlag · Wien · Köln
Verlag Barbara Budrich · Opladen · Toronto
facultas · Wien
Haupt Verlag · Bern
Verlag Julius Klinkhardt · Bad Heilbrunn
Mohr Siebeck · Tübingen
Narr Francke Attempto Verlag – expert verlag · Tübingen
Ernst Reinhardt Verlag · München
transcript Verlag · Bielefeld
Verlag Eugen Ulmer · Stuttgart
UVK Verlag · München
Waxmann · Münster · New York
wbv Publikation · Bielefeld
Wochenschau Verlag · Frankfurt am Main

Georg Kneer/Armin Nassehi

Niklas Luhmanns Theorie sozialer Systeme

Eine Einführung

BRILL | FINK

Online-Angebote oder elektronische Ausgaben sind erhältlich unter **www.utb.de**

Bibliografische Information der Deutschen Nationalbibliothek

Die Deutsche Nationalbibliothek verzeichnet diese Publikation in der
Deutschen Nationalbibliografie; detaillierte bibliografische Daten sind im Internet über
http://dnb.d-nb.de abrufbar.

4., unveränderte Auflage 2000

Koninklijke Brill NV umfasst die Imprints Brill, Brill Nijhoff, Brill Hotei, Brill Schöningh, Brill Fink, Brill mentis, Vandenhoeck & Ruprecht, Böhlau, Verlag Antike und V&R unipress.

Internet: www.fink.de

Printed in Germany.
Einbandgestaltung: Atelier Reichert, Stuttgart
Herstellung: Brill Deutschland GmbH, Paderborn

UTB-Band-Nr: 1751
ISBN: 978-3-8252-1751-8

Inhalt

1 Einleitung

"Was ich bisher geschrieben habe, ist alles noch Null-Serie der Theorieproduktion" (AuW: 142) - mit diesem Understatement überrascht einer der produktivsten und zugleich umstrittensten Denker der deutschen und internationalen Szene soziologischer Theoriebildung in einem Interview von 1985. Auch die Versicherung, daß diese Selbstbeschreibung in dem Hauptwerk *Soziale Systeme* von 1984 (SoSy) wenigstens eine Ausnahme findet (vgl. AuW: 142), mindert diese Überraschung nicht und läßt zugleich ein Licht auf den theoretischen Anspruch fallen, den Niklas Luhmann an seine eigene Theorie stellt. Um nichts weniger als um eine Theorie von universalistischer Reichweite ist es Luhmann zu tun. Freilich trachtet er nicht danach, eine Kosmologie oder Welttheorie zu schreiben, d.h. eine soziologische Weltformel zu entwickeln, durch die der soziologische Geist zu sich selbst kommt und nach dem es nichts Neues mehr geben kann. Vielmehr geht es ihm darum, jeden möglichen sozialen Kontakt, d.h. den gesamten Gegenstandsbereich der Soziologie mit Hilfe des Begriffsinstrumentariums der Theorie sozialer Systeme beschreibbar zu machen. Diesen hohen Anspruch an die eigene Theorieproduktion weitet Luhmann auf sein Publikum aus. Er dekretiert, "daß man Gedankengut, Anregungen und Kritik nur akzeptiert, wenn und soweit sie sich ihrerseits dieses Prinzip zu eigen machen" (SoSy: 33). Schon hier dürfte deutlich werden, daß Luhmann einen Denk- und Schreibstil pflegt, der den Zugang zu seiner Theorie sicher nicht leicht macht. Das eigentümliche Verhältnis der soziologischen Fachöffentlichkeit schwankt jedenfalls zwischen unverhohlener Bewunderung für ein ohne Zweifel gewaltiges Werk und starker Skepsis gegenüber dem völlig andersartigen Zugang zu sozialen Phänomenen, den Luhmann im Vergleich zu den meisten anderen allgemeinen soziologischen Theorien und erst recht zur empirischen Sozialforschung wählt.

Doch auch umgekehrt will keine rechte Vertrautheit aufkommen. Obwohl Luhmann - wohl weitgehend unbestritten - zu den führenden Vertretern der deutschen und internationalen akademischen Soziologie gehört, hat er ein eher gespaltenes Verhältnis zu seiner Disziplin. Dies wird schon daran deutlich, daß es - wenn dies keine Legende ist - nach seiner Berufung an die neu gegründete Universität Bielefeld 1968 zunächst noch offen war, welcher Disziplin Luhmann sich zuordnet. Die Option für Soziologie verdankt sich jedenfalls nicht einer biographischen oder gar theoretischen Kontinuität: Seine Karriere als Jurist in der öffentlichen Verwaltung - Luhmann hat es bis zum Oberregierungsrat gebracht - kann sicher nicht als logischer Vorläufer einer akademischen Karriere als universitärer Soziologe herhalten, und eine theoretische Kontinuität mit den Klassikern des Faches ist noch weniger auszumachen. Luhmann selbst gibt viel pragmatischere Gründe an: "An einem Lehrstuhl für Soziologie war ich deshalb besonders interessiert, weil man als Soziologe alles machen kann, ohne auf einen bestimmten Themenbereich festgelegt zu sein." (AuW: 141) Die universalistische Theorieanlage, die ihm vorschwebt, verlangt danach, sich nicht auf einen Themenbereich einzuschränken, sondern tatsächlich den Rahmen aller möglichen sozialen Kontakte abzustecken. "Von der Soziologie aus konnte man sich ja mit allen möglichen Themen beschäftigen, wenn man immer nur sagte, Soziologie des Rechts, Soziologie der Organisation, Soziologie des Wissens, Soziologie der Religion usw." (UaM: 101)

Luhmanns Verhältnis zum eigenen Fach läßt sich an seinem Verhältnis zu den Klassikern sowie an seiner Einschätzung empirischer Sozialforschung ablesen. Der empirischen Sozialforschung bescheinigt Luhmann zwar generös, sie sei im ganzen recht erfolgreich und habe unser Wissen vermehrt, zur Bildung einer facheinheitlichen Theorie habe sie jedoch nichts beigetragen (vgl. SoSy: 7). "Die Komplexität der Welt erscheint in dem Überraschungswert selbstproduzierter Daten; aber dann muß mehr Lebenserfahrung als Theorie herangezogen werden, um präsentierbare Ergebnisse herauszuziehen." (WissG: 370) Aus dieser "Welt der selbstgemachten Daten", so Luhmann weiter, könne die empirische Sozialforschung nicht ausbrechen, wenn sie den Blick auf ihren Gegenstand nur methodologisch, nicht aber theoretisch schult. Der theoretischen Soziologie dagegen wirft er vor, sich weitgehend auf Texte zu beziehen und stets nur Texte über Texte zu produzieren. "Die Aufgabe ist dann, schon vorhandene Texte zu sezieren, zu exegieren, zu rekombinieren. Was man sich selbst zu schaffen nicht zutraut, wird als schon vorhanden vorausgesetzt. Die Klassiker sind Klassiker, weil sie Klassiker sind [...]. Die Orientierung an großen Namen und die Spezialisierung auf solche Namen kann sich dann als theoretische Forschung ausgeben." (SoSy: 7) All dies, meint Luhmann, sei "nicht uninteressant und nicht unfruchtbar" (SoSy: 8), doch es diene weitgehend der Kontinuierung des soziologischen Betriebes, weniger aber dem, was Luhmann sucht: der Entwicklung einer Theorie der Soziologie. Luhmann arbeitet nicht mehr an der Selbstkontinuierung und Konsolidierung des Faches als universitärer Disziplin - dies sei seit Max Webers Zeiten inzwischen gelungen. "Man könnte sagen, daß es darum geht, eine zweite theoretische Konsolidierung zu erarbeiten und der Soziologie das Fundament einer disziplinweiten allgemeinen Theorie zu geben. Nach Weber, nach Parsons hat man das nicht mehr versucht." (AuW: 159f.) Luhmanns Impetus soziologischen Denkens ist es also nicht, an Traditionen anzuschließen, denen endlich zu ihrem Recht verholfen werden muß, nicht Versöhnungsutopien und eine unversehrte Intersubjektivität oder wenigstens die prozedurale Sicherung ethischer Postulate sind seine Motive, sondern schlicht das Interesse an einer Theorie, deren *Auflöse- und Rekombinationsvermögen* so weit fortgeschritten ist, daß man die moderne Gesellschaft theoretisch besser in den Blick bekommt. Einen Eindruck davon mag folgende Antwort geben, die Luhmann auf die Frage gegeben hat, was seine persönliche Motivation zu wissenschaftlichem Arbeiten sei: "Ich weiß nicht, ob ich es auf eine Formel bringen kann. Aber wenn, dann ist es jedenfalls eine sehr viel begrifflichere oder theoretischere Option. Ich halte es zum Beispiel für fruchtbarer, Theorien nicht mit Einheit anzufangen, sondern mit Differenz, und auch nicht bei Einheit (im Sinne von Versöhnung) enden zu lassen, sondern bei einer, wie soll ich sagen, besseren Differenz. Deswegen ist zum Beispiel das Verhältnis von Systemen und Umwelt für mich wichtig, und auch der Funktionalismus, weil er immer bedeutet, daß man Verschiedenes miteinander vergleichen kann. Wenn ich also eine grundlegende Intuition angeben kann, würde ich nicht notwendigerweise gerade auf die eben geschilderte, aber auf etwas in dieser Art abstellen." (AuW: 127) In der Tat scheint also der Titel einer Luhmann 1987 zum sechzigsten Geburtstag gewidmeten Festschrift das anzugeben, was ihn seit nunmehr fast dreißig Jahren umtreibt: *Theorie als Passion* (Baecker et al. (Hg.) 1987).

Wir haben schon angedeutet, daß Luhmanns Weg in die Wissenschaft einen eher ungewöhnlichen Verlauf genommen hat. Er wurde 1927 in Lüneburg geboren, wurde noch 1944 mit 17 Jahren als Luftwaffenhelfer in das Kriegsgeschehen involviert und hat nach kurzer amerikanischer Gefangenschaft ab 1946 Rechtswissenschaften studiert. Nach abgeschlossenem Studium arbeitete er zunächst als Verwaltungsbeamter am OVG Lüneburg und wechselte 1955 als Landtagsreferent in das niedersächsische Kultusministerium. Bereits als Verwaltungsbeamter hat Luhmann sich intensiv mit soziologischen und philosophischen Texten befaßt und hat seinen berühmt gewordenen Zettelkasten - ein Verweissystem per Karteikarten, das eine thematische Vernetzung unterschiedlicher gelesener Texte erlaubt (vgl. dazu UaM: 53ff.) - begonnen. 1960/61 ging Luhmann an die Harvard-Universität, wo er sich vor allem mit der Systemtheorie Talcott Parsons´ auseinandergesetzt hat und im persönlichen Kontakt erfahren wollte, "wie so eine große Theorie wie die von Parsons gebaut ist und woran sie scheitert, wenn sie scheitert" (AuW: 133). Nach seiner Rückkehr wechselte Luhmann 1962 als Referent an die Hochschule für Verwaltungswissenschaften in Speyer; 1964 erschien dann sein erstes Buch, nämlich *Funktionen und Folgen formaler Organisation.* Luhmann sah sich als höherer Verwaltungsbeamter nicht mehr in der Lage, seinen speziellen Interessen nachzugehen und wechselte deshalb in die Wissenschaft. "Ich wollte mehr Zeit für meine theoretischen Interessen gewinnen, was aber nicht bedeutet, daß ich Universitäts-Professor werden wollte." (AuW: 134) Nachdem Helmut Schelsky ihn 1965 an die Dortmunder Sozialforschungsstelle geholt hatte, promovierte und habilitierte sich Luhmann 1966 an der Universität Münster mit Unterstützung von Schelsky und Dieter Claessens. 1968 wurde er dann doch Universitäts-Professor, nämlich an der maßgeblich von Schelsky neu konzipierten Universität Bielefeld.

Luhmanns fachöffentliche Wirkungsgeschichte verdankt sich in den späten sechziger und frühen siebziger Jahren vor allem der Kontroverse mit dem Frankfurter Sozialphilosophen Jürgen Habermas, die sich in dem gemeinsamen Band *Theorie der Gesellschaft oder Sozialtechnologie - Was leistet die Systemforschung* (HaLu) niederschlug. Vor allem auf diese Kontroverse gründet sich Luhmanns Ruf, ein konservativer Denker zu sein, den er für sich allerdings selbst keineswegs gelten läßt. "Aber diese Vermutung teile ich selbst gar nicht, sondern kann einfach dann auch mit der Frage nichts anfangen, weil ich nicht das Gefühl habe, daß auf der rechten Seite des politischen Spektrums überhaupt eine Theorie ist, die in der Lage wäre, andere Theorien zu lesen. Da ist eher ein Zustand der Theorielosigkeit, so daß es eigentlich ganz natürlich ist, daß die linke Seite, die eine Theorie hat, die sich provoziert fühlen kann, engagierter liest als eine rechte, die mit Apperçus oder mit bestimmten mehr literarischen Leitideen zurechtkommt." (AuW: 115) Freilich verortet sich Luhmann auch nicht auf der linken Seite des Spektrums, weil er dort ein Zuviel an Normativität und ein Zuwenig an Theorie ausmacht. Sind die gesamte Kritische Theorie und ihre Nachfolger in erster Linie daran orientiert, wie sich die Gesellschaft nicht nur besser denken, sondern vor allem besser gestalten läßt, spielt diese Frage für Luhmann keine Rolle. Eine typische Luhmann-Antwort auf die Frage nach einem besseren Zustand der Gesellschaft: "[...] eine Vorstellung, wie die Gesellschaft gut oder auch nur besser sein könnte, habe ich gar nicht. Ich finde, daß unsere Gesellschaft mehr positive und mehr negative Eigenschaften hat als jede frühere Gesellschaft zuvor. Es ist heute also zugleich besser und schlechter. Das kann man viel zutreffender als üblich beschreiben, aber nicht zu einem Gesamturteil aufaddieren." (AuW: 139) Daß es sich hierbei nicht um zufällige persönliche Vorlieben Luhmanns handelt, sondern ganz im Gegenteil um theoretische Standards, werden wir weiter unten noch erläutern.

In den späten sechziger und frühen siebziger Jahren war Luhmann in der Öffentlichkeit vor allem als Anti-Habermas präsent -

sicher auch Folge eines sozialwissenschaftlichen Publikums, das aus der sogenannten 68er-Generation stammt. Abgesehen davon, daß Luhmann in gewisser Weise auch ein 68er ist - immerhin hat er 1968 einen soziologischen Lehrstuhl einer Reformuniversität eingenommen, an der große Hoffnungen für eine Überwindung des *Muffs von tausend Jahren* hingen -, hat sich die Luhmann-Rezeption in den späten Siebzigern und erst recht in den Achtzigern grundlegend gewandelt. Das liegt gewiß auch daran, daß im Umkreis sogenannter poststrukturalistischer und postmoderner Debatten ebenfalls Motive aufgenommen wurden, die in Luhmanns Theorie eine wichtige Rolle spielen. Zu denken ist an die Kritik der Subjektphilosophie, an die Aufnahme konstruktivistischer Überlegungen in die Erkenntnistheorie, an Dezentralisierungsmotive und nicht zuletzt an Parallelentwicklungen in den Natur-, v.a. in den Biowissenschaften.

1984 ist das Hauptwerk *Soziale Systeme* erschienen, in dem Luhmann den Paradigmenwechsel zur *Theorie autopoietischer Systeme* begründet, danach in schneller Folge Arbeiten zu verschiedensten Themen der systemtheoretischen Theoriekonzeption wie der Soziologie verschiedener Teilsysteme, die Luhmann bereits in den siebziger Jahren begonnen hatte, etwa Recht, Religion, Politik, Wirtschaft, Wissenschaft, Kunst etc. Was noch aussteht, ist eine systematische Entfaltung von Luhmanns Gesellschaftstheorie. Am 8. Dezember 1992 ist Luhmann 65 Jahre alt geworden und wurde mit Ablauf des Wintersemesters 1992/93 emeritiert. Manche Beobachterinnen und Beobachter meinen, daß er nun endlich Zeit zum Schreiben finden könne.

Wer zum ersten Mal einen Zugang zu Luhmanns Texten sucht, sieht sich einer Schwierigkeit ausgesetzt, die - so weit wir sehen - alle Leserinnen und Leser teilen: Die Texte sind so weit von der natürlichen Sprache entfernt, daß ein unmittelbarer Zugang ausgeschlossen bleibt. Die meisten anderen Theorien sind aufgrund ihrer grundlegenden Intuitionen, aufgrund ihrer Sprache sowie aufgrund ihrer Orientierung an - zumindest dem akademischen Publikum - vertrauten Traditionen leichter zugänglich. Man muß Luhmanns Begrifflichkeit und seinen labyrinthischen Argumentationsstil tatsächlich zunächst kennen, um seine Texte produktiv und mit Gewinn lesen zu können. Doch um sich damit vertraut zu machen, kommt man um das Lesen nicht herum. Es klingt womöglich wie eine Durchhalteparole, wenn man Leserinnen und Leser der Theorie auf das Jenseits der ersten paar hundert Seiten vertröstet, doch bei kaum einer anderen Theorie scheinen die Startschwierigkeiten derart zu sein, wie wir sowohl aus eigener Erfahrung wissen als auch in Gesprächen mit Studenten und Kolleginnen[1] immer wieder zu hören bekommen.

Die Kompliziertheit und Fremdheit der Sprache ist in Luhmanns Texten freilich nicht nur eine Marotte oder die genialische Zugabe eines Meisterdenkers, der seiner Gemeinde die Unterscheidung von Insidern und Outsidern erleichtern will. Luhmann gibt der schweren Verständlichkeit seiner Sprache durchaus einen sachlichen Grund, und zwar einen Grund, der in der Gegenstandskonstitution seiner Theorie selbst liegt. Zunächst betont er: "Wer überhaupt spricht oder schreibt, sollte sich verständlich ausdrücken. Das ist eine auf den ersten Blick einleuchtende Forderung. Denn wozu äußert er sich, wenn er nicht verstanden werden will." (SozA 3: 170) Doch dann fährt er fort: "Soziologie ist nun aber nicht die Lehre vom ersten Blick, sondern die Lehre vom zweiten Blick. Und auf den zweiten Blick kommen Fragen und Bedenken hoch. Sollte man alles, was gesagt wird, gleichermaßen unter die Knute der Verständlichkeit zwingen?" (SozA 3: 170) Luhmann meint vielmehr, daß gerade das Nicht-Verstehen des ersten Blicks den zweiten Blick zum Verstehen geradezu zwingt. Seine Theoriesprache ist gerade deshalb so produktiv und auch transparent, weil sie durch Distanz zu den alltäglichen Begriffsbedeutungen eine Kontrollierbarkeit des Verständnisses ermöglicht, die allerdings mit dem Preis eines erschwerten ersten Zugangs bezahlt werden muß. Es ist also letztlich ein theorietechnisches Problem, das Luhmann zu einer in der Tat komplizierten Be-

[1] Rolf Eickelpasch, Isolde Karle, Ursula Pasero, Dirk Richter, Irmhild Saake, Markus Schroer und Georg Weber danken wir für wertvolle Hinweise, von denen einige Eingang in den Text gefunden haben. Raimar Zons vom Fink-Verlag gebührt besonderer Dank für die freundliche und kompetente verlegerische Betreuung.

griffsbildung führt, die sozusagen eine gemeinsame Sprache entstehen läßt, auf deren Boden Verstehensmöglichkeiten kontrolliert werden. Schlicht gesagt: Durch Begriffsverfremdung möchte Luhmann gewährleisten, daß die Theorie verstanden werden kann. "Das Problem ist: Wie erzeuge ich mit sprachlichen Mitteln hinreichende *Simultanpräsenz* komplexer Sachverhalte und damit hinreichende Kontrolle über die Anschlußbewegung des Redens und Verstehens." (SozA 3: 175)

Schon hier wird ein Grundzug der Luhmannschen Theorie deutlich: Kommunikation, hier: wissenschaftliche Kommunikation, erzeugt durch ihre eigenen Selektionsleistungen die Welt, über die sie kommuniziert. Das gilt - wie für jede soziale Kommunikation - auch für soziologische Theorie, die sehen lernen muß, daß sie das, was sie sieht, selbst erzeugt und nicht eine vorfindbare Realität in ihrer Umwelt abbildet. Wir wollen hier noch nicht in die Theoriediskussion einsteigen, sondern lediglich schon einige Vorbemerkungen über das Design der Luhmannschen Theorie machen, das sich nicht zuletzt im sprachlichen Bereich wiederspiegelt. Der Autor Luhmann jedenfalls scheint in letzter Zeit von der Ratlosigkeit vieler Rezipienten weniger unbeeindruckt zu sein als zuvor, wenn man an Texte wie *Ökologische Kommunikation* (ÖKom) von 1986 oder an *Die Wissenschaft der Gesellschaft* (WissG) von 1990 denkt, wo er einen Kompromiß zwischen konzentrierter Schreibweise und Verständlichkeit sucht (vgl. WissG: 10). Die Versicherung jedenfalls, daß Luhmanns Texte oft schwer zugänglich seien, möge denen eine erste Hilfe sein, die an der Textarbeit verzweifeln, bevor sie mit Gewinn und produktiv zu lesen beginnen. Wir wissen, daß das nicht wenige sind.

Eine Einführung in das komplexe Werk von Luhmann sieht sich einem erheblichen Selektionszwang ausgesetzt, und zwar sowohl in sachlicher wie in quantitativer Hinsicht. Ziel unserer Einführung ist es nicht, in das Gesamtwerk Luhmanns einzuführen. Dazu müßte man alles, d.h. alle Phasen der Werkentstehung, alle angesprochenen Themen sowie alle Revisionen und Weiterentwicklungen im Begriffsapparat mehr oder weniger intensiv streifen. Eine andere Möglichkeit wäre gewesen, sich dem Gegenstand von bestimmten Themen her zu nähern, die Luhmann behandelt, etwa vom Recht, von der Religion, der Wissenschaft oder der Wirtschaft her. Wir haben uns jedoch für eine dritte Variante entschieden, nämlich für eine hierarchische Darstellungsform, die Luhmanns eigenem Denk- und Schreibstil eher fremd ist. Wir halten es für unerläßlich, systematisch in das Begriffssystem und damit in den Aufbau der Theorie einzuführen und wählen deshalb einen womöglich mühsamen aber hoffentlich fruchtbaren Weg. Wir sind uns bewußt, daß sich die Auswahl der Themen nicht nur dem Gegenstand verdankt, sondern auch Produkt unserer eigenen Selektionsleistung ist. Zugleich hoffen wir, daß diese Selektion Komplexität so reduziert, daß bei der Arbeit mit Luhmanns Theorie neue Komplexität aufgebaut werden kann.

Im einzelnen werden wir zunächst in die *Systemtheorie als interdisziplinäres Paradigma* (Kap. 2) einführen, um mit den Charakteristika systemtheoretischen Denkens vertraut zu machen. Daran schließt sich die Darstellung der *Theorie sozialer Systeme* (Kap. 3) über die Einführung in die wichtigsten Grundbegriffe von Luhmanns allgemeiner Theorie sozialer Systeme an. Erst dann kommen wir auf Luhmanns *Theorie der Gesellschaft* (Kap. 4) zu sprechen, die sowohl eine Theorie der soziokulturellen Evolution als auch eine Theorie der Moderne umfaßt. Luhmanns *Zeitdiagnose* (Kap. 5) schließlich bildet den Schlußpunkt. Hier werden wir an ausgewählten Themen - Risiko, Moral und Kritik - auf Luhmanns Einschätzung der gegenwärtigen Moderne sowie auf strittige Punkte seiner Gesellschaftstheorie zu sprechen kommen.

Unsere eigene Position umschreiben wir als eine solche *immanenter Beobachter*: Wir versuchen, Luhmanns Denkgebäude von sich selbst her sprechen zu lassen und wählen deshalb eine immanente Darstellungsform. Wir enthalten uns weitgehend einer über die Darstellung zu weit hinausgehenden Problematisierung von Thesen, ohne dabei aber ganz hinter der bloßen Chronistenpflicht zu verschwinden. Unsere Einführung möge Anfängerinnen und Anfängern dazu dienen, einen ersten Einblick in das Werk Luhmanns zu bekommen. Leserinnen und Leser, denen die Theorie sozialer Systeme mehr oder weniger vertraut ist, mögen den einen oder anderen Begriffszusammenhang noch einmal nachschlagen. In jedem Falle ersetzt die Lektüre der Einführung nicht das Studium der Originaltexte. Wenn sie dies aber ein wenig erleichtert, war unsere Arbeit nicht umsonst.

2 Systemtheorie als interdisziplinäres Paradigma

Wer heute von *Systemtheorie* spricht, meint damit keineswegs allein soziologische Systemtheorie oder systemtheoretische Soziologie. Was sich hinter dem label *Systemtheorie* verbirgt, ist vielmehr ein weitverzweigter, heterogener, interdisziplinärer Rahmen, der den Begriff *System* als Grundbegriff führt. Bevor wir im einzelnen auf die soziologische Adaption des Systembegriffs, namentlich auf Niklas Luhmanns Theorie sozialer Systeme zu sprechen kommen, lohnt es sich sicher, jenen Rahmen, der durch den Begriff Systemtheorie abgedeckt wird, ein wenig abzustecken. Wir werden dazu zunächst einige Bemerkungen zur Allgemeinen Systemtheorie machen.

2.1 Allgemeine Systemtheorie

Der Begriff *System* meint ursprünglich etwas Zusammengesetztes im Vergleich zum Elementaren. Er rekurriert stets auf Ganzheiten im Sinne einer Einheit, die mehr sei als die bloße Summe ihrer Teile. Schon diese bekannte Redewendung legt es nahe, den Systembegriff als Begriff sowohl für eine Menge von Elementen als auch für deren Relationen untereinander zu führen. In der philosophischen Tradition treffen wir auf den Systembegriff exakt in diesem Sinne etwa in Fichtes Systemthese von 1794, in der es um die Subsumtion des Entgegengesetzten in der absoluten Einheit geht (vgl. Fichte 1988: 35). Auch Hegel gebraucht den Systembegriff als Chiffre für das Ganze, wenn er in der Vorrede zur Phänomenologie des Geistes betont, "daß das Wahre nur als System wirklich" (Hegel 1970: 28) sei, in dem die Einzelelemente lediglich als Elemente dieses Ganzen zu verstehen sind. Wir ziehen diese Beispiele lediglich heran, um einen ersten Eindruck vom Gebrauch des Systembegriffs zu vermitteln. Mit dem, was heute unter *Systemtheorie* firmiert, haben diese Beispiele jedoch nur gemein, daß der Begriff eine Ganzheit anspricht, deren Elemente in einer bestimmten Relation zueinander stehen.

Systemtheorie im engeren Sinne ist ein spätes Produkt der Wissenschaftsentwicklung, beginnend in den 30er Jahren des 20. Jahrhunderts. Sie markiert eine wissenschaftliche Neuerung, die zu einer von der klassischen analytischen Forschung grundverschiedenen Art der wissenschaftlichen Beobachtung der Welt geführt hat. Diese Umstellung der Beobachtungsweise nahm ihren Ausgang insbesondere in der biologischen Kritik der Physik. Letztere meinte - zumindest in ihrer klassischen Version der Newtonschen Physik -, die Welt in deduktiver Weise mathematisch beschreiben zu können. Die Deduktion ist ein Schlußverfahren, das ausgehend von allgemeinen Gesetzen die Besonderheit konkreter Einzelphänomene beschreibt. In diesem Sinne gilt der pythagoreische Lehrsatz, daß die Summe der Kathetenquadrate dem Hypothenusenquadrat eines rechtwinkligen Dreiecks entspricht, für jedes empirische und ideale Dreieck, wo immer und wann immer es auftritt. Das Newtonsche Weltbild verkörpert eine Stabilität, die sich in der statischen Gültigkeit von Naturgesetzen ausdrückt, die auf jedes Phänomen anwendbar sind. Gleich wann und vor allem an welcher Stelle der Gesamtheit der Welt man ansetzt, sei es am Einzelphänomen oder am Ganzen, man trifft stets auf die ewigen Gesetze des Kosmos. Einem solchen wissenschaftlichen Weltbild entspricht logischerweise der Versuch, die Welt zu sezieren: Man sucht nach den Gesetzmäßigkeiten der Natur, indem man Einzelphänomene voneinander isoliert und in labortechnisch wiederholbaren Versuchsanordnungen demonstriert.

Während dieses Verfahren in der Physik und in den Technikwissenschaften äußerst praktikabel war und die industrielle und wissenschaftliche Revolution der letzten zweihundert Jahre mitbegründete, fand sich die Biologie bei der Beobachtung ihres Forschungsgegenstandes einer gänzlich anderen Anforderung ausgesetzt. Entgegen dem Anspruch der Physik als Grundwissenschaft, als derjenigen Wissenschaft, die die elementaren Gesetzmäßigkeiten der Natur freilegt, läßt sich Leben, so das Argument der Biologen, nicht auf die zwar isoliert beschreibbaren, jedoch realiter niemals isoliert auftretenden physikalischen und chemischen Vorgänge von Organismen reduzieren. Diese Kritik kommt ohne Zweifel einer wissenschaftlichen Revolution gleich: Die Biologie sieht sich außerstande, ihren ausgezeichneten Gegenstand - das Leben - durch die klassische Wissenschaftsauffassung abzubilden und muß zu neuen Formen der wissenschaftlichen Beobachtung greifen, wenn sie nicht Leben durch außerwissenschaftliche Kategorien - Lebenskraft, Schöpfung - bestimmen will. Innerhalb der Biologie führte diese Kritik zu einem Paradigmenwechsel *vom Einzelphänomen zum System*, also zur Vernetzung von Einzelphänomenen. Schon hier läßt sich die oben erwähnte grundlegende Definition des Systembegriffs wiederfinden: Er rekurriert nicht auf isolierte Elemente einer Ganzheit - hier: eines lebendigen Organismus -, sondern nimmt die Relationen dieser Elemente in den Blick - hier: den lebendigen Organismus als *System*.

Für diesen Paradigmenwechsel steht insbesondere der Zoophysiologe Ludwig von Bertalanffy, der sich nicht nur um eine Methodologie biologischer Forschung verdient gemacht hat, sondern als Nestor einer interdisziplinären *Allgemeinen Systemtheorie* ("General Systems Theory") gelten kann. Ihm geht es nicht nur darum, in seinem eigenen Forschungsbereich, nämlich der Zoophysiologie, den Gedanken systemischer Forschung zu verbreiten. Er sieht vielmehr die Notwendigkeit, das alte Newtonsche Weltbild wenn nicht zu ersetzen, so doch zumindest um den Gedanken einer interdisziplinären, allgemeinen Systemlehre zu ergänzen. Keineswegs meint er dabei, "das (wissenschaftliche) Ei des Kolumbus" oder gar eine allgemeingültige Supertheorie geschaffen zu haben, die allgemeine Gesetzmäßigkeiten zur Beschreibung von Weltphänomenen in systemtheoretischen Begriffen enthielte. Gleichwohl hält er an einem interdisziplinären Anspruch fest: "In Wissenschaften, die sich, wie die Bevölkerungslehre, die Soziologie, aber auch weite Gebiete der Biologie, nicht dem Rahmen der physikalisch-chemischen Gesetzlichkeit einordnen, treten dennoch exakte Gesetzmäßigkeiten auf, die durch passend gewählte Modellvorstellungen erreicht werden können. Es sind logische Homologien, die sich aus den allgemeinen Systemcharakteren ergeben, und aus diesem Grunde gelten formal gleichartige Beziehungen auf verschiedenen Erscheinungsbereichen und bedingen die Parallelentwicklung in verschiedenen Wissenschaften." (v. Bertalanffy 1951: 127) Was v. Bertalanffy hier bereits in den 50er Jahren ankündigt, wird in der heutigen Forschungslandschaft bestätigt: Systemtheoretische Denkweisen finden sich in den unterschiedlichsten wissenschaftlichen Disziplinen wie Ökonomie, Soziologie, Pädagogik, Politikwissenschaft, Psychologie, Medizin, Neurologie, Psychiatrie bis hin zu Meteorologie und Astronomie. Wesentlich skeptischer muß dagegen seine Prognose über die interdisziplinäre Entwicklung "exakter Gesetzmäßigkeiten" eingeschätzt werden. Von einer solchen Form *inhaltlicher* Interdisziplinarität kann - so weit wir sehen - keine Rede sein, eine *strukturelle* Gemeinsamkeit jedoch haben all diejenigen Forschungsrichtungen, die sich als systemtheoretisch identifizieren: Sie beschäftigen sich mit der wechselseitigen Relation von Elementen in Ganzheiten, die sie Systeme nennen. So kann v. Bertalanffys Definition des Systembegriffs von 1951 durchaus auch heute noch als gültig vorausgesetzt werden. In mathematischer Formulierung heißt es: "Wir definieren ein 'System' als eine Anzahl von in Wechselwirkung stehenden Elementen $p_1, p_2 \dots p_n$ charakterisiert durch quantitative Maße $Q_1, Q_2 \dots Q_n$. Ein solches kann durch ein beliebiges System von Gleichungen bestimmt sein." (ebd.: 115) Ob sich ein System stets mit Hilfe eines mathematischen Kalküls darstellen läßt, sei dahingestellt, es zeichnet sich jedenfalls dadurch aus, daß es nicht durch die bloße Relation eines Elementes mit einem anderen darstellbar ist, sondern nur als Gesamtheit der wechselseitigen Relationen. Ferner bildet jedes System eine eindeutige Grenze aus, die zwischen dem System, d.h. seinen Elementen und Relationen, und der Umwelt des Systems, d.h. allem, was nicht zum System gehört, verläuft.

In einem programmatischen Aufsatz zur Gründung des von ihm mit ins Leben gerufenen *Yearbook of the Society for the Advancement of General Systems Theory* schreibt v. Bertalanffy: "[...] classical science was highly successfull in developing the theory of unorganized complexity which stems from statistics, the laws of change, and, in the last resort, the second law of thermodynamics. *Today our main problem is that of organized complexity*. Concepts like those of organizing, wholeness, teleology, control, self-regulation, differentiation and the like an alien to conventional physics. However, they pop up everywhere in the biological, behavioral, and the social sciences, and are, in fact, indispensible for dealing with living organisms or social groups." (v. Bertalanffy 1956: 2; Hervorhebungen durch uns) *Organisierte Komplexität* ist dann gegeben, wenn Einzelphänomene nicht schlicht linear logisch miteinander gekoppelt sind, sondern wenn Wechselwirkungen zwischen ihnen bestehen. Ist dies der Fall, vermag erst die Beschreibung dieser reziproken Vernetzungsbedingungen ein Bild von der Einheit der Summe jener Einzelphänomene zu vermitteln. Unorganisierte Komplexität läßt sich demnach als lineare Verkettung von Einzelphänomenen beschreiben: Aus A folgt B, aus B folgt C usw. Organisierte Komplexität dagegen läßt sich nicht nach diesem einfachen Modell darstellen, denn es ist denkbar, daß A und B wechselseitig die Bedingung ihrer Möglichkeit sind: Es folgt dann also weder A aus B noch umgekehrt, vielmehr sind sich A und B durch ihre Wechselseitigkeit, durch ihre nicht linear darstellbare Relation gegeben. Es dürfte deutlich geworden sein, daß der wesentliche Gegenstand der Systemtheorie die *Organisationsform der komplexen Wechselbeziehung zwischen einzelnen Elementen* ist.

Neben der Unterscheidung von organisierter und unorganisierter Komplexität verdanken wir v. Bertalanffy eine weitere erkenntnisleitende Differenzierung, die insbesondere den Bedürfnissen der Bio-Wissenschaften, aber auch, wie sich noch zeigen wird, anderer systemtheoretisch arbeitender Disziplinen entgegenkommt. Es handelt sich hierbei um die Unterscheidung *offener* von *geschlossenen* Systemen. Ein geschlossenes System zeichnet sich dadurch aus, daß es sich homöostatisch, also binnenstabil erhält und nach Erreichen eines gleichgewichtigen Zustandes nicht verändert. Ein solches System unterhält keine Austauschbeziehungen mit seiner Umwelt und *muß* deshalb "in einen zeitunabhängigen Zustand des Gleichgewichtes" (v. Bertalanffy 1951: 122) übergehen. In einem solchen System gibt es strenggenommen keine organisierte Komplexität, da sich die Systemkomponenten im Zustand des Gleichgewichtes in mathematisch eineindeutiger Weise zueinander verhalten, was auch durch Umweltveränderungen aufgrund der Geschlossenheit des Systems nicht zu verändern ist. Ein *offenes* System dagegen gelangt nicht notwendigerweise in einen solchen Gleichgewichtszustand, sondern *kann* lediglich einen stationären Zustand der Homöostase erreichen, der jedoch selbst wieder variabel, auflösbar und temporär ist. "Ein offenes System ist ein solches, in welchem Ein- und Ausfluß und damit Wechsel der zusammensetzenden Elemente stattfindet." (Ebd.: 121) Die Austauschprozesse zwischen dem System und seiner Umwelt sowie die Fähigkeit zur Veränderung der internen Relationen der Elemente zueinander ermöglichen es einem offenen System, sich trotz Zustandswechsels, trotz Wegfalls und Neuentstehung von Elementen zu erhalten. Es entsteht damit eine Dynamik, die sowohl auf der Ebene der zum System gehörigen Elemente als auch auf der Ebene der Organisationsweise der Beziehung zwischen den Elementen zu beobachten ist. V. Bertalanffy schlägt zur Beschreibung dieses Sachverhaltes den Begriff *Fließgleichgewicht* (vgl. ebd.: 122) vor. Offene Systeme sind also solche, die durch Austauschprozesse mit ihrer Umwelt eine Dynamik entwickeln und ihre Zuständlichkeiten variieren können, ohne mit jedem Wechsel von Umweltbedingungen sogleich die Systemstrukturen vollständig ändern zu müssen.

Es liegt also keine lineare Kausalität zwischen System und Umwelt vor, etwa in dem Sinne, daß ein bestimmter Umweltreiz eine und nur eine mögliche Reaktion des Systems zuließe. Offene Systeme zeichnen sich vielmehr dadurch aus, daß sie ihre interne Organisation bei Umweltveränderungen *selbst* umstellen und nicht von außen kausal bedingt und einlinig bestimmt werden. Zur genauen Beschreibung dieses Sachverhaltes wurde das Konzept der *Black Box* in die Systemtheorie eingeführt. "Eine Black Box ist eine unbekannte Maschine, von der man annimmt, daß sie determinierbar ist, in der der determinierbare Mechanismus jedoch dem Blick entzogen ist." (Glanville 1988: 100f.) Man kann sehen, was in ein offenes System als Input eingeht, man kann sehen, was das offene System als Output entläßt, man kann aber nicht sehen, *wie* es das Verhältnis von Input und Output organisiert. Solange dieses Verhältnis in den Begriffen einer einfachen, linearen Kausalitätslogik oder in einem mathematisch berechenbaren exponentiellen Steigerungszusammenhang zu beschreiben ist, bleibt der "schwarze Kasten" "weiß", d.h.

man weiß, was in ihm geschieht. Sobald dies aber nicht der Fall ist, bleibt der Kasten "schwarz". Man muß dann konzedieren, daß es nicht der Input ist, der den Output eindeutig determiniert, sondern daß sich das System, hier: die *Black Box*, selbst determiniert.

Bei offenen Systemen liegt also keine lineare Kausalität zwischen System und Umwelt vor, etwa in dem Sinne, daß ein bestimmter Umweltreiz eine und nur eine mögliche Reaktion des Systems zuließe. Offene Systeme zeichnen sich vielmehr dadurch aus, daß sie ihre interne Organisation bei Umweltveränderungen *selbst* umstellen und nicht von außen kausal bedingt und einlinig bestimmt werden. Weil es sich bei solchen Anpassungs- und Veränderungsprozessen stets um *interne* Operationen des Systems handelt, werden Theorien offener Systeme im allgemeinen unter das Paradigma der *Selbstorganisation* subsummiert. Solche Theorien sind in der Lage, den Vernetzungszusammenhang von Elementen zu einem System im Zusammenhang mit Umweltfaktoren zu beschreiben.

Das Paradigma der Selbstorganisation stellt im wesentlichen darauf ab, daß Systeme nicht linear von ihrer Umwelt gesteuert werden, sondern je nur nach ihrer inneren Eigenlogik auf Umweltveränderungen reagieren. Jene innere Dynamik ist es, die mit der klassischen Logik mit ihren linearen Kausalitätsunterstellungen - aus A folgt B - nicht mehr erfaßt werden kann. Auf mathematischem Gebiet verwenden Theorien selbstorganisierender Systeme deshalb verstärkt *kybernetische* Denkmodelle. Die Kybernetik beschreibt das Verhältnis von Kontrolleur und Kontrolliertem. Wir wollen dies an einem bekannten Beipiel erläutern: Ein Thermostat mißt die Temperatur eines Raumes und schaltet die Heizung an, wenn die Temperatur niedrig genug gefallen ist. Der Thermostat (Kontrolleur) kontrolliert damit die Temperatur des Raumes. Hat sich der Raum entsprechend aufgewärmt, schaltet der Thermostat die Heizung wieder ab, um sie, nach erfolgter Abkühlung, wieder einzuschalten. Man sieht, daß das Kontrollierte auf den Kontrolleur zurückwirkt. Die klassische Kybernetik nennt dies einen *Rückkopplungseffekt* (vgl. Wiener 1963). Neuere kybernetische Arbeiten ("second-order-cybernetics") versuchen darüber hinaus zu zeigen, daß man Kontrolleur und Kontrolliertes nicht eindeutig voneinander scheiden kann, sondem daß sich die unterschiedlichen Elemente - in unserem Beispiel Thermostat und Raumtemperatur - wechselseitig kontrollieren. Ranulph Glanville bringt das auf folgende Formel: "das, was 'kontrolliert wird' (diese Rolle zugeschrieben bekommt), kontrolliert zugleich das, was 'kontrolliert' (diese Rolle zugeschrieben bekommt)." (Glanville 1988: 205) Glanvilles Formulierung macht deutlich, daß Wechselseitigkeit der Kontrolle nicht mit den Mitteln der klassischen Kausalitätslehre dargestellt werden kann. Ein selbstorganisierendes System hat vielmehr die Tendenz, sich an sich selbst zu orientieren und damit die ökologischen Bedingungen, in denen sich einzelne Phänomene oder Prozesse abspielen, selbst herzustellen. Im Klartext bedeutet dies folgendes: Prozesse, die mit der klassischen Physik darstellbar sind, haben stets die gleichen ökologischen Bedingungen als Voraussetzung. Diese können in Form von Naturgesetzlichkeiten beschrieben werden, so daß die entsprechenden Prozesse vorhersehbar, berechenbar und damit planbar sind. Sich selbst organisierende Prozesse dagegen stellen ihre jeweiligen Anfangsbedingungen durch ihren Prozeß selbst her. Heinz v. Foerster spricht in diesem Zusammenhang von *rekursiven Prozessen* (vgl. v. Foerster 1987: 149). Das kybernetische Denkmodell versucht exakt jene dynamischen, sich selbst verstärkenden Prozesse darzustellen, ohne den Gesamtprozeß auf die voneinander isolierten Kausalitätsbeziehungen einzelner Phänomene reduzieren zu müssen.

War das Problem der ersten Generation der Allgemeinen Systemtheorie noch das Problem der *organisierten Komplexität*, richtet sich nun das Interesse stärker auf den spezifisch *autologischen* Aspekt der Organisation, wie er im Begriff der *Selbst*organisation zum Ausdruck kommt. Das *Selbst* dieser Organisation wird nun nicht mehr als Einzelphänomen verstanden, sondern als System, d.h. als Gesamtheit einzelner Elemente und ihrer Relationen untereinander. Am deutlichsten kommt jenes Konzept der Selbstorganisation und damit der Grundgedanke, daß sich Systeme selbst erhalten und ihre inneren Prozesse nach Maßgabe ihrer eigenen Dynamik und ihres inneren Zustandes steuern, in dem von den chilenischen Biologen Humberto R. Maturana und Francisco Varela entwickelten Konzept der *Autopoiesis* zum Tragen (vgl. Maturana/Varela 1987). Dieses Theoriekonzept ist es auch, das unmittelbar Eingang in die soziologische Systemtheorie Niklas Luhmanns gefunden hat. Wir kommen weiter unten darauf zurück.

Zusammenfassung wichtiger Grundbegriffe:

* *System*: Ganzheit einer Menge von Elementen und deren Relationen zueinander.
* *Kybernetik*: (gr.: Steuerungslehre) Lehre vom Verhältnis von Kontrolleur und Kontrolliertem. Untersucht Rückkopplungseffekte von Prozessen auf diese Prozesse.
* *Selbstorganisation*: Organisationstyp offener Systeme, die nach Maßgabe ihrer eigenen Operationsweise und auf der Grundlage ihrer eigenen Zuständlichkeit operieren.

Literatur:

Ludwig v. Bertalanffy: General System Theory, in: General Systems. Yearbook of the Society for the Advancement of General Systems Theory, Bd. 1, hg. v. Ludwig v. Bertalanffy und Anatol Rapoport, Ann Arbor/Michigan 1956, S. 1-10.

Wolfgang Krohn/Günther Küppers/Rainer Paslack: Selbstorganisation - Zur Genese und Entwicklung einer wissenschaftlichen Revolution, in: Siegfried J. Schmidt (Hg.): Der Diskurs des Radikalen Konstruktivismus, Frankfurt/M. 1987, S. 441-465.

Ranulph Glanville: Objekte, Berlin 1988, darin v.a.: Die Frage der Kybernetik, S. 197-218.

2.2 Holistische und systemtheoretische Denkweisen in der Soziologie

Die soziologische Theorie ist seit ihren Anfängen von einem Streit geprägt, an dem sich bis heute die theoretischen Geister des Faches scheiden. Der britische Soziologe Anthony Giddens etwa macht einen "tief verankerte(n) Dualismus von Subjektivismus und Objektivismus" (Giddens 1988: 34) aus: zum einen eine methodische Herangehensweise, die vom *Subjekt* ausgeht und zum anderen eine solche, die sich stärker am *Objekt*, also an der Gesellschaft, orientiert.[2] Wir können und wollen hier diese breite Diskussion nicht nachzeichnen, werden aber kurz an zwei Klassikern der Soziologie die unterschiedlichen Ansatzpunkte plausibel machen, um den Charakter soziologischer Systemtheorie herauszustellen. Wir greifen dabei zum einen auf Max Weber (1864-1920) und zum anderen auf Emile Durkheim (1858-1917) zurück.

Webers berühmte Definition der Soziologie lautet folgendermaßen: Sie sei eine Wissenschaft, die "soziales Handeln deutend verstehen und dadurch in seinem Ablauf und seinen Wirkungen ursächlich erklären" (Weber 1976: 1) will. Damit gibt Weber der Soziologie eine Zwischenstellung zwischen den *idiographischen* Wissenschaften, die kulturelle Leistungen nachzeichnen, interpretieren und in ihrem Entstehungszusammenhang *verstehen* wollen, und den *nomothetischen* Wissenschaften, die nach allgemeingültigen Gesetzen suchen, mit denen sich Einzelphänomene *erklären* lassen. Weber verortet also die Soziologie weder als reine idiographische Geisteswissenschaft noch als nomothetische Wissenschaft, wie es die Naturwissenschaften sind. Er möchte damit vermeiden, Kulturleistungen als isolierte Phänomene zu betrachten, die sich vermeintlich der Kreativität und den Anstrengungen einzelner Menschen verdanken.

---

2 Ob die Unterscheidung Subjekt/Objekt hier glücklich gewählt ist, scheint uns zumindest zweifelhaft zu sein. Gleichwohl trifft man immer wieder auf dieses Begriffspaar, wenn es um den konfessionellen Streit soziologischer Theoriebildung geht.

Soziologie beginnt bei Weber erst dort, wo solche individuellen Kulturleistungen aufeinander bezogen werden und wo sie als *soziale* Handlungen immer im Horizont von Adressaten und im Hinblick auf soziale Wirkungen und gesellschaftliche Ursachen geschehen. Gleichwohl ist der entscheidende methodische Ausgangspunkt für ihn der "subjektiv gemeinte Sinn", den Menschen ihren Handlungen intentional geben. Die Arbeit des Soziologen besteht demnach darin, subjektive Handlungssituationen *verstehend* zu rekonstruieren und je nach sozialer Position der Handlung nach Regelmäßigkeiten und Gesetzmäßigkeiten zu suchen. Nicht umsonst wird die von Max Weber begründete soziologische Denkweise als *verstehende Soziologie* bezeichnet.

Durkheims Ausgangspunkt ist ein anderer. Ihm ist es vor allem darum zu tun, die Engführung des soziologischen Denkens an der psychischen Realität von Handelnden aufzugeben. Eben nicht der subjektiv gemeinte Sinn von Handlungen ist für Durkheim das elementare Konstituens des Sozialen. Für ihn sind die Wechselwirkungen *sozialer Tatsachen* die entscheidenden Ansatzpunkte. Die zentrale soziale Tatsache ist für Durkheim die *Solidarität* als Ausdruck gesellschaftlicher Beziehungen zwischen Handelnden. Soziale Ordnung, so Durkheim, ist nur dann möglich, wenn es etwas den Subjekten Äußerliches gibt, das ihre jeweiligen Handlungen aufeinander bezieht (vgl. Durkheim 1965: 105ff.); soziale Ordnung ist somit ein Korrelat eines *Kollektivbewußtseins* (vgl. Durkheim 1988: 128). Würde man die soziale Ordnung allein dem subjektiv gemeinten Sinn einzelner handelnder Subjekte zurechnen, könnte etwa ein so einfacher Vorgang wie der Abschluß eines Vertrages nicht erklärt werden. Ein Vertrag verdankt sich einer wechselseitigen Einhaltung von Regeln, einem gemeinsamen Einverständnis, das bereits *vor* dem Vertragsschluß existiert haben muß, also keine psychische, sondern eine soziale Tatsache ist. Nicht der Vertrag ist es, der den kollektiven Konsensus einer sozialen Beziehung herstellt, sondern dieser ist es, der jenen erst ermöglicht (vgl. ebd.: 450).[3]

---

[3] Der Rekurs auf den Vertrag als paradigmatische Form der sozialen Bin-

Wenn Durkheim als Gesellschaftstheoretiker die verschiedenen Formen der Solidarität untersucht,[4] hat er ausdrücklich *nicht* eine psychische Befindlichkeit im Blick, sondern eine soziale Tatsache, die jenen psychischen Zuständen als Bedingung ihrer Möglichkeit vorausgeht. Solidarität ist kein psychischer Vorgang, und es ist nicht die Psychologie, die dem Phänomen der Solidarität als Bedingung sozialer Ordnung auf den Grund gehen kann. "Das Studium der Solidarität gehört somit zur Soziologie. Es handelt sich bei ihr um eine soziale Tatsache, die man nur mittels der sozialen Wirkungen kennenlernen kann. Wenn trotzdem so viele Moralisten und Psychologen die Frage behandelt haben, ohne dieser Methode zu folgen, so deshalb, weil sie jeder Schwierigkeit ausgewichen sind. Sie haben aus dem Phänomen alles ausgeklammert, was an ihm spezifisch sozial war, um nur den psychologischen Keim zurückzuhalten, aus dem er hervorwächst." (ebd.: 114) Soziologie im Durkheimschen Verständnis darf den subjektiv gemeinten Sinn von Handelnden niemals als "bare Münze" nehmen, sondern muß zunächst fragen, welche vorgängigen Formen sozialer Tatsachen zu solchen Handlungsmustern führen.

Beide soziologische Denktraditionen, die wir kurz angedeutet haben, wollen die Natur sozialer Handlungen erklären. Der Unterschied zwischen einer *verstehenden* Soziologie, wie sie von Max

---

dung in modernen Gemeinwesen erfolgt bei Durkheim mit einem deutlichen Seitenblick auf sogenannte *vertragstheoretische Modelle*, die soziale Ordnung als Ausdruck eines freiwilligen Kontraktes freier Subjekte denken. Die berühmteste Form solcher kontrakt-theoretischer Modelle ist sicher Jean-Jacques Rousseaus Schrift *Du contrat social* von 1762 (Rousseau 1963).

4 Es ist hier nicht der Ort, Durkheims Theorie der Solidarität zu besprechen. Deshalb nur der Vollständigkeit halber: Durkheim unterscheidet mechanische von organischer Solidarität. Die erste bezeichnet die Solidarität aus Ähnlichkeiten, in der soziale Beziehungen durch vollständige Reziprozität gekennzeichnet sind; die zweite bezeichnet die Solidarität, die sich der Koordination von Unterschiedlichem und der Arbeitsteilung verdankt. Durkheim denkt die gesellschaftliche Entwicklung als Bewegung von der mechanischen hin zu immer stärkerer Verbreitung organischer Solidarität (vgl. Durkheim 1988: 118ff. und 162ff.).

Weber begründet wurde, und einer *holistischen* Soziologie, die nicht nach den individuellen Erscheinungen, sondern nach den sie bedingenden und ermöglichenden sozialen Wechselbeziehungen fragt, dürfte aber deutlich geworden sein. Beziehen wir diese kurzen Andeutungen auf den vorherigen Abschnitt, in dem wir einige Grundbegriffe der Allgemeinen Systemtheorie eingeführt haben, dürfte zusätzlich deutlich werden, daß auch in der Soziologie das wissenschaftstheoretische Problem der Verknüpfung von Einzelelementen relevant ist. Man kann an einzelnen Handlungen oder Handlungsträgern ansetzen und versuchen, von der Logik jener subjektiven Motivkräfte und Ursachen auf das den Subjekten Gemeinsame, das sie Verbindende zu schließen. Man kann aber auch die einzelnen Elemente, hier soziale Handlungen, als Ausdruck einer Wechselwirkungsbeziehung verstehen, die der eigentliche Gegenstand der Soziologie ist. Die Kritik der Allgemeinen Systemtheorie an der traditionellen Wissenschaftsauffassung bestand ja gerade darin, Einzelphänomene voneinander zu isolieren und nicht die wechselseitige Bedingtheit ihrer Möglichkeiten zu untersuchen. Schon eine alltägliche Beobachtung sozialer Beziehungen macht evident, daß das, was in Handlungsketten geschieht, eine Eigendynamik entwickelt, die von einzelnen kaum mehr gesteuert werden kann. Auch hier gilt die Formel, daß die soziale Wirklichkeit erheblich mehr umfaßt als die Summe der einzelnen Elemente. Systemtheoretisches Denken beginnt in der Soziologie dort, wo soziale Handlungen als einzelne Elemente eines sozialen Zusammenhanges aufgefaßt werden. Die soziologische Systemtheorie - welcher Provenienz auch immer - erklärt das Verhalten von einzelnen aus dem jeweiligen Systemzusammenhang. Es sind die sozialen Systeme, also Gesellschaften, Familien, Vereine, Organisationen, Parteien, Parlamente, Betriebe oder Glaubensgemeinschaften etc., die die Gemeinsamkeit des Handelns organisieren und so sozialen Prozessen eine Gestalt, eine Richtung, also eine *Struktur* geben.

Der Begriff der Struktur steht im Zentrum der *strukturell-funktionalen* Systemtheorie, wie sie seit den 30er Jahren von Talcott Parsons, dem entscheidenden soziologischen Lehrer und Gewährsmann Luhmanns, entwickelt wurde. Der Begriff "bezieht sich auf diejenigen Systemelemente, die von kurzfristigen Schwankungen im Verhältnis System-Umwelt unabhängig sind" (Parsons 1976: 168). Von der Struktur unterscheidet Parsons den Begriff *Funktion*. Er bezeichnet den dynamischen Aspekt eines sozialen Systems, nämlich diejenigen sozialen Prozesse, die den Erhalt und die Stabilität der Systemstrukturen in einer sich ändernden Umwelt gewährleisten sollen. Eine Soziologie dieses Typs untersucht zunächst die Struktur eines sozialen Systems, um die Funktionen angeben zu können, die erfüllt sein müssen, um das System zu erhalten. Die strukturell-funktionale Theorie gibt den strukturellen Rahmen an, der den Handlungsprozeß steuert, und kann in funktionalen Analysen entscheiden, welche Handlungen funktional oder dysfunktional für die Systemerhaltung sind. Das eigentlich Soziale, also der Gegenstand der Soziologie, sind auch hier nicht isolierte Handlungen von einzelnen, sondern die strukturellen und funktionalen Aspekte dieser Handlungen im Kontext des jeweiligen Sozialsystems. Zur strukturellen und funktionalen Analyse von sozialen Zusammenhängen hat Parsons ein Schema entwickelt, das die für die Strukturerhaltung notwendigen Funktionen angibt. Danach müssen alle sozialen Systeme folgende vier elementaren Funktionen erfüllen: Anpassung, Zielerreichung, Integration und Strukturerhaltung. Dieses *AGIL*-Schema hat seinen Namen von den englischen Initialen dieser Funktionen: *A*daption, *G*oal Attainment, *I*ntegration, *L*atent Structure Maintenance.[5]

Wir brechen hier eine weitere Erörterung der strukturell-funktionalen Systemtheorie ab. Es sollte lediglich deutlich geworden sein, daß dieser Typus von Soziologie elementare soziale Einheiten, nämlich soziale Handlungen, Kommunikationen, Interaktionen etc., nicht isoliert betrachtet, sondern sie in den strukturellen und funktionalen

---

[5] Die *Anpassungsfunktion* meint die Aufnahme und Bereitstellung von Ressourcen und Energien aus der Umwelt des Systems, z.B. persönliche Kompetenz, Information, Geld. Die *Zielerreichungsfunktion* meint die teleologische Orientierung an Handlungszielen. Die *Integrationsfunktion* bezieht sich auf Gemeinschaftsbildung und normative Orientierung und die *Strukturerhaltungsfunktion* bezeichnet die Sicherung der Gemeinsamkeit der kulturellen Überzeugungen.

Rahmen eines Systemzusammenhanges stellt. Handlungen erscheinen dann als Resultate jenes Systemzusammenhanges, der durch diese Handlungen gestiftet wird. Wieder begegnet uns hier das kybernetische Modell der wechselseitigen Bezogenheit und der wechselseitigen Ermöglichungs-, Verstärkungs- und Rückkopplungsbedingungen, wie wir sie oben mit unseren Andeutungen über das kybernetische Denkmodell erläutert haben. Diese Bemerkungen mögen genügen, um den Horizont ein wenig abzustecken, in dem sich eine soziologische Systemtheorie bewegt. Im folgenden wenden wir uns nun Niklas Luhmanns Theorie sozialer Systeme zu.

Zusammenfassung wichtiger Grundbegriffe:

* *Soziales System*: Ganzheit einer Menge von Elementen, die soziale Elemente sind, nämlich soziale Handlungen.

Literatur:

K.H. Tjaden, Hg.: Soziale Systeme. Materialien zur Dokumentation und Kritik soziologischer Ideologie, Neuwied/Berlin 1971.

3 Theorie sozialer Systeme

Niklas Luhmann hat in den letzten drei Jahrzehnten ein umfangreiches Werk geschaffen, das aufgrund der Differenziertheit, Komplexität und thematischen Vielfalt selbst für Eingeweihte nur schwer zu überschauen ist. Dennoch läßt sich in seinen Arbeiten ein einheitlicher Motivstrang ausmachen. Es ist die erklärte Absicht Luhmanns, im Anschluß an Überlegungen der Allgemeinen Systemtheorie eine für die Soziologie fachuniversale Theorie zu formulieren. Luhmann erhebt, wie wir in der Einleitung bereits angedeutet haben, für seine theoretische Konzeption einen Universalitätsanspruch, keineswegs aber einen Absolutheitsanspruch. Universalität reklamiert also nicht den Anspruch auf alleinige Richtigkeit oder absolute Wahrheit. Luhmann geht es um die Ausarbeitung einer fachübergreifenden Theorie, die den *gesamten* Gegenstandsbereich der Soziologie - und nicht, wie die sogenannten *Theorien mittlerer Reichweite*,[6] nur ausgewählte Ausschnitte aus diesem Bereich - mit einer systemtheoretischen Begrifflichkeit zu beschreiben versucht. "Mit Universalität ist nur behauptet, daß sich alle Tatbestände, im Falle der Soziologie alle sozialen Tatbestände, systemtheoretisch interpretieren lassen. Damit ist nicht gesagt, daß Systemtheorie die einzig mögliche oder die einzig richtige soziologische Theorie sei und daß andere Soziologen im Irrtum seien, wenn sie sich ihr nicht anschließen." (HaLu: 378) Die Ausarbeitung einer universellen soziologischen Theorie mit den Mitteln der Allgemeinen Systemtheorie besagt, daß *jeder* soziale Kontakt als System begriffen wird. Soziologie ist diesem Verständnis zufolge, wie Luhmann erstmals 1967 notiert, "die Wissenschaft von den sozialen Systemen" (SozA 1: 113). Das ist - wenn wir uns an das erinnern, was im ersten Kapitel gesagt wurde - kein unbe-

---

6 Der Begriff der Theorien mittlerer Reichweite geht auf Robert K. Merton (1967: 258) zurück, der gegenüber umfassenden, aber eindimensionalen Ansätzen für eine Limitierung des Erklärungsanspruchs soziologischer Theorien plädierte.

dingt neuer Gedanke. Schon vor Luhmann hat es innerhalb der Soziologie zahlreiche, zum Teil sehr unterschiedliche Versuche gegeben, soziale Zusammenhänge mit den begrifflichen Mitteln der Systemtheorie zu beschreiben und zu analysieren. Am bekanntesten sind in dieser Hinsicht, wie gesehen, die Arbeiten von Parsons geworden. Die Auseinandersetzung mit der Parsonsschen Theorie steht dann auch am Beginn von Luhmanns eigener Theorieentwicklung. Jedoch ist Luhmann keineswegs bereit, alle Annahmen und konzeptionellen Vorschläge von Parsons zu übernehmen. Im Gegenteil: Bereits Mitte der sechziger Jahre entwickelt Luhmann erste Schritte eines eigenen Ansatzes, den er in scharfer Abgrenzung gegenüber der struktur-funktionalistischen Theorie von Parsons vorträgt.

Das Bemühen, eine eigenständige Theorie sozialer Systeme zu entwerfen, die mit universellem Anspruch auftritt, hat Luhmann bis heute fortgesetzt. Diese Aussage, die die Kontinuität des Werkes von Luhmann in den Vordergrund hebt, darf allerdings über bestimmte Bruchstellen in seiner eigenen Theorieentwicklung nicht hinwegtäuschen. Überschaut man die bisherigen Schriften Luhmanns, so lassen sich zwei Phasen deutlich unterscheiden. Die erste Phase reicht von Anfang der sechziger Jahre bis zu Beginn/Mitte der achtziger Jahre. Mit der Schrift *Soziale Systeme. Grundriß einer allgemeinen Theorie*, die im Jahre 1984 erschienen ist, beginnt dann eine zweite, bis heute andauernde Phase. Das Buch *Soziale Systeme* markiert also, das gilt es im folgenden zu berücksichtigen, einen entscheidenden Einschnitt innerhalb der Theorieentwicklung Luhmanns. Zugleich handelt es sich bei dieser Arbeit um die bisher sorgfältigste Explikation der Grundbegriffe einer Theorie sozialer Systeme. Aus diesem Grunde läßt sich *Soziale Systeme* mit Fug und Recht auch als das eigentliche Hauptwerk Luhmanns bezeichnen.

Den Schwerpunkt unserer Einführung legen wir deshalb auf die gegenwärtige, aktuelle Fassung der Theorie sozialer Systeme. Gleichwohl wollen wir im folgenden Abschnitt einige Schlaglichter auf die Theoriekonzeption Luhmanns aus den sechziger und siebziger Jahren werfen. Auf den wenigen Seiten können wir selbstverständlich nur einige wenige Theoriebausteine andiskutieren; insofern ist die Gefahr in bezug auf den frühen Luhmann besonders groß, daß seine Theorie unzureichend vereinfacht und verkürzt dargestellt wird. Dennoch haben wir uns dazu entschlossen, zentrale Kategorien der älteren Version der Theorie sozialer Systeme von Luhmann vorzustellen. Dies geschieht vor allem deshalb, weil eine Einführung in die Theorie sozialer Systeme, die sich ausschließlich auf die zweite Ausarbeitungsphase konzentriert, nur allzu schnell den Eindruck erweckt, Luhmann habe die Grundannahmen seines Ansatzes erst Mitte der achtziger Jahre entwickelt. Gegen eine solche Auffassung ist festzuhalten, daß Luhmann bereits in den sechziger und siebziger Jahren zentrale Konzepte seines Ansatzes ausformuliert hat. Mit der Theoriewende erfahren die Grundbegriffe aber zum Teil eine Umdefinition bzw. ihr Stellenwert innerhalb der Gesamttheorie verändert sich. Ein Verständnis dieser theoretischen Modifikationen setzt jedoch voraus, daß man sich zuvor mit der älteren Version der Theorie sozialer Systeme ein wenig vertraut gemacht hat.

3.1 Funktional-strukturelle Systemtheorie

Die Kritik und Weiterentwicklung der soziologischen Systemtheorie von Parsons bildet, wie bereits angedeutet, den Ausgangspunkt der Überlegungen Luhmanns. Parsons ist von der klassischen, bereits von Thomas Hobbes aufgeworfenen Frage ausgegangen, wie menschliches Zusammenleben und damit gesellschaftliche Ordnung möglich sei. Parsons präsentiert als Antwort eine *voluntaristische* Lösung des Problems sozialer Ordnung. Der Begriff voluntaristisch deutet darauf hin, daß die Mitglieder einer Gesellschaft nicht allein aufgrund von individuellen Interessen bzw. äußerem Zwang zusammenleben, sondern freiwillig innerhalb eines normativen Bezugsrahmens übereinstimmen. Eine voluntaristische Ordnung ist also weder eine reine Zwangsordnung noch das Ergebnis des Zusammenspiels von ausschließlich egozentrischen Nutzenerwägungen. Gesellschaftliche Ordnung beruht vielmehr auf einem generellen Wertekonsens, der im sozialen Leben fest institutionalisiert und zugleich von den Handelnden im Sozialisationsprozeß verbindlich erworben wird. Diese Überlegungen zum Zustandekommen sozialer Ordnung hat Parsons in Richtung einer Theorie des allgemeinen Handlungssystems weiterentwickelt: Jede konkrete Handlungseinheit ist, ebenso wie jede Form sozialer Ordnung, das Ergebnis des Zusammenspiels von kulturellen, sozialen und persönlichen Faktoren.[7] Innerhalb dieses Dreierschemas kommt dem kulturellen System ein dominierender Einfluß zu: Gemeinsam geteilte kulturelle Werte und Normen (*shared symbolic system*) steuern und strukturieren soziale Handlungsabläufe und sichern auf diese Weise das gemeinsame Zusammenleben. Parsons ist deshalb in seinen Analysen stets von sozialen Systemen ausgegangen, die durch bestimmte Norm- und Wertmuster, d.h. durch spezifische Strukturen, charakterisiert sind. Dabei hat ihn v.a. die Frage interessiert, welche spezifischen Leistungen erfüllt sein müssen, damit soziale Gebilde auch in Zukunft ihren Bestand sichern. Diese Form der Fragestellung hat dem Strukturfunktionalismus seinen Namen gegeben. Die *strukturell-funktionale Systemtheorie* setzt soziale Systeme mit bestimmten *Strukturen* voraus und fragt nach den *funktionalen Leistungen*, die erbracht werden müssen, um den Fortbestand des sozialen Gebildes zu gewährleisten. Die Bestandserhaltung des sozialen Systems ist somit, kurz gesagt, das oberste Bezugsproblem der funktionalen Analyse. Gerade diese Auffassung von Parsons ist innerhalb soziologischer Debatten aber zunehmend auf Kritik gestoßen. Kritiker werfen der Systemtheorie vor, daß sie einem heimlichen Konservatismus das Wort rede. Die strukturell-funktionale Theorie von Parsons rechtfertige, so etwa der Vorwurf von Ralf Dahrendorf (1986: 213ff.), den Status quo, da sie

7 Parsons hat seine Theorie des allgemeinen Handlungssystems ständig modifiziert und erweitert. In seiner ersten größeren Arbeit *The Structure of Social Action* hat er mit einer Zweiteilung gearbeitet, und zwar hat er eine Sphäre des zweckrationalen Handelns von einer Sphäre der kategorisch-normativen Verpflichtung unterschieden. Dieses duale Handlungsschema wird dann in *The Social System* zu dem angesprochenen Dreierschema erweitert; noch später hat Parsons dann mit dem im ersten Kapitel genannten AGIL-Schema ein viergliedriges Modell vorgelegt. Hier bilden Verhaltenssystem, Persönlichkeitssystem, soziales System und kulturelles System die vier Felder des allgemeinen Handlungssystems (vgl. Parsons 1951, 1968; Parsons/Bales/Shils 1953). Zur Entwicklung der Theorie von Parsons vgl. auch Münch 1988 und Wenzel 1986, 1991.

von statischen Strukturkategorien ausgehe und Prozesse des sozialen Wandels und des Konflikts auf diese Weise leugne bzw. nicht angemessen behandeln könne.

An diesem Punkt setzen die Überlegungen Luhmanns ein. Luhmann greift die angedeutete Kritik an der strukturell-funktionalen Systemtheorie von Parsons auf, ohne sich allerdings allen Einwänden im einzelnen anzuschließen. Während die meisten Kritiker Parsons' die Systemtheorie durch alternative soziologische Konzepte ersetzen wollen, plädiert Luhmann für ein Festhalten am systemtheoretischen Paradigma. Es geht ihm, anders gesagt, darum, durch eine Reformulierung und Generalisierung des systemtheoretischen Instrumentariums die Mängel der Theorie von Parsons zu überwinden. "Es führt nicht weiter, die erkannten Lücken oder Einseitigkeiten der Systemtheorie in eine Gegentheorie umzumünzen: so die *Integration* durch *Konflikt*, so die *Ordnung* durch *Wandel* zu ersetzen. Auf diese Weise läßt man den Universalitätsanspruch fallen und bezieht vom Gegner das, worüber man sich geärgert hatte: die Einseitigkeit. Die Kritik der strukturell-funktionalen Theorie müßte deshalb versuchen, nicht bei den Mängeln, sondern bei dem Grund dieser Mängel anzusetzen. Nur so ist es möglich, das Ziel einer einheitlichen soziologischen Theorie im Auge zu behalten und die Mittel zur Erreichung dieses Zieles zu verbessern." (SozA 1: 114)

Luhmanns Kritik am Ansatz von Parsons zielt auf die Ausarbeitung einer Theorie sozialer Systeme, die es ernst meint mit dem Anspruch, den *gesamten* Gegenstandsbereich der Soziologie abzudecken, die also sowohl Integration als auch Konflikt, sowohl Ordnung als auch Wandel, sowohl Struktur als auch Prozeß zu berücksichtigen versucht. Zu diesem Zweck stellt Luhmann das Verhältnis der Begriffe *Struktur* und *Funktion* um, die bereits den konzeptionellen Überlegungen Parsons' zugrundeliegen. Er ordnet den Funktionsbegriff dem Strukturbegriff vor und spricht in der Folgezeit von einer *funktional-strukturellen Systemtheorie*. Mit der Umstellung der beiden Grundbegriffe erfolgt eine Ausweitung der funktionalen Analyse, die strukturorientierte Sichtweise tritt hingegen zurück. Mit diesem theoretischen Umbaumanöver werden gleich zwei inhaltliche Korrekturen an Parsons' Ansatz vorgenommen.

Die funktional-strukturelle Systemtheorie geht *erstens* nicht länger davon aus, daß soziale Systeme stets über ein verbindliches, kollektiv geteiltes Norm- und Wertmuster verfügen. Gerade in der modernen, vielfach differenzierten Gesellschaft läßt sich, so Luhmann, eine solch einheitliche Struktur von Wertorientierungen häufig nicht ausmachen. Mit der Umkehrung der Grundbegriffe Funktion und Struktur wird es nun möglich, einen nicht-normativen Begriff des Sozialen zu formulieren. Das besagt, daß soziale Systeme nicht länger anhand bestimmter Wert- und Strukturmuster definiert werden. Unter einem sozialen System versteht Luhmann den Zusammenhang von aufeinander verweisenden sozialen Handlungen. Immer dann, wenn die Handlungen mehrerer Personen miteinander verknüpft werden, entsteht ein soziales System oder auch Handlungssystem, das sich von einer *Umwelt* abgrenzt. Alle Handlungen, die sinnhaft aufeinander verweisen, gehören zu dem jeweiligen sozialen System; alle übrigen Handlungen, die keine Beziehung zu dem jeweiligen Sinnzusammenhang unterhalten, gehören zur Umwelt des Systems. Alle weiteren nicht-sozialen Entitäten und Ereignisse gehören ebenfalls zur Umwelt. Konstitutiv für diesen Systembegriff ist somit die Vorstellung einer Grenze, die eine Differenzierung von Innen und Außen ermöglicht. Etwas ist *entweder* System (bzw. gehört zum System) *oder* Umwelt (bzw. gehört zur Umwelt).

Die funktional-strukturelle Systemtheorie verwirft *zweitens* die Annahme, daß soziale Systeme auf spezifische, nicht-substituierbare Leistungen notwendig angewiesen sind. Soziale Systeme hören, so Luhmann, nicht unbedingt zu existieren auf, wenn bestimmte Systemleistungen ausfallen. Sie besitzen die Möglichkeit, die ausgefallenen Beiträge durch andere, alternative Leistungen zu ersetzen. "Außerdem kann ein soziales System auf das Ausfallen bisheriger Leistungen durch Änderung seiner Struktur und seiner Bedürfnisse reagieren, die den Fortbestand unter veränderten Bedingungen ermöglicht, ohne daß sich eindeutig feststellen ließe, von wann ab solche Änderungen ein neues System konstituieren." (SozA 1: 33) Mit dem Übergang von der strukturell-funktionalen zur funktional-strukturellen Systemtheorie geht es nicht länger um die Frage, welche konkreten Beiträge den Bestand des Systems kausal bewirken und damit in Zukunft sicherstellen. An diese Stelle tritt die Frage, welche Funktion bestimmte Systemleistungen erfüllen und durch welche *funktional-äquivalenten* Möglichkeiten diese ersetzt werden können. Der *Kausalfunktionalismus* von Parsons, der zwischen bestimmten Systembeiträgen und der Erhaltung des Systems einen direkten Zusammenhang herzustellen versucht, wird durch den sogenannten *Äquivalenzfunktionalismus* ersetzt. Funktionale Analysen sind nach Luhmann also nicht an der Aufdeckung von kausalen Beziehungen zwischen Ursachen und Wirkungen interessiert, sie orientieren sich vielmehr an dem Zusammenhang von Problemen und Problemlösungen. Und zwar eröffnen funktionale Analysen einen Möglichkeitsspielraum alternativer Lösungen des Ausgangsproblems, die miteinander verglichen werden können.[8]

Jede funktionale Analyse setzt einen obersten Bezugspunkt voraus, auf den hin die Untersuchung ausgerichtet wird. Bei Parsons bildet der *Bestand* sozialer Systeme die höchste Ebene der funktionalen Analyse. Mit der Umstellung der Begriffe Funktion und Struktur verschiebt sich dieser Ausgangspunkt. Luhmann überwindet das Bestandsproblem, indem er die Konstitution und den Wandel von Systemen (und von Strukturen) ebenfalls mit Hilfe funktionaler Methoden analysiert. Nicht der Systembestand, sondern die *Welt* wird zur obersten Bezugseinheit der funktionalen Analyse erklärt. Wir haben davon gesprochen, daß für die funktional-strukturelle Theorie, die mit der System-Umwelt-Differenz arbeitet, alles entweder System oder Umwelt ist. Die einzige Ausnahme zu diesem Sachverhalt bildet die Welt. Die Welt ist kein System, da sie kein Außen besitzt, gegen das sie sich abgrenzt. Die Welt kann aber auch nicht als Um-

---

[8] Damit wird aber nicht behauptet, daß mit dem Übergang zum Äquivalenzfunktionalismus die kausalwissenschaftlichen Prämissen vollständig getilgt werden. Joas hebt in diesem Sinne kritisch hervor, daß "die 'anderen Möglichkeiten', die 'funktionalen Äquivalente' selbst in einem kausalwissenschaftlichen Horizont" (Joas 1992: 312) gedeutet werden müssen. Dabei darf aber nicht übersehen werden, daß im Vergleich zu traditionellen Kausalanalysen der Äquivalenzfunktionalismus mit der Untersuchung alternativer Problemlösungsmöglichkeiten sich weitergehende Erkenntnismöglichkeiten erschließt.

welt begriffen werden, weil jede Umwelt umgekehrt ein Innen voraussetzt, das selbst nicht wiederum zur Umwelt gehört. Die Welt ist weder System noch Umwelt, sie umgreift vielmehr alle Systeme und die dazu gehörenden Umwelten, sie ist also die Einheit von System und Umwelt. Alles was geschieht, geschieht in der Welt. Somit ereignet sich auch alle Bestandserhaltung, ebenso alle Bestandsgefährdung und alle Bestandsvernichtung von Systemen in der Welt. Auf Grund dieser Überlegungen wählt Luhmann die Welt als obersten Bezugspunkt der funktionalen Analyse. Die Welt kann nicht überschritten werden, da die Welt keine Grenze besitzt, hinter der sich ein Außen befindet, auf das hin sie transzendiert werden könnte.

Die Welt, oder genauer: die *Komplexität* der Welt wird bei Luhmann zum obersten Bezugsproblem der funktionalen Analyse. Mit Komplexität ist ein weiterer, wenn nicht *der* Grundbegriff der funktional-strukturellen Systemtheorie benannt. Komplexität meint zunächst die Gesamtheit der möglichen Ereignisse und Zustände: Etwas ist komplex, wenn es mindestens zwei Zustände annehmen kann. Mit der Zahl der Zustände bzw. mit der Zahl der Ereignisse steigt auch die Zahl der zwischen ihnen möglichen Relationen, und zugleich steigt die Komplexität. Der Begriff der Weltkomplexität bezeichnet auch hier die äußerste Grenze. Alles, was möglich ist, ist nur möglich in der Welt. Diese äußerste Komplexität der Welt ist für das menschliche Bewußtsein aber in dieser Form nicht faßbar und erfahrbar. Luhmann spricht von einer "sehr geringen, aus anthropologischen Gründen kaum veränderbaren Fähigkeit des Menschen zu bewußter Erlebnisverarbeitung" (SozA 1: 116). Das menschliche Vermögen der Komplexitätsaufnahme ist angesichts der möglichen Zustände und Ereignisse der Welt ständig überfordert. Zwischen der äußersten Weltkomplexität und dem menschlichen Bewußtsein klafft eine Lücke. Exakt an dieser Stelle treten soziale Systeme in Funktion. Sie übernehmen die Aufgabe der *Reduktion von Komplexität*. Soziale Systeme vermitteln also zwischen der unbestimmten Komplexität der Welt und der Komplexitätsverarbeitungskapazität des einzelnen Menschen.

Was besagt die Formel der Reduktion von Komplexität? Reduktion der Komplexität meint Abbau oder Verringerung der möglichen

Zustände oder Ereignisse. Soziale Systeme reduzieren die Weltkomplexität, indem sie Möglichkeiten ausschließen. Nicht alle möglichen Ereignisse und Zustände der Welt können im System auftreten. Nur sehr wenig von dem, was in der Welt möglich ist, wird in einem sozialen System auch zugelassen, das meiste bleibt ausgeschlossen. In einem Sozialsystem Zahnarztbesuch beispielsweise werden nur wenige Handlungsmöglichkeiten auch realisiert: Zwar kann sich zwischen einem Zahnarzt und einem Patienten ein Gespräch über die unterschiedlichsten Themen entwickeln, aber man wird wohl kaum damit rechnen können, daß während der Behandlung dem Patienten ein dreigängiges Menü serviert wird. In einem sozialen System sind also weniger Ereignisse und Zustände zugelassen als in der Systemumwelt. Dadurch, daß soziale Systeme Komplexität reduzieren, geben sie den beteiligten Personen Orientierungshilfen an die Hand. Soziale Systeme bilden "Inseln geringerer Komplexität" (SozA 1: 116) in einer überkomplexen Welt. Die Grenze zwischen System und Umwelt, zwischen Innen und Außen, markiert also zugleich ein Komplexitätsgefälle - *die Umwelt ist stets komplexer als das System.* Luhmann spricht davon, daß die Ordnung eines Systems unwahrscheinlicher bzw. höher ist als die seiner Umwelt. "Systembildung erfolgt durch Stabilisierung einer Grenze zwischen System und Umwelt, innerhalb derer eine höherwertige Ordnung mit weniger Möglichkeiten (also mit reduzierter Komplexität) invariant gehalten werden kann." (SozA 1: 76)

Damit soziale Systeme die Komplexität der Welt reduzieren können, müssen sie selber eine bestimmte Komplexität aufweisen, sie müssen also eine Eigenkomplexität ausbilden. Das gilt zunächst in dem trivialen Sinne, daß die Eigenkomplexität der Handlungssysteme ausreichen muß, um den Fortbestand auch unter sich ändernden Umweltbedingungen aufrechtzuerhalten. Je komplexer ein System ist, desto mehr Möglichkeiten besitzt es, auf wechselnde Umweltanforderungen angemessen zu reagieren. Am Problem der Bestandserhaltung kommt also letztlich auch die funktional-strukturelle Systemtheorie nicht vorbei. Soziale Systeme müssen aber noch in einem weiteren Sinne eine gewisse Eigenkomplexität aufweisen. Die Fähigkeit des Systems, die Komplexität der Welt zu erfassen und zu verarbeiten, wird in erster Linie von der Anzahl der möglichen eigenen Zustände bestimmt. Zwischen Eigenkomplexität und Weltbezug besteht also ein interner Zusammenhang. Jedes Sozialsystem kann nur einen Ausschnitt der Welt erfahren; die Größe des Ausschnitts wird aber in erster Linie dadurch bestimmt, wie viele Zustände im System selbst zugelassen sind. In diesem Sinne haben einfachere Sozialsysteme eine einfachere Welt als komplexere Systeme. Die Eigenkomplexität des Systems ermöglicht - und begrenzt - somit dessen Fähigkeit, die Komplexität der Welt zu erfassen und zu reduzieren. Vor dem Hintergrund dieser Überlegungen wird verständlich, warum Luhmann davon spricht, daß der Begriff der Weltkomplexität keinen Seinszustand, sondern die Relation zwischen System und Welt bezeichnet. Komplex ist die Welt nicht an sich, sondern nur aus der Perspektive von Systemen, die die Welt komplexitätsreduzierend zu verarbeiten versuchen.

Bisher war nur ganz allgemein von sozialen Systemen oder Handlungssystemen die Rede. Es ist an der Zeit, diese abstrakte Redeweise zu verlassen und sich einigen konkreten Handlungssystemen zuzuwenden. Nach Luhmann lassen sich drei besondere Typen von sozialen Systemen unterscheiden, nämlich *Interaktionssysteme*, *Organisationssysteme* und *Gesellschaftssysteme*. Interaktionssysteme kommen dadurch zustande, daß Anwesende handeln. Anwesende sind Personen, die sich gegenseitig wahrnehmen. Ein Seminar an der Universität mag hier als Beispiel dienen. Zu diesem Interaktionssystem gehören alle Handlungen, die von den Seminarteilnehmern ausgeführt werden, also etwa Wortbeiträge, das Vortragen von Referaten, aber auch das Gespräch mit dem Nachbarn usw. Handlungen, die von Personen außerhalb des Seminarraums ausgeführt werden, gehören zur Umwelt des Interaktionssystems. Mit dem Ende des Seminars, d.h. mit dem Auseinandergehen der Teilnehmer, löst sich auch das Interaktionssystem auf (zumindest bis zum nächsten Zusammentreffen der Seminarbesucher).

Organisationssysteme bilden einen zweiten Typ von Handlungssystemen. Soziale Systeme sind als organisiert zu bezeichnen, wenn die Mitgliedschaft an bestimmte Bedingungen geknüpft ist. Die Universität stellt etwa ein solches Organisationssystem dar: Es lassen sich einzelne Mitgliedschaftsgruppen (Wissenschaftliche und Nichtwissenschaftliche Mitglieder, Studenten) unterscheiden, der Ein- und Austritt in das Organisationssystem Universität ist formell geregelt, d.h. er ist an bestimmte Mitgliedschaftsbedingungen geknüpft. Mit Hilfe von Mitgliedschaftsregeln gelingt es Organisationen, "hochgradig künstliche Verhaltensweisen relativ dauerhaft zu reproduzieren" (SozA 2: 12). Eine wichtige Funktion von Organisationen liegt also darin, spezielle Handlungsabläufe, die in der Umwelt des Organisationssystems in dieser Weise nicht zu erwarten sind, festzulegen und damit für Mitglieder wie auch Nicht-Mitglieder der Organisation berechenbar zu machen.

Unter *Gesellschaft* schließlich versteht Luhmann das umfassendste Sozialsystem. Alle Interaktionssysteme und alle Organisationssysteme gehören somit zur Gesellschaft, ohne daß man sagen kann, daß die Gesellschaft in Interaktionen bzw. Organisationen aufgeht. Die Gesellschaft ist kein Interaktionssystem, da sie selbstverständlich auch die Handlungen zwischen jeweils Abwesenden mitumfaßt. Und die Gesellschaft ist auch kein Organisationssystem: Man kann in die Gesellschaft nicht ein- oder aus ihr austreten, so wie man sich an der Universität immatrikuliert oder exmatrikuliert. Die Gesellschaft ist mehr als die Summe aller Interaktions- und Organisationssysteme, da in dem Gesellschaftssystem eine Vielzahl von Handlungen auftreten, die nicht von Interaktions- bzw. Organisationssystemen hervorgebracht werden. Insofern bildet die Gesellschaft "ein System höherer Ordnung, ein System anderen Typs" (SozA 2: 11). Die Gesellschaft ist somit das umfassendste System und zugleich ein besonderer Systemtyp, neben dem es andere Systemtypen (Interaktionen und Organisationen) gibt. Ein universalistischer Ansatz, der darauf abzielt, alle sozialen Kontakte zu erfassen, kann sich daher nicht auf das Sozialsystem Gesellschaft beschränken, sondern muß alle drei Systemtypen betreuen. "Nicht alle Sozialsysteme bilden sich nach der Formel Interaktion, nicht alle Sozialsysteme nach der Formel Gesellschaft und erst recht nicht alle nach der Formel Organisation. Daher haben auch die diesen Systemtypen zugeordneten Theorien nur eine begrenzte Tragweite. Keine von ihnen erfaßt die gesamte soziale Wirklichkeit. Selbst das umfassende System der Gesellschaft enthält zwar die anderen Systemtypen in sich selbst, ist aber deswegen noch nicht ihr Prototyp." (SozA 2: 13)

Soziale Systeme übernehmen die Funktion, so haben wir formuliert, die Komplexität der Welt zu erfassen und zu reduzieren. Die Formel *Reduktion der Komplexität* nimmt Luhmann auch für seine eigenen Arbeiten in Anspruch: Der funktional-strukturellen Theorie geht es um die "Erweiterung des menschlichen Vermögens, die Komplexität der Welt zu erfassen und zu reduzieren" (SozA 2: 67). Dieses Anliegen der Theorie hat Luhmann als *soziologische Aufklärung* bezeichnet. Damit liegt dem Programm der soziologischen Aufklärung eine selbstbezügliche Argumentationsfigur zu Grunde: Die Theorie formuliert bestimmte Beobachtungen über soziale Systeme, diese Beobachtungen treffen aber zugleich auch auf die eigene Theorie zu. Luhmann begründet diese zirkuläre Argumentation mit der Überlegung, daß seine Theorie exakt dem Gegenstandsbereich angehört, über den die Theorie bestimmte Erkenntnisse zu gewinnen sucht. Die funktional-strukturelle Theorie bildet einen Teil der Soziologie und damit einen Teil der modernen Wissenschaften oder besser: einen Teil des Handlungssystems der modernen Wissenschaften. Folglich konzipiert die Theorie ihren Gegenstand auf eine solche Weise, daß sie selbst als Teil ihres Gegenstandes wieder vorkommt. Eine solche Theorieanlage scheint typisch für Theorien mit universalistischem Anspruch zu sein. Theorien, die alles erklären wollen, müssen auch sich selbst erklären. Oder umgekehrt formuliert: Eine Theorie, die auf ihrer Gegenstandsseite nicht wieder auftaucht, kann keine universalistische Theorie sein, da sie zumindest einen Gegenstand innerhalb ihres Gegenstandsbereiches - nämlich sich selbst - nicht erklärt.

Das Anliegen von Luhmann, ausgehend von der Theorie Parsons' das Bezugsproblem der funktionalen Analyse weiter zu generalisieren und mit der Formel der *Reduktion der Weltkomplexität* ein allgemeines Funktionsprinzip sozialer Systeme zu formulieren, hat zum Teil massive Einwände hervorgerufen. Luhmann wurde - ähnlich wie Parsons - vorgeworfen, daß er damit ein letztlich sozialtechnologisches, konservatives Interesse formuliere. Bereits sein nüchternes technisch-kybernetisches Vokabular weise darauf hin, so die Kritiker, daß es der Theorie sozialer Systeme primär um eine Verwaltung der Menschen, aber nicht um einen Abbau von Herrschaft und Ungerechtigkeit gehe. Richtungweisend für diese Kritik sind die Einwände von Habermas geworden, der Luhmann vorwirft, daß sich hinter "dem Versuch, Reduktion von Weltkomplexität als obersten Bezugspunkt des sozialwissenschaftlichen Funktionalismus zu rechtfertigen, [...] sich die uneingestandene Verpflichtung der Theorie auf herrschaftskonforme Fragestellungen, auf die Apologie des Bestehenden um seiner Bestandserhaltung willen" (Habermas 1971: 170) verberge. Luhmann hat in seiner Antwort auf Habermas darauf hingewiesen, daß ein solcher Kritikpunkt die Denkebene, auf der die funktional-strukturelle Theorie argumentiert, verfehlt. Dies einfach deshalb, weil Habermas eine *wissenschaftliche* Theorie mit *politischen* Begriffen kritisiert. Im Gegensatz dazu unterscheidet die Theorie sozialer Systeme sorgfältig zwischen wissenschaftlichen und politischen Zusammenhängen. Damit wird nicht behauptet, daß wissenschaftliche Aussagen keine politischen Folgen auslösen können oder daß politische Entscheidungen nicht auch Auswirkungen im Wissenschaftssystem haben. Behauptet wird mit der Unterscheidung aber, daß wissenschaftliche Theorien im politischen Raum nicht gleichsinnig weiterwirken. Wenn aber zwischen wissenschaftlichen Aussagen und politischen Einstellungen kein lineares Kausalverhältnis existiert, dann ist es, so Luhmann, eine unzureichende Vereinfachung, die Theorie sozialer Systeme auf bestimmte politische Implikationen festzuklopfen, anstatt sie nach ihrer theoretischen Erklärungskraft zu befragen.

Es würde an dieser Stelle zu weit führen, alle Argumente und Gegenargumente dieser Auseinandersetzung zwischen Luhmann und Habermas im einzelnen aufzuführen, schon deshalb, weil Luhmann später weitreichende Modifikationen an seiner Theorie sozialer Systeme vorgenommen hat. Zwar finden sich die meisten der systemtheoretischen Grundbegriffe, die Luhmann in den sechziger und siebziger Jahren formuliert hat, auch noch weiterhin, aber viele der Konzepte werden später neu definiert oder erhalten innerhalb der Theorie einen anderen Stellenwert - das gilt insbesondere für die Formel der Reduktion der Komplexität, die ihre dominierende Position innerhalb der Theorie sozialer Systeme einbüßt. Es ist allerdings fraglich, ob Luhmann die Revisionen und Korrekturen aufgrund der angedeuteten kritischen Einwände vorgenommen hat. Er selbst hat den Umbau seiner Theorie damit begründet, daß sich in den sechziger und siebziger Jahren die Grundlagen der Allgemeinen Systemtheorie gewandelt haben. Sein Anliegen ist es also, Weiterentwicklungen der Allgemeinen Systemtheorie, die sich in anderen wissenschaftlichen Disziplinen - und hier vor allem innerhalb der Biologie und Neurophysiologie - vollzogen haben, auf die Soziologie zu übertragen und für eine Theorie sozialer Systeme fruchtbar zu machen. Im folgenden Kapitel werden wir uns deshalb mit den entscheidenden Neuerungen auf dem Gebiet der allgemeinen Systemtheorie beschäftigen.

Zusammenfassung wichtiger Grundbegriffe:

* *Soziales System* meint einen Sinnzusammenhang von aufeinander verweisenden sozialen Handlungen, der sich von einer Umwelt abgrenzt.
* Ein System ist *komplex*, wenn es mehr als einen Zustand annehmen kann. *Komplexität* meint die Gesamtheit der möglichen Zustände.
* *Reduktion von Komplexität* bezeichnet die zentrale Funktion von Systemen, die Gesamtheit der in der Welt möglichen Ereignisse einzuschränken.
* *Äquivalenzfunktionalismus* ist der Begriff für eine vergleichende Methode, die ausgewählte Bezugsprobleme daraufhin untersucht, durch welche funktionalen Äquivalente eine Problemlösung ermöglicht wird.

Literatur:

Niklas Luhmann: Funktionale Methode und Systemtheorie, in: ders., Soziologische Aufklärung. Aufsätze zur Theorie sozialer Systeme, Opladen 1970, S. 31-53.

Niklas Luhmann: Soziologie als Theorie sozialer Systeme, in: ders., Soziologische Aufklärung. Aufsätze zur Theorie sozialer Systeme, Opladen 1970, S. 113-136.

3.2 Neuere Entwicklungen in der Systemtheorie

In dem 1984 erschienenen Werk *Soziale Systeme* wird, wie bereits angedeutet, der konzeptionelle Umbau der Theorie sozialer Systeme vollzogen. Luhmann unterscheidet in der Einleitung des Buches drei Phasen in der Entwicklung der Allgemeinen Systemtheorie. Die erste Phase ist durch das Schema vom *Ganzen und seinen Teilen* charakterisiert. Systeme werden als *geschlossene* Ganzheiten konzipiert, die aus mehreren Teilen zusammengesetzt sind. Das Ganze ist dabei mehr als die Summe seiner Teile, es besitzt qualitativ neue Eigenschaften aufgrund der spezifischen Form der Vernetzung der Einzelteile. In der zweiten Phase tritt die Unterscheidung von *System und Umwelt* an die Stelle der Differenz vom Ganzen und seinen Teilen. Luhmann spricht im Anschluß an die Überlegungen des Wissenschaftshistorikers Thomas Kuhn von einem Paradigmenwechsel, also einem Wandel des zugrundeliegenden Beobachtungsmusters in der Allgemeinen Systemtheorie. Dieses zweite Modell konzipiert Systeme als *offene* Gebilde, die mit ihrer Umwelt Austauschprozesse unterhalten. In den Sozialwissenschaften hat etwa Parsons dieses Modell herangezogen; neben der Frage der Strukturbildung von Systemen hat er sich vor allem dafür interessiert, welche Input- und Outputbeziehungen zwischen Systemen und ihren jeweiligen Umwelten existieren. Aber auch Luhmanns frühere Konzeption einer funktional-strukturellen Systemtheorie läßt sich ohne Schwierigkeiten diesem zweiten Paradigma zuordnen. In der Allgemeinen Systemtheorie spricht man aber mittlerweile von einem weiteren Paradigmenwechsel, und zwar wird die Theorie offener Systeme zunehmend durch eine Theorie *autopoietischer* Systeme ersetzt. Autopoiesis! Dieses Schlagwort steht also für das neue systemtheoretische Paradigma. Welches theoretische Konzept verbirgt sich hinter diesem Begriff?

Die entscheidenden Denkanstöße zu dem erneuten Paradigmenwechsel in der allgemeinen Systemtheorie gehen auf die beiden chilenischen Biologen und Neurophysiologen Humberto R. Maturana und Francisco J. Varela zurück, die bereits in den sechziger und siebziger Jahren die Grundlagen der neuen Konzeption entwickelt haben. Das Kunstwort *Autopoiesis*, das sich aus den griechischen Worten autos (= selbst) und poiein (= machen) zusammensetzt, wurde übrigens von Maturana selbst geprägt und meint soviel wie Selbsterzeugung, Selbstherstellung. Maturana und Varela haben den Begriff benutzt, um die Eigenart der Organisation von Lebewesen zu beschreiben. Es geht ihnen also, das gilt es im folgenden zu berücksichtigen, um eine Definition bzw. Theorie des Lebendigen. Dabei verstehen sie ihre Erklärungsfigur als mechanistischen Ansatz, d.h. als einen Ansatz, der keine übernatürlichen Kräfte und Prinzipien - etwa eine nicht näher definierbare *Lebenskraft* - heranzieht, sondern der allein auf physikalische und chemische Naturgesetze rekurriert. Ebensowenig wie sie Leben auf ein teleologisches Lebensprinzip zurückführen, begnügen sie sich aber damit, den Begriff des Lebens mit der Aufzählung von bestimmten Eigenschaften wie etwa Bewegung, Fortpflanzung, Evolution usw. zu erklären. Vielmehr formulieren sie mit dem Autopoiesis-Begriff ein allgemeines Organisationsprinzip des Lebendigen, also ein Organisationsprinzip, das für alle Lebewesen Gültigkeit besitzt.

Maturana und Varela definieren autopoietische Systeme oder Maschinen, wie sie in Anlehnung an den kybernetischen Sprachgebrauch sagen, folgendermaßen: "Eine autopoietische Maschine ist eine Maschine, die als ein Netzwerk von Prozessen der Produktion (Transformation und Destruktion) von Bestandteilen organisiert (als Einheit definiert) ist, das die Bestandteile erzeugt, welche 1. aufgrund ihrer Interaktionen und Transformationen kontinuierlich eben dieses Netzwerk an Prozessen (Relationen), das sie erzeugte, neu generieren und verwirklichen, und die 2. dieses Netzwerk (die Maschine) als eine konkrete Einheit in dem Raum, in dem diese Bestandteile existieren, konstituieren, indem sie den topologischen Bereich seiner Verwirklichung als Netzwerk bestimmen." (Maturana/Varela 1982: 184f.) Das klingt zunächst sehr kompliziert, versuchen wir also, den Definitionsvorschlag ein wenig aufzuhellen: Autopoietische Systeme sind lebende Gebilde, die sich selbst herstellen und erhalten. Das geschieht, indem sie die Komponenten und Bestandteile, aus denen sie bestehen, selbst produzieren und herstellen, indem sie also durch ihr Operieren ihre eigene Organisation fortlaufend erzeugen. Dies muß man sich derart vorstellen, daß die Komponenten in einem zirkulären Prozeß miteinander interagieren und daß dabei die Komponenten ständig erzeugt werden, die zur Erhaltung des Systems notwendig sind.

Nicht-lebende Maschinen sind hingegen keine autopoietischen Systeme, sie sind vielmehr *allopoietisch* organisiert. Der Motor eines Kraftwagens kann hier als Beispiel herangezogen werden. Auch wenn ein solcher Motor über längere Zeiträume reibungslos funktioniert, so kann man sicherlich nicht behaupten, daß der Motor sich selbst herstellt und seine Organisation fortlaufend aufrechterhält. Die einzelnen Bestandteile des Motors sind vom Menschen angefertigt und zusammengefügt worden. Zudem reproduziert und erneuert der Motor im Verlauf seines Funktionierens keineswegs seine Bestandteile (etwa Vergaser, Kurbelwelle, Pleuel, Zündkerzen usw.) - sobald einzelne Komponenten des Motors aufgrund von Defekten und Verschleißerscheinungen ausfallen, müssen sie von außen ausgetauscht werden. Überlegungen dieser Art dürften Maturana und Varela dazu geführt haben, das Prinzip der Autopoiesis allein zur Charakterisierung des Lebens heranzuziehen. Ein System, das in einem fortlaufenden Produktionsprozeß aus seinen Bestandteilen seine Bestandteile herstellt und sich damit als abgrenzbare Einheit selbst erhält, ist in ihren Augen *notwendig* ein lebendiges System. Oder umgekehrt formuliert: Alle Lebewesen, aber auch nur sie, sind autopoietisch organisiert. Man kann daher auch sagen, daß alle lebenden Maschinen die gleiche Organisation besitzen. Diese autopoietische Organisation ist in unzähligen konkreten *Strukturen* verwirklicht, etwa als Pantoffeltierchen, Fisch, Vogel, Elefant, Affe oder Mensch (vgl. Köck 1990: 168).

Alle Lebewesen besitzen somit zwar die gleiche Organisation, aber unterschiedliche Strukturen. Während der Begriff der Organisation auf die Einheit des zirkulären Produktionsprozesses der Systemkomponenten abstellt, meint der Begriff der Struktur die konkreten Relationen zwischen den Bestandteilen. Diese Struktur, d.h. die jeweilige Abfolge und Verkettung der Bestandteile im fortlaufenden Prozeß der Produktion, ist somit auch änderbar. Autopoietische Systeme sind, zumindest solange sie am Leben bleiben, organisations*invariante* und zugleich struktur*veränderbare* Systeme. Die konkreten Systemoperationen sind abhängig von dem jeweiligen Systemzustand vor der Operation, d.h. sie sind abhängig von der konkreten Systemstruktur. Aus diesem Grunde lassen sich lebende, autopoietische Systeme auch als *struktur- bzw. zustandsdeterminierte* Systeme charakterisieren.

Maturana und Varela haben am Beispiel der Zelle das Autopoiesis-Konzept näher erläutert. Eine Zelle bildet ein autopoietisches System, sie erzeugt auf molekularer Ebene ständig die Bestandteile (Proteine, Nukleinsäuren, Lipide, Glykoside, Metabolite), die sie zur Aufrechterhaltung ihrer Organisation benötigt. Oder aus der Sicht der einzelnen Elemente formuliert: Die molekularen Bestandteile sind in einem Netzwerk interagierender Komponenten auf eine solche Weise eingelassen, daß sie durch ihre Operationen ständig dieses Netzwerk hervorbringen und aufrechterhalten, durch das sie umgekehrt selbst hervorgebracht werden. Mit Hilfe der Zellmembrane grenzt sich die Zelle gegenüber ihrer Umwelt ab und bildet eine operierende Einheit. Insofern läßt sich die Zelle bzw. lassen sich autopoietische Systeme allgemein als *geschlossene* Systeme beschreiben.

Aufgrund ihrer Geschlossenheit beziehen sich autopoietische Systeme ausschließlich *auf sich selbst*. Insofern operieren autopoietische Systeme selbstbezüglich oder *selbstreferentiell*. Diese Selbstbezüglichkeit lebender Systeme läßt sich mit dem Begriff der *Rekursivität* weiter konkretisieren. Als rekursiv bezeichnet man einen Reproduktionsprozeß, der die Produkte und Ergebnisse seiner Operationen ständig als Grundlage weiterer Operationen verwendet. Damit kennen autopoietische Systeme in bezug auf ihre Organisationsweise weder Input noch Output. Alles, was sie zur Erhaltung ihrer Organisation benötigen, erzeugen sie selbst.

Zugleich sind autopoietische Systeme aber auch *offene* Systeme. So nehmen Lebewesen in Form von Nahrungsmitteln ständig bestimmte Substanzen auf; jede Zelle etwa steht in Kontakt mit ihrer Umwelt, mit der sie Energie und Materie austauscht, was der Vorstellung der Geschlossenheit des Produktionsprozesses zunächst zu widersprechen scheint. Der Widerspruch läßt sich jedoch auflösen, wenn ein weiterer zentraler Gedanke des Autopoiesis-Konzepts berücksichtigt wird: Der Umweltkontakt, über den lebende Syteme verfügen (Offenheit), wird durch die autopoietische Organisationsweise (Geschlossenheit) überhaupt erst ermöglicht. Um beim Beispiel der Zelle zu bleiben: Der Austausch von Energie und Materie zwischen Zelle und Umwelt wird von der Zelle gesteuert und kanalisiert. Insofern liegt ein sehr spezifischer, selektiver Umweltkontakt vor. Mit anderen Worten: Die Zelle regelt selbst den Austausch mit ihrer Umwelt. Sie nimmt nur das auf, was sie für die Produktion ihrer Bestandteile und Komponenten und damit für ihre eigene Selbstherstellung und Selbsterhaltung benötigt. Diese Überlegung läßt sich verallgemeinern: Geschlossenheit lebender, autopoietischer Systeme (Selbstherstellung und Selbsterhaltung in einem fortlaufenden Prozeß) und Offenheit (Austausch von Energie und Materie mit ihrer jeweiligen Umwelt) stehen in einem *Bedingungsverhältnis*: Die Formen des Austausches zwischen System und Umwelt werden nicht von der Umwelt, sondern von der geschlossenen Organisationsweise des autopoietischen Systems festgelegt. *Die Geschlossenheit der autopoietischen Organisation ist die Voraussetzung für ihre Offenheit.* Geschlossenheit und Offenheit gehören somit notwendig zusammen. Dieser zuletzt formulierte Gedanke läßt sich auch mit den Begriffen *Autonomie* und *Autarkie* formulieren. Autopoietische Systeme sind *autonom*, aber nicht *autark*. Sie sind nicht autark, insofern sie in einer bestimmten Umwelt, in einem Milieu leben, auf dessen materielle und energetische Zufuhren sie angewiesen sind. Sie sind aber autonom, insofern die Aufnahme bzw. Abgabe von Energie und Materie allein von den Systemoperationen eigengesetzlich bestimmt wird.

Neben dem Versuch, mit dem Autopoiesisbegriff die Mechanismen des Lebendigen theoretisch zu erfassen, ist eine zweite Überlegung von Maturana und Varela für die Entwicklung der Allgemeinen Systemtheorie bedeutsam geworden. Gemeint sind ihre Arbeiten zu einer konstruktivistischen Kognitionstheorie und hier insbesondere ihre neurophysiologischen Forschungen zum Nervensystem. Begonnen haben diese Arbeiten mit experimentellen Studien über die Farbwahrnehmung von Tauben. Im Mittelpunkt des Interesses stand dabei die Frage nach den Aktivitäten der sogenannten Ganglienzellen, d.h. derjenigen Nervenzellen, die hinter den lichtempfindlichen Rezeptorneuronen an der Netzhaut sitzen. Die Messungen erbrachten das überraschende Ergebnis, daß zwischen den physikalischen Eigenschaften des Lichts und den Aktivitäten der Ganglienzellen *keine* eindeutigen Korrelationen existieren. Der durch bestimmte Farb- und Lichtquellen ausgeübte visuelle Stimulus wird also nicht nach Art eines Kausalverhältnisses in entsprechende Aktivitäten der Nervenzellen umgesetzt. Korrelationen lassen sich allein zwischen unterschiedlichen Neuronen, keineswegs aber zwischen Lichtquelle und Nervensystem nachweisen (vgl. Maturana 1990). Das Nervensystem funktioniert somit nicht nach Art einer Fotokamera, die getreue Bilder der Außenwelt anfertigt.

Maturana und Varela zogen aus ihren experimentellen Studien die Schlußfolgerung, daß das Nervensystem ein *geschlossenes System* darstellt. Das Nervensystem bildet demzufolge ein selbstbezügliches Netzwerk interagierender Neuronen - jede Zustandsänderung einer Nervenzelle bewirkt stets eine Zustandsänderung von anderen Nervenzellen. Das Nervensystem ist somit ein operationell geschlossenes System, das sich in seinen Aktivitäten ausschließlich rekursiv auf sich selbst bezieht. Da jeder neuronale Aktivitätszustand einzig eine Reaktion auf vorhergehende neuronale Aktivitätszustände darstellt, verfügt das Nervensystem in bezug auf seine Systemoperationen über keinen Input oder Output. Umweltereignisse üben also keinen determinierenden Einfluß auf die Aktivitäten des Nervensystems aus. Das heißt jedoch nicht, daß das Nervensystem durch bestimmte Außenereignisse nicht irritiert oder angeregt werden kann. Auch für das Nervensystems gilt, daß Geschlossenheit keine *Ausschluß*bedingung, sondern eine *Möglichkeits*bedingung von Offenheit ist. Daraus folgt zugleich, daß allein die systemeigenen Operationen des Nervensystems festlegen, in welchem Sinne die Irritationen und Anregungen der Umwelt verarbeitet werden. Das Nervensystem fertigt somit kein Abbild der Umwelt an, vielmehr konstruiert das Nervensystem durch seine eigenen Operationen sein eigenes Bild der umgebenden Welt.

Die Ergebnisse der Untersuchungen, die Maturana und Varela zunächst bei Nervensystemen von Tieren vorgenommen haben, konnten auf eindrucksvolle Weise durch entsprechende Forschungen zur Funktionsweise des menschlichen Gehirns bzw. des menschlichen Nervensystems bestätigt werden. Das menschliche Gehirn bildet ein geschlossenes, selbstreferentielles System, das keinen direkten Zugang zu seiner Umwelt besitzt. Auch über die entsprechenden Sinnesorgane steht das Gehirn in keinem Kontakt mit der Außenwelt: Die menschlichen Sinnesorgane transformieren Außenereignisse in neuronale Aktivitäten, ohne daß sich eindeutige Korrelationen zwischen Außen und Innen aufweisen lassen. Die Transformation verläuft *reizunspezifisch*, d.h. die unterschiedlichen Umweltereignisse verlieren ihre Spezifität, sie werden ausnahmslos in elektrische Nervenpotentiale umgewandelt. Der Neurophysiologe Gerhard Roth spricht aus diesem Grunde von einer *Einheitssprache* der bioelektrischen Ereignisse bzw. neuronalen Aktivitäten (vgl. Roth 1987a: 232 und 1987b). Das Nervensystem benutzt für die unterschiedlichen Sinneswahrnehmungen wie etwa Sehen, Hören, Riechen und Fühlen jeweils die gleiche systemeigene Sprache. Der neuronalen Erregung sieht man also nicht an, ob sie durch visuelle, akustische, geruchliche oder sensomotorische Signale hervorgerufen worden ist. Die entsprechenden Unterschiede werden somit nicht von den Sinnesorganen, sondern vom menschlichen Gehirn als Teil des Nervensystems erzeugt, das den elektrischen Nervenimpulsen überhaupt erst Bedeutungen zuweist. Das Gehirn ist aufgrund der Reizunspezifität der Nervenimpulse darauf angewiesen, entsprechende Eigenkomplexität auszubilden, um die Signale zu verarbeiten und auszuwerten. Damit erklärt sich auch der radikale quantitative Unterschied zwischen den etwa 5 Millionen Nervenzellen, die für die Verarbeitung der sensorischen Erregung abgestellt sind und den mindestens 500 Milliarden Nervenzellen, die auf die Verarbeitung und Auswertung der Erregung spezialisiert sind; auf einen Kontaktpunkt zwischen System und Umwelt kommen beim Menschen mithin hunderttausend systeminterne Kontaktpunkte. Hier liegt ein entscheidender Grund für die enorme Leistungsfähigkeit des menschlichen Kognitions- und Wahrnehmungsapparates. Alle diese Überlegungen laufen auf die

These hinaus, daß das menschliche Gehirn - und nicht die Sinnesorgane - für die Wahrnehmung verantwortlich ist.

Für diese Ansicht sprechen auch empirische Studien über Patienten, an denen operative Eingriffe an bestimmten Hirnbereichen vorgenommen worden sind. Die Patienten berichteten von spezifischen Seh- bzw. Hörerlebnissen, obwohl nach Aussagen der behandelnden Ärzte vor ihren Augen und Ohren nichts derartiges passierte. Im Zusammenhang mit den Thesen von Maturana und Varela zur Geschlossenheit des Nervensystems haben diese Ergebnisse weitreichende Konsequenzen für jede Erkenntnis- und Wahrnehmungstheorie. Wahrnehmung kann demzufolge nicht als adäquate Widerspiegelung der äußeren Welt verstanden werden, vielmehr meint Wahrnehmung die system*interne* Konstruktion einer system*externen* Welt.

Die letzten Überlegungen lassen sich dahingehend zusammenfassen, daß das Gehirn bzw. das neuronale System ein zirkuläres System darstellt, in dem Nervenzellen ausschließlich mit anderen Nervenzellen interagieren. Das Nervensystem läßt sich also mit den Begriffen der Geschlossenheit, Rekursivität, Selbstreferentialität und Autonomie charakterisieren. Diese Begriffe haben wir weiter oben benutzt, um das Konzept der Autopoiesis zu explizieren. Damit stellt sich die Frage, ob das Nervensystem ebenfalls autopoietisch organisiert ist. Maturana und Varela haben die Frage eindeutig verneint. Ihrer Meinung nach operiert das Nervensystem keineswegs autopoietisch, weil es sich im Verlaufe seiner Operationen nicht selbst erzeugt und aufrechterhält. Die einzelnen Nervenzellen sind zwar zu einem rekursiven Netzwerk zusammengeschlossen, es kann aber nicht davon gesprochen werden, daß dieses Netzwerk durch die Aktivitätszustände der Neuronen selbst produziert und auf Dauer gestellt wird (vgl. Maturana 1990: 36f). Kurz gesagt: Die Nervenzellen bringen bestimmte bioelektrische Ereignisse hervor, aber sie reproduzieren sich nicht selbst. Für die weitere Diskussion gilt es somit festzuhalten, daß die Begriffe der Selbstreferentialität und der Autopoiesis bei Maturana und Varela unterschiedliche Sachverhalte bezeichnen: Während der Begriff der Selbstreferentialität auf die Selbstbezüglichkeit geschlossener Systeme abstellt, betont der Autopoiesis-Begriff den selbsterzeugenden und selbsterhaltenden Charakter lebender Systeme.

Maturana und Varela haben sich dagegen ausgesprochen, den Autopoiesis-Begriff auf soziale Zusammenhänge zu übertragen. Unter sozialen Systemen verstehen sie Systeme, die aus interagierenden lebenden Systemen, also aus den entsprechenden Systemmitgliedern oder Menschen, bestehen. Auch in diesem Falle kann nicht behauptet werden, daß das System die Mitglieder, aus denen es besteht, durch seine eigenen Operationen produziert oder hervorbringt. Soziale Systeme sind somit Systeme, die aus autopoietischen Systemen - nämlich menschlichen Lebewesen - bestehen, die aber selbst nicht autopoietisch operieren. Der Autopoiesis-Begriff bleibt bei Maturana und Varela also auf die Charakterisierung lebender Systeme beschränkt.

Die konzeptionellen Vorschläge, die Maturana und Varela zur Beschreibung lebender und neuronaler Systeme eingeführt haben, sind in den unterschiedlichsten wissenschaftlichen Disziplinen rezipiert und aufgenommen worden. Insbesondere innerhalb der Philosophie, Neurophysiologie, Biologie, Psychiatrie, Psychotherapie und Soziologie sind ihre Thesen diskutiert und weiterentwickelt worden. Mittlerweile liegen in den genannten Disziplinen eine Reihe von zum Teil sehr unterschiedlichen begrifflichen und theoretischen Ansätzen vor, die sich alle mehr oder weniger auf die Theorie von Maturana und Varela beziehen. Im folgenden wollen wir dieser weitverzweigten Diskussion, die unter den Stichworten Autopoiesis, Selbstreferentialität, Selbstorganisation und Radikaler Konstruktivismus geführt wird, nicht im einzelnen nachgehen; wir werden uns auf die Frage konzentrieren, in welcher Weise die Theorie von Maturana und Varela in der Soziologie und hier von Luhmann aufgenommen worden ist.[9]

---

9 Luhmann ist im übrigen keineswegs der einzige, der die Theorie von Maturana und Varela auf das Gebiet der Soziologie zu übertragen versucht hat. Einen von Luhmann abweichenden - und näher an den u.E. zum Teil fragwürdigen sozialwissenschaftlichen und weltanschaulichen Bemerkungen Maturanas und Varelas angelehnten - Versuch hat Peter M. Hejl unternommen (vgl. Hejl 1982; 1987).

Zusammenfassung wichtiger Grundbegriffe:

* Der Begriff *Autopoiesis* wird bei Maturana und Varela zur Bestimmung lebender Systeme verwendet. Unter autopoietischen Systemen verstehen sie selbsterzeugende und selbsterhaltende Einheiten. Autopoietische Systeme bestehen aus einem rekursiven Netzwerk interagierender Komponenten derart, daß die Komponenten durch ihre Interaktionen wiederum dasselbe Netzwerk produzieren.
* Autopoietische Systeme sind organisationell *geschlossen* und damit *autonom*. Zugleich sind lebende Systeme materiell und energetisch *offen*. Das besagt, daß autopoietische Systeme in bezug auf ihre Komponenten keinen Input oder Output haben. Autopoietische Systeme können durch Umwelteinflüsse nicht determiniert, sondern allenfalls irritiert werden. Die konkreten Systemzustände werden somit nicht von der Umwelt, sondern vom System selbst bestimmt. Insofern operieren autopoietische Systeme *struktur-* bzw. *zustandsdeterminiert*.
* Das Nervensystem bildet ein *selbstreferentiell* geschlossenes System, das keinen unmittelbaren Zugang zur Welt hat. Daraus ergibt sich die epistemologische Konsequenz, daß Kognitions- und Wahrnehmungsprozesse kein Bild der Wirklichkeit an sich liefern, sondern systeminterne *Konstruktionen* anfertigen.

Literatur:

Humberto R. Maturana/Francisco J. Varela: Autopoietische Systeme: eine Bestimmung der lebendigen Organisation, in: Humberto Maturana: Erkennen. Die Organisation und Verkörperung von Wirklichkeit, Braunschweig/Wiesbaden 1982, S. 170-235.

Niklas Luhmann: Neuere Entwicklungen in der Systemtheorie, in: Merkur 42 (1988), S. 292-300.

3.3 Die Autopoiesis psychischer Systeme

Die zweite Phase der Theorieentwicklung von Luhmann ist dadurch geprägt, daß er den von Maturana und Varela angeregten Paradigmenwechsel in der Allgemeinen Systemtheorie für die Soziologie zu nutzen versucht. Luhmann knüpft unmittelbar an das Autopoiesis-Konzept an, indem er *soziale Systeme* als *selbstreferentiell-geschlossene, autopoietische Systeme* konzipiert. Diese Aussage beinhaltet, wenn wir uns an die im letzten Kapitel vorgetragenen Überlegungen erinnern, eine faustdicke Überraschung! Der Autopoiesis-Begriff, den seine Erfinder Maturana und Varela für die Beschreibung lebender Systeme reserviert haben, wird also in direkter Weise auf das Gebiet der Soziologie übertragen. Nach Luhmann sind jedoch nicht nur lebende und soziale Systeme autopoietisch organisiert. Daneben nennt er weitere Systemarten, unter anderem etwa psychische Systeme, also Bewußtseinssysteme. Der Autopoiesis-Begriff wird bei Luhmann, wie er selbst formuliert, generalisiert und auf andere Systemarten übertragen. Luhmann betont dann auch, daß neben lebenden Systemen psychische und soziale Systeme ebenfalls autopoietisch organisiert sind.[10] "Der Begriff der *Autopoiesis* ist zur Definition des Begriffs des Lebens eingeführt worden und wird weithin auch in dieser Beschränkung benutzt. Es wird jedoch zweckmäßig

---

[10] Es ist hinzuzufügen, daß mit der Generalisierung des Autopoiesis-Begriffs sich weitere Einheiten, beispielsweise neuronale Systeme, als autopoietische Systeme begreifen lassen. Hingegen haben Maturana und Varela, wie gesehen, das neuronale System ausdrücklich als selbstreferentielles, aber nicht als autopoietisches System beschrieben. Bei Luhmann wird diese Unterscheidung mit der Generalisierung des Autopoiesis-Konzepts hinfällig. Autopoietische Systeme sind für ihn selbstreferentiell organisiert und selbstreferentielle Systeme operieren autopoietisch. Der Begriff der Selbstreferentialität wird bei Luhmann also ganz im Sinne des Autopoiesis-Begriffs benutzt. Selbstreferentialität, oder besser basale Selbstreferentialität meint nicht nur Selbstbezüglichkeit, sondern Selbsterzeugung und -erhaltung des Systems durch die fortlaufende Reproduktion seiner Systemkomponenten. Der Zusatz basal verweist darauf, daß es um die Herstellung der System*elemente* durch die Systemelemente geht. Daneben verfügen autopoietische Systeme über weitere Formen der Selbstreferenz, vgl. dazu SoSy: 593ff. und Kneer 1992.

sein, den Begriff noch weiter zu abstrahieren. Man kann nicht einfach voraussetzen, daß Bewußtseinssysteme oder soziale Systeme 'lebende' Systeme *sind.* Zumindest folgt dies nicht aus der unbestreitbaren Tatsache, daß bewußte Systeme und soziale Systeme Leben (so wie vieles andere auch) voraussetzen. Gerade der Begriff der Autopoiesis regt dazu an, nach autonomen Formen der Produktion und Reproduktion der Einheit eines Systems zu suchen, also zumindest die Möglichkeit nicht außer acht zu lassen, daß lebende Systeme, bewußte Systeme und soziale Systeme ihre je eigene Weise der Autopoiesis auf verschiedene Weise zustande bringen. Dies ließe sich jedoch nur feststellen, wenn man den Begriff zunächst so abstrahiert, daß dies nicht von vornherein ausgeschlossen ist. Wir gehen deshalb, gemessen an seiner Herkunft, relativ eigenmächtig vor." (AdB: 402f.)

Luhmann nimmt, wie er sagt, eine eigenmächtige Generalisierung des Autopoiesis-Begriffs vor. Ein Punkt scheint vorab klärungsbedürftig zu sein. Luhmann verwendet einen *allgemeinen, einheitlichen* Autopoiesis-Begriff zur Beschreibung *unterschiedlicher* Systemarten. Die Übertragung des Autopoiesis-Begriffs etwa auf psychische und soziale Einheiten bedeutet aber nicht, daß damit alle Differenzen zwischen Organismen, Bewußtseinssystemen und sozialen Zusammenhängen getilgt werden. Es wird also nicht etwa behauptet, daß die Gesellschaft als eine Art biologisches Lebewesen im Großformat aufzufassen sei. Die Generalisierung des Autopoiesis-Konzepts zielt keineswegs auf eine *soziobiologische*, sondern auf eine *soziologische* Theorie. Luhmann hebt zu Recht hervor, daß Organismen, Bewußtseinssysteme und soziale Systeme "ihre *je eigene Weise* der Autopoiesis *auf verschiedene Weise* zustande bringen" (AdB: 403; Hervorhebung durch d. V.). Das deutet daraufhin, daß das Autopoiesis-Konzept die Unterschiede und Differenzen zwischen den einzelnen Systemarten gerade *nicht* einzieht.

Lebende, neuronale, psychische und soziale Systeme sind nach Luhmann autopoietische Systeme, d.h. sie bringen sich mittels der rekursiven Reproduktion ihrer Elemente als autonome Einheiten selbst hervor. Der generalisierte Autopoiesis-Begriff, den Luhmann verwendet, wird also durchaus im Sinne der Selbsterzeugung und

Selbsterhaltung des Systems durch die Produktion der Elemente des Systems definiert. "Als autopoietisch wollen wir Systeme bezeichnen, die die Elemente, aus denen sie bestehen, durch die Elemente, aus denen sie bestehen, selbst produzieren und reproduzieren. Alles, was solche Systeme als Einheit verwenden, ihre Elemente, ihre Prozesse, ihre Strukturen und sich selbst, wird durch eben solche Einheiten im System erst bestimmt. Oder anders gesagt: es gibt weder Input von Einheit in das System, noch Output von Einheit aus dem System. Das heißt nicht, daß keine Beziehungen zur Umwelt bestehen, aber diese Beziehungen liegen auf anderen Realitätsebenen als die Autopoiesis selbst." (AdB: 403) Autopoietische Systeme sind operational geschlossene Systeme, die ihre Komponenten in einem rekursiven Prozeß selbst herstellen. Geschlossenheit wird dabei nicht als Gegensatz, sondern als Bedingung für Offenheit verstanden. Diese theoretische Konzeption ist uns mittlerweile vertraut. Inwiefern lassen sich aber neben lebenden Systemen auch andere Systemarten als autopoietisch charakterisieren? Und bezogen auf den hier vor allem interessierenden Phänomenbereich des Sozialen: Inwiefern lassen sich soziale Zusammenhänge als autopoietische Systeme charakterisieren, wenn man den Autopoiesis-Begriff im angegebenen Sinne, d.h. als Selbsterzeugung und Selbsterhaltung des Systems mittels der rekursiven Produktion der Systemkomponenten, auffaßt?

Der zuletzt formulierten Frage möchten wir uns auf einem Umweg nähern, indem wir zunächst die Autopoiesis psychischer Systeme behandeln. Wohlgemerkt: Luhmann ist kein Psychologe, sondern Soziologe; folgerichtig interessiert er sich vornehmlich für soziale Systeme. Aber in seinen Schriften finden sich eine Reihe von Anmerkungen über Bewußtseinssysteme, die auf den ersten Blick eingängiger und anschaulicher sein dürften als seine Ausführungen über soziale Systeme. Aus diesem Grunde wird es also zunächst um die Frage gehen, in welchem Sinne Luhmann den Autopoiesis-Begriff von lebenden Systemen auf psychische Systeme überträgt. Psychische Systeme fungieren somit als eine Art Testfall, anhand dessen sich der Versuch einer Generalisierung und anschließender Respezifikation des Autopoiesis-Begriffs überprüfen und deutlich machen läßt. Mit den auf diese Weise gewonnenen Erkenntnissen wird es leichter sein, die Übertragung des Autopoiesis-Konzepts auf soziale Systeme nachzuvollziehen.

Luhmann behauptet, daß Bewußtseinssysteme autopoietisch operieren. Das besagt, daß psychische Systeme in einem rekursiven Prozeß fortlaufend ihre Komponenten aus ihren Komponenten hervorbringen und sich auf diese Weise als Einheit selbsterzeugen und selbsterhalten. Die spezifischen Elemente von psychischen Systemen nennt Luhmann *Gedanken* bzw. *Vorstellungen*.[11] Gedanken oder Vorstellungen sind *Ereignisse*, also Elemente, die im Moment ihres Auftauchens bereits wieder verschwinden. Ein Gedanke erscheint, aber schon im nächsten Moment taucht er unter und wird durch einen neuen Gedanken ersetzt. Das Bewußtsein hat es also mit dem Dauerzerfall seiner Elemente zu tun. Es hangelt sich von Bewußtseinszustand zu Bewußtseinszustand, von Gedanke zu Gedanke. Luhmann begreift das Bewußtsein als autopoietisches System, weil es damit beschäftigt ist, ständig neue Gedanken hervorzubringen. "Die Autopoiesis des Bewußtseins ist das Fortspinnen mehr oder minder klarer Gedanken" (AdB: 406).

Es ist wichtig hervorzuheben, daß Luhmann den Autopoiesis-Begriff durchaus im Sinne der *Produktion* verwendet. Das Bewußtseinssystem produziert in einem rekursiven Prozeß Gedanken aus Gedanken. Der Begriff der Produktion darf jedoch keineswegs als Schaffung aus dem Nichts, also als creatio ex nihilo, mißverstanden

---

[11] Die These, daß Gedanken bzw. Vorstellungen die Elemente des Bewußtseins sind, hat Luhmann in seinem 1985 veröffentlichten Aufsatz *Die Autopoiesis des Bewußtseins* selbst vertreten; mittlerweile meldet er jedoch erhebliche Bedenken an dieser Auffassung an. Solange man die Elemente des Bewußtseins als Gedanken bezeichnet, hebt man eine bestimmte 'Fähigkeit' des Bewußtseins - nämlich Denken - hervor; daneben lassen sich aber weiter bewußtseinstypische Operationsweisen ausmachen. "Man spricht von Wahrnehmen, Denken, Fühlen, Wollen als verschiedene Fähigkeiten des Bewußtseins und läßt dabei offen, was denn die Einheit (der Operationsweise) des Bewußtseins ist. Sicher geht es um ein Prozessieren von Aufmerksamkeit, aber welches Wort sollte man wählen, um dies zu bezeichnen? Ich habe vorgeschlagen, von Denken zu sprechen, bin damit aber nicht sehr zufrieden. Husserl hatte, und das wäre ein weiterer ernstzunehmender Kandidat, von intentionalen (gerichteten) Akten gesprochen." (Luhmann 1992: 123)

werden. Am Beispiel der Zelle haben wir bereits gezeigt, daß autopoietische Systeme auf bestimmte Zufuhren aus der Umwelt angewiesen sind. Das Gleiche gilt für psychische Systeme. Kein Bewußtseinssystem kann ohne entsprechende Umweltbeiträge existieren und seine Autopoiesis fortsetzen. Die Produktion der Systemelemente geschieht also auf der Basis eines materiellen und energetischen Unterbaus. "Um schon jetzt Mißverständnissen vorzubeugen, sei betont, daß der Begriff 'Auto*poiesis*' mit Bedacht gewählt und genau gemeint ist. Es geht keineswegs um Aut*hypostasis*. Autopoiesis besagt nicht, daß das System allein aus sich heraus, aus eigener Kraft, ohne jeden Beitrag aus der Umwelt existiert. Vielmehr geht es nur darum, daß die Einheit des Systems und mit ihr alle Elemente, aus denen das System besteht, durch das System selbst produziert werden. Selbstverständlich ist dies nur auf der Basis eines Materialitätskontinuums möglich" (WissG: 30).

Kein Bewußtsein kann, so haben wir formuliert, ohne bestimmte Umweltbeiträge existieren. So können wir keinen Gedanken fassen ohne unser Gehirn, ohne unseren Körper, ohne die uns umgebende materielle Umwelt, ohne Luft, Wasser, Erde usw. Dieser Satz, so müssen wir einschränkend hinzufügen, galt zumindest vor dem Zeitalter der modernen Medizin und der modernen Raumfahrt. So ist es mittlerweile möglich, daß psychische Systeme ihre Autopoiesis fortsetzen, obwohl wichtige Körperfunktionen wie Atmung, Herztätigkeit ausfallen - die dann von entsprechenden medizinischen Apparaturen übernommen werden -, ebenso ist es mittlerweile möglich, daß psychische Systeme auch außerhalb der gewohnten Erdumgebung, also beispielsweise auf dem Mond, operieren. Trotzdem wird niemand die Aussage bestreiten wollen, daß das Bewußtseinssystem bestimmte Umweltbedingungen voraussetzt. Vor allem ist das psychische System auf entsprechende Gehirnprozesse angewiesen. Dennoch oder gerade deshalb darf das Bewußtsein aber mit dem menschlichen Gehirn, mit den Gehirnströmen, mit den Aktivitäten der Gehirnzellen nicht gleichgesetzt werden. Das Gehirn befindet sich, systemtheoretisch gesprochen, in der Umwelt des Bewußtseins. Das besagt, daß das Bewußtsein seine eigenen Elemente, also Gedanken bzw. Vorstellungen, *als Einheiten* selbst herstellt und sie nicht aus der Umwelt - etwa dem Gehirn - in das System einführt. Anders formuliert: Bei der Produktion von Gedanken ist das Bewußtsein auf bestimmte Gehirntätigkeiten angewiesen, aber die Gehirntätigkeiten *sind nicht* die Gedanken! Diesen Sachverhalt kann man sich mit den zwei folgenden Überlegungen klar zu machen versuchen. Es ist *erstens* möglich, die Gehirnströme und -aktivitäten zu messen, aber diese Messungen verraten nicht, was das beteiligte Bewußtsein denkt. Es ist unmöglich, von außen in das Bewußtsein hineinzuschauen; man kann nicht, ausgehend von Gehirnprozessen, auf bestimmte Bewußtseinserlebnisse schließen. Und *zweitens*: Aus den jeweiligen Gedanken, die das Bewußtsein produziert, geht nicht hervor, welche Gehirnprozesse dabei in Anspruch genommen werden. Unsere Gedanken verraten uns nichts über die beteiligten Gehirnaktivitäten. Das Gehirn ist für das Bewußtsein unzugänglich, und ebenso ist das Bewußtsein für das Gehirn unzugänglich. Aus diesem Grund spricht Luhmann davon, daß das Bewußtsein gegenüber dem Gehirn eine *emergente* Ordnungsebene bildet. Der Begriff der Emergenz bezeichnet das Auftreten eines neuen Ordnungsniveaus, das aus den Eigenschaften des materiellen und energetischen Unterbaus nicht erklärt werden kann. Das Bewußtsein ist bei der Produktion von Gedanken auf bestimmte Umweltbeiträge - insbesondere bestimmte Gehirnprozesse - angewiesen, *aber diese Umweltbeiträge bleiben Beiträge, die in der Umwelt des Bewußtseins stattfinden.* Das Gehirn denkt nicht, es produziert keine Gedanken und keine Vorstellungen. Gedanken bzw. Vorstellungen sind selbst produzierte, nicht weiter auflösbare Letzteinheiten des *Bewußtseinssystems, für die es in der Umwelt des Bewußtseins kein unmittelbares Äquivalent gibt.*

Bewußtsein und Gehirn operieren völlig überschneidungsfrei, sie verschmelzen nicht. Dieses spezifische Verhältnis von Bewußtsein und Gehirn bezeichnet Luhmann mit dem Begriff der *strukturellen Kopplung.*[12] Strukturell gekoppelte Systeme sind aufeinander ange-

---

12 Der Begriff der strukturellen Kopplung geht ebenfalls auf Maturana zurück, der den Begriff allerdings benutzt, um die allgemeine Beziehung zwischen System und Umwelt zu charakterisieren. Luhmann modifiziert den Begriff in der angegebenen Weise, d.h. er verwendet ihn nicht zur

wiesen - und bleiben zugleich füreinander Umwelt. Man spricht also von struktureller Kopplung, um ein bestimmtes Abhängigkeits-/Unabhängigkeitsverhältnis zwischen Systemen zu bezeichnen. Das besagt in diesem Fall: Kein Bewußtsein kann ohne entsprechende Gehirnaktivitäten seine Autopoiesis fortsetzen, aber dennoch, oder besser: gerade deshalb operieren Bewußtsein und Gehirn getrennt voneinander.

Luhmann begreift das menschliche Bewußtsein als ein autopoietisches System, das in einem fortlaufendem Reproduktionsprozeß seine Elemente, also Gedanken bzw. Vorstellungen, aus seinen Elementen herstellt. Es fällt auf, daß Luhmanns Beschreibung des psychischen Systems auffallende Parallelen mit theoretischen Konzeptionen aufweist, wie sie in der Tradition der Bewußtseinsphilosophie formuliert worden sind. So haben beispielsweise Descartes, Kant und Fichte das menschliche Bewußtsein als eine autonome, selbstbezügliche Einheit charakterisiert; insbesondere aber Husserl hat mit seiner Darstellung des Bewußtseins- bzw. Erlebnisstromes lange vor Luhmann die zirkuläre Geschlossenheit des Bewußtseins herausgearbeitet. Dennoch wäre es grundfalsch, die Theorie autopoietischer Systeme, so wie Luhmann sie formuliert, der neuzeitlichen Subjekt- und Bewußtseinsphilosophie zuzurechnen. Descartes, Kant, Fichte und Husserl begreifen das menschliche Bewußtsein als Subjekt der Welt, d.h. als etwas, das allem was ist, zugrundeliegt. Dagegen bestimmt Luhmann das Bewußtsein als psychisches System, d.h. als eine Systemart, neben der es andere erkennende Systeme gibt. Das psychische System ist, wie angedeutet, ein *spezifischer* Anwendungsfall einer *allgemeinen* Theorie autopoietischer Systeme. In erster Linie ist Luhmann aber nicht an psychischen, sondern an so-

---

Beschreibung jedes System/Umwelt-Verhältnisses, sondern er meint damit eine bestimmte Intersystembeziehung zwischen autopoietischen und damit autonomen, also getrennt voneinander operierenden Systemen. Luhmann hat den Begriff der strukturellen Kopplung erst in seinen neueren Publikationen eingeführt, in früheren Schriften hat er den Sachverhalt hingegen mit einem Begriff von Parsons, nämlich dem Begriff der *Interpenetration*, beschrieben.

zialen Zusammenhängen interessiert. An dieser Stelle liegen denn auch die entscheidenden Differenzen zur philosophischen Tradition. Zwar ist auch innerhalb der neuzeitlich Bewußtseins- und Subjektphilosophie der Versuch gemacht worden, soziale Prozesse - etwa Kommunikationsprozesse - zu beschreiben, dabei ist es aber stets darum gegangen, das soziale Geschehen auf die *Bewußtseinsleistungen* der beteiligten Akteure zurückzuführen. Das Bewußtsein war in diesem Sinn das Subjekt, also Urheber des Sozialen. Luhmann formuliert eine davon abweichende theoretische Konzeption. Er überträgt, wie wir nun bereits mehrfach angedeutet haben, den Autopoiesis-Begriff auf den Phänomenbereich des Sozialen und bestimmt soziale Einheiten als selbstreferentielle, autopoietische Systeme. Was das bedeutet und welche Konsequenzen eine solche Theorieanlage im Vergleich zur philosophischen - und soziologischen - Tradition zeitigt, wollen wir im nächsten Abschnitt zu beantworten versuchen.

Zusammenfassung wichtiger Grundbegriffe:

* *Psychische Systeme* sind autopoietische Systeme, deren nicht weiter auflösbare Letzteinheiten Gedanken bzw. Vorstellungen sind. Die Bewußtseinselemente haben Ereignischarakter, d.h. sie sind nur von kurzer, momentaner Dauer.
* *Emergenz* bezeichnet das Auftreten einer qualitativ neuen Ordnungsebene, deren Eigenschaften nicht aus den Eigenschaften des materiellen und energetischen Unterbaus erklärt werden können.
* *Strukturelle Kopplung* bezeichnet eine spezifische Beziehung zwischen zwei Systemen. Strukturell gekoppelte Systeme sind aufeinander angewiesen - insofern sind sie nicht autark -, aber zugleich operieren sie autonom, sie bleiben also füreinander Umwelt.

Literatur:

Niklas Luhmann: Die Autopoiesis des Bewußtseins, in: Soziale Welt 36 (1985), S. 402-446.

3.4 Soziale Systeme als emergente Ordnungsebene

Luhmann entwickelt auf der Basis des von Maturana und Varela formulierten Autopoiesis-Konzepts eine soziologische Theorie selbstreferentieller Systeme. Die Übertragung des Autopoiesis-Begriffs auf den Phänomenbereich des Sozialen hat zur Konsequenz, daß soziale Gebilde als geschlossen operierende Einheiten beschrieben werden, die sich mittels der rekursiven Produktion ihrer Elemente selbst erzeugen und erhalten. Die Elemente sozialer Systeme, also ihre nicht weiter auflösbaren Letzteinheiten, bezeichnet Luhmann als *Kommunikationen.*[13] Soziale Systeme sind Kommunikationssysteme, sie reproduzieren sich dadurch, daß sie fortlaufend Kommunikationen an Kommunikationen anschließen.

Zunächst gilt es, sich klarzumachen, was es bedeutet, wenn soziale Zusammenhänge in der angegebenen Weise als autopoietische Systeme begriffen werden. Vor allem ist darauf hinzuweisen, daß eine solche Auffassung fast der gesamten philosophischen und soziologischen Tradition widerspricht! Üblicherweise wurde und wird das soziale Geschehen mit einer subjektphilosophischen Begrifflichkeit beschrieben. Der Mensch bildet demnach die kleinste Einheit des Sozialen. Die Gesellschaft als das umfassendste Sozialsystem besteht somit aus Menschen und ihren sozialen Beziehungen. In der gleichen Weise werden auch Kommunikationen in bezug auf kommunizierende Menschen bzw. Subjekte gedacht. Der Mensch kommuniziert, bzw. mehrere Menschen kommunizieren miteinander. Beide Auffassungen werden mit der Übertragung des Autopoiesis-Konzeptes auf das Gebiet der Soziologie für obsolet erklärt. Das Soziale besteht, so Luhmann, nicht aus Menschen, sondern aus Kommunikationen; Menschen kommen, wenn von ihnen überhaupt die Rede ist,

---

[13] Hingegen hatte Luhmann, wie gesehen, in seinen früheren Publikationen soziale Systeme als Handlungssysteme definiert. Der Begriff der Handlung wird mit dem Einbau des Autopoiesis-Begriff in die Theorie sozialer Systeme nicht vollständig aufgegeben, aber erst an abgeleiteter Stelle eingeführt. Wir werden unter Punkt 3.5 näher auf das Verhältnis von Kommunikation und Handlung eingehen.

allenfalls in der Umwelt sozialer Systeme vor. Und ferner werden Menschen nicht als Urheber von Kommunikationen betrachtet. Kommunikation ist, so Luhmann, kein Ergebnis menschlichen Handelns, sondern ein Produkt sozialer Systeme! "Der Mensch kann nicht kommunizieren; nur die Kommunikation kann kommunizieren." (WissG: 31)

Was bedeutet es, um mit der letzten Aussage zu beginnen, wenn gesagt wird, daß nur die Kommunikation, aber nicht der Mensch kommunizieren kann? Um diesen Satz zu verstehen, müssen wir den Begriff *Mensch* etwas näher erläutern. Der Begriff *Mensch* ist, exakt formuliert, kein systemtheoretischer Begriff. Die Systemtheorie geht von der Unterscheidung von System und Umwelt aus. Wenn man sich auf diese Prämisse - zumindest versuchsweise - einläßt, dann ist alles, was man beobachtet, entweder System (bzw. Teil des Systems) oder Umwelt (bzw. Teil der Umwelt). Der Mensch ist in diesem Sinne kein System, sondern er besteht aus mehreren, getrennt operierenden Systemen. Es wäre also falsch, den Menschen etwa auf sein organisches System oder sein psychisches System zu beschränken. Der Mensch ist nicht nur Leben, nicht nur Denken, er ist mehr - und dieses mehr schließt es aus, daß der Mensch ein System ist. Wir finden am Menschen eine Vielzahl von eigenständigen Systemen - etwa das organische System, das Immunsystem, das neurophysiologische System und das psychische System -, die vollkommen überschneidungsfrei operieren. In dieser Weise haben wir das menschliche Bewußtsein als ein geschlossenes, autopoietisches System begriffen, in dessen Umwelt sich das Gehirn und somit alle weiteren Systeme des Menschen befinden. Am Menschen gibt es somit unterschiedliche Prozesse, *aber es gibt keine diese verschiedenartigen Systeme übergreifende autopoietische Einheit.* Wenn im folgenden der Ausdruck Mensch dennoch hin und wieder Verwendung findet, so ist damit nicht ein System Mensch, sondern eine Vielzahl von unterschiedlichen Systemen am Menschen gemeint.

Damit kommen wir auf unsere Ausgangsfrage zurück. Inwiefern läßt sich sagen, daß der Mensch nicht kommunizieren kann? Diese These ergibt sich unmittelbar aus der Überlegung, daß die unterschiedlichen Systeme des Menschen selbstreferentiell-geschlossen operieren. Das bedeutet, daß die Systeme keine kommunikativen Beziehungen zu anderen Systemen (eines anderen Menschen) aufnehmen können. So gibt es keinen unmittelbaren Kontakt zwischen zwei Bewußtseinssystemen. Kein Bewußtsein kann mit seinen Operationen an den Gedanken und Vorstellungen eines anderen Bewußtseins anschließen, kein Bewußtsein kann außerhalb seiner Grenzen operieren. Insofern gilt: Das Bewußtsein denkt, es schreitet von Gedanke zu Gedanke fort, aber es kommuniziert nicht mit anderen psychischen Systemen. Selbstverständlich kann das Bewußtsein *denken*, daß es kommuniziert, aber das bleibt sein eigener Gedanke, bleibt also seine eigene Operation. Insofern gibt es keine *bewußte* Kommunikation, also keine Kommunikation zwischen zwei psychischen Systemen. Was auch immer wir denken, wir können nicht an den Vorstellungen eines anderen Bewußtseinssystems unmittelbar partizipieren, wir können bestenfalls unterstellen, daß das andere Bewußtseinssystem in diesem Moment einen bestimmten Gedanken faßt - aber auch diese Unterstellung ist allein unser eigener Gedanke und somit wiederum eine Operation unseres eigenen Bewußtseinssystems. Damit wird die zunächst merkwürdig klingende Formulierung verständlich: Der Mensch kommuniziert nicht. Die Geschlossenheit organischer, neuronaler und psychischer Systeme macht einen direkten Kontakt eines Menschen mit einem anderen Menschen unmöglich.

Auf der Ebene organischer, neuronaler und psychischer Prozesse ist Kommunikation ausgeschlossen. Das bedeutet zugleich, daß Kommunikation etwas von diesen Prozessen grundlegend Verschiedenes ist. Kommunikation bildet somit einen eigenständigen und eigendynamischen Prozeß. Eine angemessene Darstellung von Kommunikationszusammenhängen setzt also voraus, daß Kommunikation sorgfältig von organischen, neuronalen und psychischen Zuständen unterschieden wird. Damit haben wir im Prinzip bereits den Vorschlag Luhmanns zur Beschreibung von Kommunikationen erfaßt: Kommunikationen sind, so Luhmann, keine Operationen von Organismen, Nervensystemen oder Bewußtseinssystemen, vielmehr kommen sie zustande durch die Konstitution einer neuen Art von Systemen - und zwar von sozialen Systemen. Soziale Systeme sind also autopoietische Systeme, die in einem rekursiven Prozeß fortlaufend Kommunikation an Kommunikation anschließen.

Soziales Geschehen bildet eine eigenständige und eigendynamische operative Ebene. Es ist wichtig zu betonen, daß damit nicht behauptet wird, daß soziale Systeme unabhängig vom Menschen operieren. Es wird also nicht die Relevanz des Menschen, oder systemtheoretisch formuliert: die Relevanz organischer Prozesse, neuronaler Aktivitäten und bewußter Ereignisse für den Aufbau sozialer Systeme bestritten. Jedes soziale Geschehen, jede Kommunikation ist auf bestimmte organische, neuronale und psychische Zustände angewiesen. Und zwar setzt Kommunikation immer mindestens zwei Menschen und damit eine Mehrheit von organischen, neuronalen und psychischen Systemen voraus. Dennoch aber gilt: Kommunikation ist nicht Leben, ist keine neuronale Aktivität, ist kein Bewußtseinsakt und läßt sich somit auch nicht auf die entsprechenden Systemzustände der an Kommunikation beteiligten Menschen reduzieren. Kommunikation bildet eine eigenständige, emergente Ordnungsebene. Genau das besagt ja das Autopoiesis-Konzept: Autopoietische soziale Systeme sind Einheiten, die sich selbst erzeugen und erhalten, indem sie ihre eigenen Komponenten - in diesem Falle Kommunikationen - in einem rekursiven Prozeß selbst herstellen. Dabei setzen soziale Systeme wie alle autopoietischen Systeme entsprechende Umweltbedingungen voraus. Soziale Systeme können aus eigener Kraft, ohne entsprechende organische, neuronale und psychische Umweltvoraussetzungen nicht existieren. Soziales Geschehen ist somit auf den Menschen - und damit auf vieles andere auch - notwendig angewiesen. Insofern liefert der Mensch bzw. liefern die entsprechenden Systeme des Menschen unersetzliche Beiträge für Kommunikationsprozesse. Diese Beiträge bleiben aber Umweltbeiträge, also Ereignisse, die außerhalb sozialer Systeme stattfinden.

In dieser Hinsicht ist es also durchaus richtig, wenn man sagt, daß in der Theorie autopoietischer Systeme, vergleicht man diese mit der philosophischen und soziologischen Tradition, der Mensch seine privilegierte Position verliert. Der Mensch - bzw. das intentionale Bewußtsein des Menschen - ist nicht länger Urheber, nicht länger Subjekt der Kommunikation. Das bedeutet aber nicht, daß damit jegliche Relevanz des Menschen für die Konstitution sozialer Prozesse geleugnet wird. Wer das behauptet, übersieht, daß nach Luhmann der Mensch eine notwendige Umweltbedingung des sozialen Geschehens, also der Autopoiesis der Kommunikation, darstellt. "Sieht man den Menschen als Teil der Umwelt der Gesellschaft an (statt als Teil der Gesellschaft selbst), ändert das die Prämissen aller Fragestellungen der Tradition, also auch die Prämissen des klassischen Humanismus. Das heißt nicht, daß der Mensch als weniger wichtig eingeschätzt würde im Vergleich zur Tradition. Wer das vermutet (und aller Polemik gegen diesen Vorschlag liegt eine solche Unterstellung offen oder versteckt zu Grunde), hat den Paradigmenwechsel in der Systemtheorie nicht begriffen. Die Systemtheorie geht von der Einheit der Differenz von System und Umwelt aus. Die Umwelt ist konstitutives Moment dieser Differenz, ist also für das System nicht weniger wichtig als das System selbst." (SoSy: 288f.)

Soziales Geschehen ist nach den Grundannahmen der Theorie autopoietischer Systeme ein selbstreferentieller Prozeß der Erzeugung von Kommunikation durch Kommunikation. Jede Kommunikation erzeugt von Moment zu Moment eine eigene Nachfolgekommunikation - oder das jeweilige soziale System hört auf zu operieren. Bei der rekursiven Produktion ihrer Kommunikationselemente setzen soziale Systeme, so haben wir formuliert, bestimmte Umweltbedingungen voraus. So würde jede Kommunikation sofort zum Erliegen kommen, wenn nicht mindestens zwei Bewußtseinssysteme daran beteiligt sind. Man kann sogar sagen, daß psychische Systeme innerhalb der Umwelt sozialer Systeme eine Ausnahmestellung einnehmen. Allein psychische Systeme verfügen über die Möglichkeit, Kommunikation zu stören, zu reizen, zu irritieren. Wie gesagt: Das Bewußtsein kommuniziert nicht, es ist ein selbstreferentiell-geschlossenes System, das Gedanken an Gedanken reiht. Aber psychische Systeme sind in besonderer Weise an Kommunikation *beteiligt* und diese Form des Beteiligtseins weist Bewußtseinssystemen eine privilegierte Position zu. "Bemerkenswert daran ist vor allem, daß die Kommunikation sich *nur* durch Bewußtsein reizen läßt, und nicht durch physikalische, chemische, biochemische, neurophysiologische Operationen als solche. Radioaktivität, Smog, Krankheiten aller Art mögen zunehmen oder abnehmen; das hat keinen Einfluß auf die Kommunikation, wenn es nicht wahrgenommen, gemessen, bewußt gemacht wird und dann den Versuch stimuliert, darüber nach Regeln der Kommunikation zu kommunizieren." (BK: 893)

Allein Bewußtsein, so Luhmann, kann Kommunikation irritieren oder reizen. Das besagt nicht, daß ein Bewußtsein Kommunikation kausal instruieren bzw. beeinflussen kann. An einer Kommunikation ist mindestens ein zweites Bewußtsein beteiligt, so daß es unzureichend wäre, Kommunikation im Rekurs auf ein individuelles Bewußtsein zu beschreiben. Psychische Systeme sind an Kommunikation beteiligt, aber sie bringen Kommunikation nicht ursächlich hervor. "Kommunikation wird nicht so zustandegebracht, daß erst das Subjekt den Entschluß faßt, zu kommunizieren, dann diesen Entschluß ausführt und schließlich, als weiterer Effekt dieser Kausalkette, jemand hört oder liest, was gesagt oder geschrieben worden ist." (WissG: 59) Kommunikation kann weder auf ein individuelles Bewußtsein, noch auf ein Kollektivbewußtsein zurückgeführt werden. Kommunikation denkt nicht, sie kommuniziert. Jede bewußtseinsphilosophische oder psychologische Begrifflichkeit ist unangemessen zur Beschreibung von Kommunikationsprozessen. Kommunikation ist etwas Eigenständiges, eine emergente Ordnung, in der nichts Psychisches eingeht. Bewußtseinsprozesse finden *als* Bewußtseinsprozesse, als Gedanken bzw. Vorstellungen, keinen Einlaß in Kommunikation. Es ist unmöglich, ausgehend von einer Kommunikation festzustellen, was die an der Kommunikation beteiligten Bewußtseinssysteme denken. Die Bewußtseinssysteme bleiben in der gleichen Weise für die Kommunikation unzugänglich, wie das Gehirn für das Bewußtsein. Kommunikation bildet ein selbstreferentiell-geschlossenes System, in das keine psychologischen Komponenten eingehen. Aber auch hier gilt wieder: Geschlossenheit ist Bedingung für Offenheit. Kommunikation läßt sich in seinen kommunikationseigenen Operationen ständig durch Bewußtseinssysteme irritieren, reizen, stören.[14] Kommunikation und Bewußtsein operieren als selbstreferentiell-geschlossene Systeme somit vollständig getrennt - und zugleich stehen sie in einem komplementären Verhältnis zueinander. Kurz: Soziale und psychische Systeme sind *strukturell gekoppelt.*

Den Begriff der strukturellen Kopplung haben wir bereits am Beispiel des Verhältnisses von Bewußtsein und Gehirn erläutert. In der gleichen Weise sind soziale und psychische Systeme strukturell aneinander gekoppelt: Keine Kommunikation ohne Bewußtsein und kein Bewußtsein ohne Kommunikation. Und gleichzeitig - und nicht davon zu trennen - gilt: Kommunikation und Bewußtsein bleiben füreinander Umwelt, sie verschmelzen nicht, folglich konstituiert sich auch kein Supersystem, das Kommunikation und Bewußtsein übergreift. "So sind alle Kommunikationssysteme selbstverständlich an Bewußtseinsvorgänge gekoppelt. Ohne Bewußtsein keine Kommunikation. Aber das heißt gerade nicht, daß Bewußtseinsvorgänge [...] als solche schon Elemente eines Kommunikationsprozesses sein könnten. Das Kommunikationssystem bleibt, mit anderen Worten, ein operativ geschlossenes selbstreferentielles System. Strukturelle Kopplung bedeutet andererseits und vor allem, daß die Umweltkopplung der Kommunikationssysteme auf Bewußtseinssysteme beschränkt ist und daß es keinen direkten (nicht über Bewußtsein vermittelten) physikalischen, chemischen oder biologischen Einwirkungen ausgesetzt ist." (WissG: 281)

---

[14] Dieser Satz ist durchaus mit dem Autopoiesis-Konzept kompatibel, wenn man bedenkt, daß auch die Begriffe der Irritation, Reizung, Störung *systeminterne* Operationen, keineswegs aber ein Kausalverhältnis zwischen System und Umwelt bezeichnen. Irritationen werden also nicht aus der Umwelt auf direkte Weise ins System eingeführt, vielmehr irritiert sich das System strenggenommen selbst. "Irritation ist, wie auch Überraschung, Störung, Enttäuschung usw., immer ein systemeigener Zustand, *für den es in der Umwelt des Systems keine Entsprechung gibt.* Die Umwelt muß, anders gesagt, nicht selber irritiert sein, um als Quelle von Irritationen des Systems zu dienen. Nur unter der Bedingung von strukturierenden Erwartungen stellen sich Irritationen ein; und sie sind Irritationen nur insofern, als sie ein Problem bilden für die Fortsetzung der Autopoiesis des Systems." (WissG: 40)

Kommunikation und Bewußtsein sind strukturell gekoppelt und operieren *gerade deshalb* als selbstreferentiell-geschlossene Systeme vollständig getrennt und überschneidungsfrei. Was in der Sprache der Systemtheorie zunächst so kompliziert und abstrakt klingt, liegt gar nicht so weit von bestimmten Alltagsbeobachtungen entfernt. Wer hat nicht schon die Erfahrung gemacht, daß das Gespräch, an dem man sich beteiligt, und das jeweils eigene Denken sehr unterschiedliche Wege gehen können. So kann mein Bewußtsein während einer Kommunikation, etwa während einer Seminardiskussion, gedanklich abschweifen: Die Kommunikation kommuniziert über Max Webers Herrschaftssoziologie - und ich denke darüber nach, warum der Professor immer bunte Krawatten trägt. Während des Seminargesprächs kann ich dösen, ich kann kurze Zeit an nichts oder an das nächste Auswärtsspiel von Borussia Dortmund denken. Und im nächsten Moment kann ich mich dann wieder auf die Kommunikation konzentrieren, ich kann den Diskussionsverlauf zu beeinflussen, zu stören, zu reizen, zu irritieren versuchen - und mein Denken wird dabei immer wieder selbst darüber irritiert, in welche Richtung das Kommunikationsgeschehen verläuft. Die Kommunikation erzeugt von Moment zu Moment eine neue Anschlußkommunikation, und die an Kommunikation teilnehmenden Bewußtseinssysteme erzeugen von Moment zu Moment jeweils eigene Nachfolgegedanken, ohne daß die unterschiedlichen Netzwerke parallel verlaufen oder sich überlappen.

Die These der vollständigen Trennung von Kommunikation und Bewußtsein behauptet aber nicht nur, daß in den unterschiedlichen Systemen jeweils verschiedenartige Anschlüsse gewählt werden. Behauptet wird auch, daß Kommunikation und Bewußtsein mit unterschiedlichen Elementen operieren und sie sich somit keine Einheiten teilen. Soziale Systeme erzeugen fortlaufend Kommunikationen, und psychische Systeme produzieren ununterbrochen Gedanken, aber aus dem Kommunikationsverlauf geht nicht hervor, was die beteiligten Bewußtseinssysteme denken. Schlicht gesagt: Es ist für uns unmöglich, in die Köpfe unserer Kommunikationspartner hineinzusehen, wir werden niemals - auch mit der Hilfe von Kommunikation nicht - erfahren, was sie denken. Die beteiligten psychischen Systeme bleiben füreinander intransparent, sie bleiben *black boxes*. Wir können uns zwar an Kommunikation beteiligen - jedoch nicht: miteinander kommunizieren -, aber wir können an den jeweiligen Gedanken unserer Gesprächspartner nicht partizipieren. Zwar kann *kommuniziert* werden, daß wir in der Kommunikation unsere Gedanken austauschen und uns über unsere jeweiligen Vorstellungen verständigen, aber auch das ist nur eine kommunikative Behauptung, also eine Operation des Kommunikationssystems - und kein Gedankenaustausch.[15] Ebenso kann ich *denken*, daß ich die Gedanken meines Gesprächspartners in der Kommunikation vollständig erfaßt und verstanden habe, aber auch das ist einzig mein Gedanke, also eine Operation meines Bewußtseinssystems - und keine Kommunikation. Also noch einmal: *Die Kommunikation kommuniziert und denkt nicht. Und: Das Bewußtsein denkt und kommuniziert nicht.* Soziales kann also nur durch Soziales, und nicht durch Psychisches - und entsprechend: nicht durch Organisches, nicht durch Chemisches, nicht durch Physikalisches - erklärt werden.[16]

---

15 Anhand dieses Beispiels läßt sich zugleich ein zentraler Gegensatz zwischen Luhmann und seinem theoretischen Gegenspieler Habermas aufzeigen. Habermas begreift Kommunikation bzw. kommunikatives Handeln als einen Prozeß der intersubjektiven Verständigung, der auf die Herbeiführung eines rational motivierten, auf guten Gründen beruhenden Konsenses abzielt. Kommunikation bzw. Verständigung wird auf diese Weise zu einem normativen Begriff: Es ist vernünftig, sich konsensuell zu einigen. Begreift man hingegen wie Luhmann Kommunikation als selbstreferentiellen Prozeß, so ist damit der Konsens - ebenso wie übrigens der Dissens - nicht ausgeschlossen. Es ist durchaus möglich, zu kommunizieren, daß ein Konsens vorliegt. Das besagt aber nicht, daß damit die Teilnehmer sich näher gekommen sind - die jeweiligen psychischen Systeme bleiben selbstreferentiell-geschlossen. Damit entfällt bei Luhmann auch jede normative Auszeichnung von Kommunikation. "So ist denn auch nicht zu erwarten, daß durch Kommunikation die Integration von Individuen oder ihre wechselseitige Transparenz oder auch nur die Koordination ihres Verhaltens verbessert werden könnte. [...] Im Gegenteil: es ist nicht mehr unwahrscheinlich, daß durch Auswirkungen von Kommunikation Leben und Bewußtsein von Menschen gänzlich ausgelöscht wird. Unter solchen Umständen ist es ebenso verständlich wie hoffnungslos, Idealbedingungen eines Konsenses aller wohlmeinenden Individuen zu normieren. Sich so weit von Realbedingungen zu entfernen, kann nicht gut als rational postuliert werden." (WissG: 22f.)

16 Das Postulat, Soziales nur durch Soziales zu erklären, geht auf den fran-

Weiter oben haben wir davon gesprochen, daß die Übertragung des Autopoiesis-Begriffs von biologischen auf soziale Zusammenhänge nicht bedeutet, daß damit eine Analogie oder Gleichartigkeit von organischen und sozialen Systemen behauptet wird. Dieser Gedanke läßt sich nun etwas klarer formulieren. Die Generalisierung und anschließende Respezifikation des Autopoiesis-Begriffs, also seine Wiederanwendung auf einen besonderen Fall durch Luhmann erlaubt es, sowohl lebende, neuronale, psychische als auch soziale Systeme als verschiedenartige Einheiten zu begreifen, die auf *unterschiedlichen Emergenzebenen* ihre je eigene Autopoiesis auf ihre je eigene Weise zustandebringen. Das Autopoiesis-Konzept behauptet keine Identität, sondern eine radikale Differenz zwischen den einzelnen Systemtypen. Zwar sind organische, neuronale, psychische und soziale Systeme autopoietisch organisiert, aber die einzelnen Systemarten verschmelzen nicht zu einem einheitlichen Metasystem, genauso wenig, wie man von einer Hierarchie der Systeme sprechen kann. Lebewesen, Nervensysteme, psychische und soziale Systeme bilden nach den Grundannahmen des generalisierten Autopoiesis-Begriffs unterschiedliche emergente Ordnungen, die füreinander Umwelt bleiben.

Diese letzten Überlegungen gilt es sich stets zu vergegenwärtigen, wenn im folgenden ein weiterer Grundbegriff der Theorie von Luhmann diskutiert wird: *Sinn*. In unserem Alltag benutzen wir den Begriff Sinn zumeist zur Bezeichnung eines bestimmten Zweckes oder eines bestimmten Zieles. Etwas ist für uns sinnvoll, wenn es sich als

---

zösischen Soziologen Emile Durkheim zurück. Wenn wir weiter oben davon gesprochen haben, daß *fast* die gesamte philosophische und soziologische Tradition das Soziale in anthropozentrischen und bewußtseinsphilosophischen Begriffen analysierte, so ist Durkheim somit ausdrücklich davon auszunehmen. Das Autopoiesis-Konzept stellt insofern einen aktuellen theoretischen Versuch dar, den Phänomenbereich des Sozialen als eine *Entität sui generis* - auch dies ein Begriff Durkheims - zu begreifen. Damit enden die Parallelen zwischen Durkheim und Luhmann aber bereits: Während Durkheim als "erste und grundlegendste Regel" ausgab, "die soziologischen Tatbestände wie Dinge zu betrachten" (Durkheim 1965: 115), betont das Autopoiesis-Konzept den operationalen Charakter des Sozialen.

nützlich oder zweckdienlich erweist. Oder aber wir verwenden den Sinn-Begriff im Sinne (!) des Wortes Bedeutung. Der Sinn des Satzes ist seine Bedeutung. In der Theorie sozialer Systeme wird der Sinn-Begriff abweichend von unserem Alltagsverständnis benutzt. Psychische und soziale Systeme konzipiert Luhmann als Sinn konstituierende und verwendende Systeme, alle anderen Systemtypen, also etwa Lebewesen oder Nervensysteme, haben hingegen keine Verwendung für Sinn (vgl. SoSy: 64). Daß sowohl psychische als auch soziale Systeme sinnhaft operieren, bedeutet nicht, daß sie sich doch an bestimmten Stellen überschneiden. Die These der vollständigen Trennung von psychischen und sozialen Systemen wird damit also nicht zurückgenommen. Psychische Systeme operieren sinnhaft in Form eines geschlossenen Bewußtseinszusammenhanges, soziale Systeme operieren sinnhaft in Form eines geschlossenen Kommunikationszusammenhanges. Der Grundbegriff Sinn betrifft psychische und soziale Systeme gleichermaßen, ohne daß damit eine Verschmelzung der beiden Systemarten behauptet wird.

Konstitutiv für Sinn ist die *Unterscheidung von Aktualität und Möglichkeit.* Etwas steht momentan im Mittelpunkt des Sinngeschehens und verweist zugleich auf weitere Möglichkeiten. Dabei ist der Aktualitätskern instabil: Das jeweils Aktualisierte stumpft ab, wird langweilig, zerfällt und zwingt laufend dazu, aus dem Bereich des Möglichen etwas Neues auszuwählen und im nächsten Moment zu aktualisieren. Sinn ist also das ständige Neuarrangieren der Unterscheidung von Aktualität und Möglichkeit, das fortlaufende Aktualisieren von Möglichkeiten. Aus der Instabilität des Aktualitätskerns ergibt sich, daß ständig eine Neuauswahl, eine Selektion getroffen werden muß. Das geschieht dadurch, daß das jeweils Aktualisierte auf weitere Anschlußmöglichkeiten verweist. Die nicht gewählten Anschlüsse bleiben als Möglichkeiten erhalten und können zu einem späteren Zeitpunkt aktualisiert werden. "Und Sinn haben heißt eben: daß eine der anschließbaren Möglichkeiten als Nachfolgeaktualität gewählt werden kann und gewählt werden muß, sobald das jeweils Aktuelle verblaßt, ausdünnt, seine Aktualität aus eigener Instabilität selbst aufgibt. Die Differenz von Aktualität und Möglichkeit erlaubt mithin eine zeitlich versetzte Handhabung und damit ein Prozessieren der jeweiligen Aktualität entlang von Möglichkeitsanzeigen. Sinn ist somit die Einheit von Aktualisierung und Virtualisierung, Re-Aktualisierung und Re-Virtualisierung als ein sich selbst propellierender (durch Systeme konditionierbarer) Prozeß." (SoSy: 100)

Diese zunächst abstrakt gehaltenen Überlegungen werden verständlicher, sobald wir das Gesagte auf psychische bzw. soziale Systeme übertragen. Das Bewußtsein produziert Gedanken durch Gedanken. Jeder Gedanke, d.h. jedes Einzelereignis des psychischen Systems, besitzt eine intentionale Struktur.[17] Zu jedem Gedanken gehört ein bestimmter Gehalt, ein Gedankeninhalt; Bewußtsein ist, anders formuliert, also immer Bewußtsein von etwas. Der momentane Gedanke intendiert etwas, und zugleich verweist das Intendierte auf weitere Möglichkeiten des Erlebens. In diesem Moment denke ich etwa daran, daß ich heute unbedingt noch ein Brot kaufen muß. Im nächsten Moment fällt mir ein, daß auch keine Butter mehr im Kühlschrank ist. Anschließend grübele ich darüber nach, zu welchem Zeitpunkt es am sinnvollsten ist, den Lebensmittelladen aufzusuchen. Jede aktuelle Intention verweist somit auf andere Intentionen, auf weitere Nachfolgemöglichkeiten, von denen eine im nächsten Moment aktualisiert, in diesem Fall also gedacht werden muß. Zwar ist es möglich, eine Zeitlang die gleiche Intention im Mittelpunkt meiner Gedankenoperationen stehen zu lassen. Ich kann etwa denken: Ich muß noch ein Brot kaufen, ich muß noch ein Brot kaufen, ich muß noch ein Brot kaufen usw. Aber das wird schnell langweilig, so daß das Bewußtsein kurze Zeit später dazu übergeht, eine andere Denkmöglichkeit zu aktualisieren. In diesem Sinne ist das

---

[17] Die Intentionalität des Bewußtseins hat insbesondere Husserl herausgearbeitet. Zwischen den phänomenologischen Bewußtseinsanalysen Husserls und Luhmanns Sinnbegriff existieren von daher auffallende Parallelen. Der entscheidende Unterschied zwischen Husserl und Luhmann besteht darin, daß Luhmann die Begriffe Sinn und Intention von der psychischen Systemreferenz, in den Worten Husserls: vom transzendentalen Bewußtsein ablöst und generalisiert, so daß die Begriffe sowohl auf psychische wie soziale Systeme anwendbar sind. Zum Sinnbegriff in der Phänomenologie und in der Theorie sozialer Systeme vgl. Srubar 1989 und Nassehi 1993a.

Sinngeschehen instabil. Sinn zwingt selbst zur Änderung. Ständig zerfällt der Aktualitätskern - in diesem Falle die Gedankenintention -, und eine andere Möglichkeit tritt ins Zentrum der Aufmerksamkeit. Das jeweils Nicht-Aktualisierte aber geht nicht verloren, es bleibt im Bereich des Möglichen virtuell erhalten und kann später aktualisiert werden.

Diese Überlegungen lassen sich in gleicher Weise auf soziale Systeme übertragen. Ebenso wie jeder Bewußtseinsakt besitzt auch jede Kommunikation eine intentionale Struktur; Kommunikation ist immer Kommunikation über etwas. Auch hier gilt also: Jede Kommunikation intendiert etwas, und zugleich verweist das Intendierte auf bestimmte Anschlußmöglichkeiten. Die Instabilität des Sinnes zwingt dazu, daß im nächsten Moment eine der Nachfolgemöglichkeiten aktualisiert und kommuniziert wird - oder das soziale System hört auf zu operieren. Dabei ist zu betonen, daß die jeweils gewählte Anschlußkommunikation wiederum eine Neuformierung der Differenz von Aktualität und Möglichkeit darstellt.

Sinn ist ein selektives Geschehen, stets muß eine Auswahl getroffen und eine potentielle Möglichkeit aktualisiert werden. Die nichtaktualisierten Möglichkeiten gehen, wie bereits angedeutet, nicht verloren, sondern sie bleiben virtuell erhalten und können später aktualisiert werden. Sinn ist also eine Form des Umgangs mit Komplexität. Und zwar ermöglicht Sinn zugleich Reduktion und Erhaltung von Komplexität.[18] Sinn reduziert Komplexität auf eine solche

[18] Zwischen dem Phänomen Sinn und dem Problem der Komplexität besteht somit ein interner Zusammenhang, den Luhmann bereits in seinen Schriften aus den sechziger und siebziger Jahren herauszuarbeiten versucht hat. Sinn wird also nicht erst mit der autopoietischen Wende Mitte der achtziger Jahre, sondern bereits in den älteren Publikationen Luhmanns, in denen noch die Formel der *Reduktion von Komplexität* im Vordergrund stand, zum Grundbegriff der Theorie sozialer Systeme erklärt. Auch in den früheren Schriften meinte der Sinnbegriff die Differenz von Aktualität und Potentialität: Jedes aktuelle Erleben und Handeln verweist auf weitere Möglichkeiten und damit auf den Zwang der Selektion. Wenn wir den Luhmannschen Sinnbegriff erst an dieser Stelle, also im Zusammenhang mit dem Konzept der Autopoiesis einführen, dann deshalb, weil u.E. zwischen beiden Kategorien ein enger Zusammenhang

Weise, daß ein selektiver Zugriff, eine momentane Auswahl möglich wird - dabei wird die Komplexität aber nicht zerstört, sondern für weitere Systemoperationen zur Verfügung gestellt. "Mit *jedem* Sinn, mit *beliebigem* Sinn wird unfaßbar hohe Komplexität (Weltkomplexität) appräsentiert und für die Operationen psychischer bzw. sozialer Systeme zur Verfügung gehalten. Sinn bewirkt dabei einerseits: daß diese Operationen Komplexität nicht vernichten können, sondern sie mit der Verwendung von Sinn fortlaufend generieren. Der Vollzug der Operationen führt nicht dazu, daß die Welt schrumpft; man kann nur *in der* Welt lernen, sich als System mit einer Auswahl aus möglichen Strukturen einzurichten. Andererseits reformuliert jeder Sinn den in aller Komplexität implizierten Selektionszwang, und jeder bestimmte Sinn qualifiziert sich dadurch, daß er bestimmte Anschlußmöglichkeiten nahelegt und andere unwahrscheinlich oder schwierig oder weitläufig macht oder (vorläufig) ausschließt." (SoSy: 94) Die Sinnform zwingt zur Selektion, zur Auswahl aus einem Bereich von Möglichkeiten, aber jede Auswahl enthält wiederum eine Verweisung auf mehr oder weniger wahrscheinliche Anschlußmöglichkeiten. Insofern verweist Sinn immer auf weiteren Sinn - und nicht aus dem Bereich von Sinn hinaus.[19] Sinnverarbeitende

---

besteht. Sinn ist ein geschlossenes, selbstreferentielles Geschehen: Sinn verweist stets auf weiteren Sinn. Aus diesem Grunde spricht Luhmann davon, daß "die Selbstbeweglichkeit des Sinngeschehens [...] Autopoiesis par excellence" (SoSy: 101) ist.

19 Für sinnverarbeitende Systeme gibt es somit auch keinen Sinnverlust. Jede aktualisierte Intention verweist auf weitere Möglichkeiten. Damit ist nicht ausgeschlossen, daß ich denke, etwas sei sinnlos oder daß die Kommunikation kommuniziert, ein Sinnverlust sei eingetreten. In solchen Fällen wird aber ein ganz anderer, und zwar ein emphatischer Sinnbegriff verwendet: Sinn meint dann so etwas wie sinnvoll - und das Gegenteil bedeutet dann sinnlos. Für die Theorie sozialer Systeme ist Sinn hingegen eine unnegierbare Kategorie: Psychische und soziale Systeme sind an das Phänomen Sinn gebunden, sie können also nicht sinnlos operieren. Auch bei dem Gedanken, etwas sei sinnlos oder bei der Kommunikation, ein Sinnverlust sei eingetreten, handelt es sich um ein Neuarrangieren der sinnkonstitutiven Differenz von Aktualität und Möglichkeit. Insofern kann Sinn nicht negiert werden: Sinn verweist stets wiederum auf Sinn. Zum Gesamtzusammenhang vgl. Hahn 1987.

Systeme können nicht aus dem Sinngeschehen ausbrechen; für sie ist "zwar im Prinzip alles zugänglich, aber alles nur in der Form von Sinn" (SoSy: 97). Das Bewußtsein kann denken, was es will; dadurch, daß das Bewußtsein sinnhaft operiert, wird sichergestellt, daß jeder Gedanke auf bestimmte Anschlußgedanken verweist. Und die Kommunikation kann über alles kommunizieren - und die Sinnförmigkeit des kommunikativen Geschehens sichert, daß es weitergeht, indem jede Einzelkommunikation bestimmte Möglichkeiten der Nachfolgekommunikation bereithält.

Luhmann unterscheidet drei Sinndimensionen, nach denen psychisches und soziales Geschehen beobachtet werden kann: Die *Sachdimension* qualifiziert das, *was* in der Welt der Fall ist, nämlich Dinge, Theorien, Meinungen usw. Die *Sozialdimension* gibt vor, *wer* Dinge Theorien, Meinungen etc. thematisiert. Die *Zeitdimension* schließlich gibt Auskunft darüber, *wann* etwas geschieht (vgl. SoSy: 112ff.).

Zusammenfassung wichtiger Grundbegriffe:

* *Soziale Systeme* sind autopoietische Systeme, die in einem rekursiv-geschlossenen Prozeß fortlaufend Kommunikation aus Kommunikation produzieren. Das Soziale bildet diesem Verständnis zufolge eine eigenständige, emergente Ordnungsebene.
* Der *Mensch* ist keine autopoietische Einheit, sondern er besteht aus einer Vielzahl unterschiedlicher Systemarten. Das psychische System (des Menschen) befindet sich ebenso wie das lebende und das neurophysiologische System nicht innerhalb, sondern außerhalb des Sozialen, aber es besitzt in der Umwelt sozialer Systeme die privilegierte Position, Kommunikation irritieren oder reizen zu können.
* Soziale und psychische Systeme verarbeiten Komplexität in der Form von *Sinn*. Unter Sinn wird das fortlaufende Prozessieren der Differenz von Aktualität und Möglichkeit verstanden. Sinn ist somit ein selbstreferentielles Geschehen: Sinn verweist ständig auf Sinn und nicht auf Nicht-Sinn.

Literatur

Niklas Luhmann: Die Wissenschaft der Gesellschaft, Frankfurt/M. 1990, S. 11-67.

Dirk Baecker: Die Unterscheidung zwischen Bewußtsein und Kommunikation, in: Wolfgang Krohn und Günter Küppers (Hg.): Emergenz: Die Entstehung von Ordnung, Organisation und Bedeutung, Frankfurt/M. 1992, S. 217-268.

3.5 Kommunikation und Handlung

Soziale Systeme sind autopoietische Systeme, die fortlaufend Kommunikation aus Kommunikation produzieren. Dabei sind soziale Systeme auf bestimmte Bedingungen notwendig angewiesen, insbesondere setzen sie in ihrer Umwelt mindestens zwei psychische Systeme voraus. Aus diesen Grundannahmen der Theorie autopoietischer Systeme ergeben sich direkte Konsequenzen für eine genauere Klärung des Kommunikationsbegriffs. Kommunikationen lassen sich demzufolge nicht, wie sonst allgemein üblich, im Sinne der Übertragung einer Botschaft vom Sender zum Empfänger begreifen. Die an Kommunikation beteiligten Bewußtseinssysteme operieren selbstreferentiell-geschlossen. Das besagt, daß psychische Systeme weder eine Botschaft abgeben noch eine Botschaft aufnehmen können. Es gibt keinen Input oder Output von Gedanken bzw. Vorstellungen. Zwar besitzen psychische Systeme, so haben wir gesagt, die privilegierte Möglichkeit, Kommunikation zu reizen und zu irritieren - aber Bewußtseinssysteme lassen sich nicht nach dem Modell eines Informationssenders bzw. Informationsempfängers deuten. Wenn Kommunikation aber keine Übertragung ist, was ist Kommunikation dann?

Luhmann beschreibt Kommunikation als einen *dreistelligen Selektionsprozeß*, der *Information*, *Mitteilung* und *Verstehen* miteinander kombiniert. Selektion bedeutet Auswahl aus mehreren Möglichkeiten. Jede *Information* ist eine Selektion aus einem Horizont von Möglichkeiten - es ist möglich, nicht diese, sondern eine andere Information zu kommunizieren. Dazu stehen mehrere *Mitteilungs*möglichkeiten zur Verfügung, die Information kann schriftlich oder mündlich mitgeteilt werden, sie kann geflüstert, hinausgeschrien usw. werden. Und die mitgeteilte Information kann in der einen oder anderen Weise *verstanden* werden. Kurz: Eine Kommunikation liegt vor, wenn eine Informationsauswahl, eine Auswahl von mehreren Mitteilungsmöglichkeiten und eine Auswahl von mehreren Verstehensmöglichkeiten getroffen wird. Es ist wichtig zu betonen, daß von Kommunikation erst bei einer *Synthese aller drei Selektionsleistungen* gesprochen werden kann. Das ist deshalb wichtig, weil damit zugleich ausgeschlossen ist, daß Kommunikation als das Resultat des Handelns *eines* Individuums aufgefaßt wird. Die Selektionen Information, Mitteilung und Verstehen gehen nicht auf ein monologisches Subjekt zurück, vielmehr ist eine Mehrheit von psychischen Systemen daran beteiligt. Bei den drei Komponenten Information, Mitteilung und Verstehen handelt es sich überhaupt nicht um Operationen der beteiligten psychischen Systeme, sondern um Bestandteile der Kommunikation, also um Konstrukte sozialer Systeme. Damit ist nicht ausgeschlossen, daß auch psychische Systeme etwa mit Informationen prozessieren bzw. Informationen verstehen. In diesem Falle handelt es sich jedoch um bewußtseinsinterne Operationen (Gedanken bzw. Vorstellungen), also um Eigenleistungen des psychischen Systems, die in dieser Form nicht in das kommunikative Geschehen eingehen. Bewußtseinsakte sind und bleiben Operationen des psychischen Systems und können deshalb nicht zur Komponente der Kommunikation werden. Es gibt, so wurde mehrfach gesagt, keinen Input oder Output von Bestandteilen in das soziale System. Information, Mitteilung und Verstehen als Komponenten der Kommunikation werden also nicht aus der psychischen Umwelt in das System eingeführt, sondern vom sozialen System selbst produziert. "Jede Kommunikation differenziert und synthetisiert eigene Komponenten, nämlich Information, Mitteilung und Verstehen." (WissG: 24)

Mit Hilfe eines Beispiels werden die Ausführungen verständlicher. Lauschen wir dem Gespräch zwischen einer Ärztin und ihrem Patienten. Zunächst müssen wir diese Situation in die systemtheoretische Begrifflichkeit übersetzen. Offensichtlich handelt es sich um ein soziales System, an dem zwei psychische Systeme - und selbstverständlich einige weitere Systemarten, etwa zwei organische Systeme usw. - beteiligt sind. Im Anschluß an frühere Überlegungen läßt sich von einem Interaktionssystem sprechen, da beide Individuen anwesend sind und sich gegenseitig wahrnehmen. Das Interaktionssystem produziert, wie jedes soziale System, in einem selbstreferentiell-geschlossenen Prozeß Kommunikation durch Kommunikation. So folgt etwa auf die Einfangsfrage "Wie geht es Ihnen?" die Anschlußkommunikation "Ich habe Schmerzen an meinem rechten Oberarm!", darauf folgt die Kommunikation "Wann sind die

Schmerzen zum ersten Mal aufgetreten?" usw. Jede Einzelkommunikation läßt sich dabei als dreistellige Einheit, als Synthese von Information, Mitteilung und Verstehen bestimmen. Betrachten wir unter diesem Gesichtspunkt die Ausgangskommunikation ein wenig genauer: Hier findet sich u.a. die Information - auch eine Frage enthält also Informationen -, daß die Ärztin nun bereit ist, den Patienten zu untersuchen. Die Information stellt eine Auswahl aus einer Vielzahl von Möglichkeiten dar - etwas findet als Information Eingang in die Kommunikation, vieles andere wird beiseite gelassen. Es hätte also auch eine ganz andere Information gewählt werden können, etwa: "Entschuldigen Sie bitte, aber Sie müssen sich noch einen Moment gedulden, ich muß noch kurz ins Nebenzimmer." Es kann nicht genug betont werden, daß die Information ein Konstrukt des Kommunikationsgeschehens und keine Operation des Bewußtseinssystems ist. Die Kommunikation gibt keine Information darüber, was das beteiligte Bewußtseinssystem der Ärztin in dem jeweiligen Moment denkt. Während die Aussage "Wie geht es Ihnen?" kommuniziert wird, grübelt die Ärztin möglicherweise über das bevorstehende Wochenende oder ihren nächsten Urlaub nach. Für die an Kommunikation beteiligten Bewußtseinssysteme könnte es höchst unangenehm werden, wenn in die Kommunikation unmittelbar das eingehen würde, was sie gerade denken. An dem Beispiel wird deutlich, daß die Trennung von Kommunikation und Bewußtsein beiden (!) Seiten größere Unabhängigkeiten und Freiheiten ermöglicht. Während die Kommunikation kommuniziert, können die beteiligten Bewußtseinssysteme den weiteren Gesprächsverlauf in ihren Gedanken schon einmal durchspielen oder aber abschweifen und an ein anderes Thema denken. Und umgekehrt besitzt die Kommunikation die Möglichkeit, Irritationen aus ihrer Systemumwelt aufzunehmen - oder aber kommunikativ zu umgehen.

Die letzten Überlegungen bezogen sich zunächst auf nur einen Selektionspunkt der Kommunikation, und zwar auf den der Information. Analog verhält es sich mit der Mitteilungsselektion. Jede Mitteilung ist eine Auswahl aus einem Repertoire von Möglichkeiten, d.h. die gleiche Information kann auf verschiedene Weise mitgeteilt werden. Statt "Wie geht es Ihnen?" kann etwa auch die Mitteilung

"Was kann ich für Sie tun?" gewählt werden. Auch hier gilt wiederum, daß die Mitteilung eine Selektion des Kommunikationsgeschehens ist. Die beteiligten Bewußtseinssysteme sind operativ geschlossene und damit eigendynamische Systeme, sie reproduzieren Gedanken durch Gedanken. Während des Kommunikationsgeschehens gehen sie also ihren jeweils eigenen Gedanken nach. Gerade auch dann, wenn die psychischen Systeme sich auf die Kommunikation konzentrieren, gilt dennoch: Die Bewußtseinssysteme denken, aber sie teilen dieses Denken nicht mit. Kein autopoietisches System kann außerhalb seiner Grenzen operieren, kein Gedanke kann *als* Gedanke das Bewußtsein verlassen. Das Bewußtsein kann weder kommunizieren noch eine Mitteilung - verstanden als Komponente des Kommunikationsgeschehens - hervorbringen.

Das Verstehen bildet die dritte Komponente eines jeden Kommunikationsereignisses. Solange ausschließlich die Selektionen von Information und Mitteilung miteinander verknüpft werden, liegt keine Kommunikation vor. Von Kommunikation als einem emergenten Geschehen läßt sich erst sprechen, wenn die mitgeteilte Information selektiv, d.h. in der einen oder anderen Weise verstanden wird. Es muß mindestens ein zweites psychisches System an Kommunikation beteiligt sein, damit die Synthese von Information, Mitteilung und Verstehen zustandekommt. Dennoch gilt auch hier, daß das Verstehen nicht in einem psychologischen Sinne zu verstehen ist. Verstehen ist wie Information und Mitteilung ein kommunikationsinternes Produkt. Damit ist wiederum nicht ausgeschlossen, daß etwa das psychische System des Patienten, das an der Kommunikation beteiligt ist, etwas versteht. Aber das Verstehen des psychischen Systems findet in dieser Form, also als Gedanke, keinen Eingang in das selbstreferentiell-geschlossene System der Interaktion. Was immer das psychische System des Patienten während des Kommunikationsgeschehens auch denkt und versteht, es ereignet sich in der Umwelt des Kommunikationssystems. Verstehen als dritte notwendige Selektion der Kommunikation kann daher ebenfalls allein aus der sozialen Systemreferenz beschrieben werden. Was als Verstehen im Kommunikationsprozeß fungiert, wird nicht durch die beteiligten Bewußtseinssysteme, sondern durch Kommunikation selbst festgelegt. Das geschieht dadurch, daß jede Anschlußkommunikation signalisiert, daß die vorangegangene Kommunikation in einer bestimmten Art und Weise *verstanden* worden ist. Die Kommunikation "Ich habe Schmerzen an meinem rechten Oberarm!" zeigt zugleich das Verstehen der zuvor geäußerten Kommunikation "Wie geht es Ihnen?" an. Kommunikation ist deshalb ein selbstreferentielles Geschehen, weil jede Kommunikation rekursiv auf die vorhergehende Kommunikation verweist und sich somit als Element eines selbstbezüglichen Kommunikationszusammenhanges identifiziert.

Verstehen ist, ebenso wie Information und Mitteilung, eine Selektion, also eine Auswahl aus mehreren Möglichkeiten. Die mitgeteilte Information kann auf sehr unterschiedliche Weise verstanden werden. In welcher Weise dies geschieht, entscheidet allein die Kommunikation. Daß die Kommunikation selbst festlegt, was als Verstehen erreicht wird, besagt nichts anderes, als daß allein aus der Anschlußkommunikation hervorgeht, was und in welcher Weise verstanden wurde. In diesem Sinne ist Verstehen eine Komponente des Kommunikationsgeschehens und kein Bewußtseinsereignis. Was die an der Kommunikation beteiligten Bewußtseinssysteme jeweils wahrnehmen, erfassen und somit: bewußt verstehen, findet in der Form von gedanklichen Operationen keinen unmittelbaren Einlaß in den geschlossenen Kommunikationsprozeß. Die Bewußtseinssysteme sind - und bleiben - für die Kommunikation vollkommen intransparent. Damit ist nicht ausgeschlossen, daß die Kommunikation das Verstehen - ebenso wie auch das Mißverstehen - der psychischen Systeme thematisiert. "Wie geht es Ihnen?" - "Bis auf den Ärger mit meiner Frau ganz gut!" - "Da haben Sie mich aber mißverstanden. Wie geht es ihnen gesundheitlich?" Aber auch die kommunikative Problematisierung des Verstehens *ist* Kommunikation. Allein die Kommunikation legt fest, was verstanden und was nicht verstanden worden ist, sie legt fest, ob bestimmte Verstehensirritationen kommunikativ umgangen werden - "Wie geht es Ihnen?" - "Bis auf den Ärger mit meiner Frau ganz gut!" - "Bei Ihrem Gesundheitszustand sollten Sie jede Aufregung vermeiden!" - sie entscheidet, ob das Verstehen gegebenenfalls reflexiv thematisiert wird und damit auch: wann die Problematisierung des Verstehens abgebrochen und das ursprüngliche Thema wieder aufgenommen wird. Bei hartnäckigen Mißverständnissen ist es selbstverständlich möglich, das Verstehen über einen längeren Zeitraum zu problematisieren. Aber auch dies geschieht kommunikativ und keineswegs auf dem Wege eines unmittelbaren Gedankenaustausches. Wie lange auch immer versucht wird, mit Hilfe der Kommunikation über das Verstehen das Verstehen zu verbessern - die selbstreferentiell-geschlossenen Bewußtseinssysteme bleiben füreinander und somit für die Kommunikation intransparent. Beim Verstehen geht es "nicht um Vorhersage und nicht um Erklärung psychischer Zustände; und erst recht nicht um die Vollerfassung selbstreferentieller Systeme" (WissG: 26). Verstehen ist keine Operation, die dazu dient, die Transparenz zwischen den Individuen zu verbessern, Verstehen ist vielmehr ein Konstrukt der Kommunikation.[20]

Jede Kommunikation differenziert und synthetisiert Information, Mitteilung und Verstehen als ihre eigenen Komponenten. Dies geschieht ständig, auch ohne daß es den beteiligten psychischen Systemen bewußt werden muß. Insofern gilt auch hier, daß Kommunikation und Bewußtsein vollständig überschneidungsfrei operieren. Damit ist nicht ausgeschlossen, daß die Kommunikation Bewußtseinssysteme oder organische Systeme *thematisiert*. Thematisierung meint nicht, daß damit das psychische System bzw. der Mensch - und damit seine Gedanken, seine Haare, seine Haut und seine Muskeln usw. - zum Element des sozialen Systems wird. Das ist nach den

[20] Die Explikation der Frage, was Verstehen heißen kann, ist üblicherweise von der Hermeneutik zu beantworten versucht worden. An anderer Stelle haben wir für eine systemtheoretische Revision der Hermeneutik plädiert, weil sich mit Hilfe der systemtheoretischen Unterscheidung von Bewußtsein und Kommunikation die Verstehensproblematik ohne die Annahme eines unhintergehbaren Bewußtseinsbegriffs beschreiben läßt (vgl. Kneer/Nassehi 1991). Unsere Vorbehalte richten sich gegen eine hermeneutische Tradition, die von Schleiermacher bis Frank Verstehen am psychologischen Verstehen festgemacht hat. Wolfgang Ludwig Schneider hat zu Recht darauf aufmerksam gemacht, daß sich *die* Hermeneutik, wie am Beispiel Gadamers gezeigt werden kann, auf einen psychologischen Verstehensbegriff nicht verpflichten läßt (vgl. Schneider 1991; 1992).

Grundannahmen der Theorie ausgeschlossen. Thematisierung meint also nur, daß die Kommunikation auf das Bewußtsein bzw. auf das körperliche Individuum einen *kommunikativen* Bezug nimmt. "Herr Siebenschwan, Sie brauchen sich keine Sorgen zu machen. In zwei, drei Wochen wird ihr Arm wieder völlig in Ordnung sein!" Einzig die Kommunikation über Herrn Siebenschwan, nicht aber Herr Siebenschwan selbst - als vollständiger Mensch mit Körper und Geist - ist Element des sozialen Systems. Um anzudeuten, daß es um Konstrukte der Kommunikation und nicht um Bewußtseinssysteme oder gar um ganze Menschen geht, spricht Luhmann von *Personen*.[21] Immer wenn im folgenden von Personen die Rede ist, sind also nicht Menschen - und damit ihre psychischen, organischen, neuronalen Systeme -, sondern kommunikationsinterne Einheiten gemeint.[22] Personen sind keine Systeme, sondern Identifikationspunkte der Kommunikation.

Kommunikation bildet eine dreistellige Einheit aus Information, Mitteilung und Verstehen. Um Kommunikation voll zu erfassen, müssen deshalb unbedingt alle drei Selektionen berücksichtigt werden. Eine Darstellung, die etwa allein die Mitteilungsselektion hervorhebt, unterliegt einem verkürzten Verständnis von Kommunikation. Kommunikation geht in dem Akt der Mitteilung nicht auf, deshalb darf Kommunikation auch keineswegs auf die Mitteilungs*hand-*

---

21 Selbstverständlich besitzen nicht nur soziale Systeme, sondern auch Bewußtseinssysteme die Möglichkeit, psychische oder organische Systeme zu thematisieren. Im Falle von sozialen Systemen geschieht dies natürlich mit Hilfe von Kommunikationen, im Falle von Bewußtseinssystemen mit Hilfe von Gedanken. Auf den Personenbegriff kommen wir ausführlich unter Punkt 3.5 zurück; vgl. auch Luhmann 1991a.

22 Die Kommunikation kann somit über Personen kommunizieren, obwohl die damit gemeinten Menschen bereits gestorben sind. Ebenso kann sich die Kommunikation auf Personen beziehen, von denen nicht klar ist, ob die entsprechenden organischen, neuronalen und psychischen Systeme jemals existiert haben. In diesem Sinne wird hier etwa über den Patienten Martin H.T. Siebenschwan kommuniziert, der sich übrigens - und auch dies ist selbstverständlich nur eine weitere Kommunikation - in anderen Zusammenhängen als ein vorzüglicher Kenner der Luhmannschen Theorie autopoietischer Systeme erwiesen hat. Vgl. dazu Fuchs 1992b.

lung reduziert werden. Das ist deshalb ausdrücklich festzuhalten, weil genau dies häufig geschieht. Oder besser: *Kommunikationssysteme begreifen sich üblicherweise selbst als Handlungssysteme.* Das besagt, daß die Kommunikation sich selbst als Handlung, und zwar als Mitteilungshandlung auffaßt. Die Kommunikation kommuniziert, aber dabei verfährt sie so, als sei sie ausschließlich Mitteilung - und nicht die Einheit aus Information, Mitteilung und Verstehen. Kommunikation flaggt sich, so Luhmann, selbst als Handlung aus. *Dies geschieht, indem die Kommunikation als Handlung einer Person zugerechnet wird.* "Da bin ich aber froh, daß Sie das sagen, Frau Doktor. Dann werde ich in zwei, drei Wochen mit meinem Arm auch wieder Tennis spielen können!" Das Kommunikationssystem benutzt eine Kausalerklärung zur Beschreibung von Kommunikation. Die Kommunikation wird als Mitteilung aufgefaßt, es wird also so verfahren, als ob ein Sender (in diesem Fall die Ärztin) einem Empfänger (in diesem Fall dem Patienten) etwas mitteilt. Es ist wichtig zu betonen, daß die Kommunikation *selbst* so verfährt. Das besagt, daß die Reduzierung der Kommunikation auf eine Mitteilungshandlung einer Person, wie das angegebene Beispiel deutlich machen soll, *kommunikativ* geschieht.[23]

Die Beschreibung der Kommunikation als Mitteilungshandlung nimmt, bedenkt man das zuvor Gesagte, eine beträchtliche Vereinfachung vor. Kommunikation als dreistellige, komplexe Einheit von Information, Mitteilung und Verstehen wird auf einen Selektionspunkt hin verkürzt. Diese Reduktion erlaubt es dann, das soziale Geschehen personenorientiert aufzufassen. Kommunikation wird als Mitteilungshandlung einzelnen Personen zugerechnet. Auf diese Weise gelingt es Kommunikationssystemen, Anknüpfungspunkte für weitere Kommunikationen auszubilden. Die Anschlußkommunikation behandelt die vorhergehende Kommunikation als (Mitteilungs-) Handlung einer Person. "Auf Wiedersehen, Frau Doktor Maier. Und

---

[23] Damit ist selbstverständlich nicht ausgeschlossen, daß auch die beteiligten Bewußtseinssysteme ein solches Handlungsverständnis der Kommunikation besitzen bzw. besitzen können.

noch einmal vielen Dank für die erfreuliche Auskunft!" Die Vereinfachung, die mit dieser Auffassung vorgenommen wird, übernimmt also durchaus eine wichtige Funktion für die weitere Fortsetzung der Autopoiesis des Sozialsystems. Soziale Systeme reduzieren Kommunikation auf Mitteilung und rechnen diese dann als Handlung einzelnen Personen zu; auf diese Weise sichern sich soziale Systeme Identifikationspunkte, auf die sie sich im fortlaufenden Kommunikationsprozeß beziehen können.

Eine Beschreibung sozialer Zusammenhänge, die soziale Systeme nicht als Kommunikationsketten, sondern als Handlungsketten auffaßt, ist somit nicht unrichtig, aber einseitig. Die Beschreibung ist nicht unrichtig, weil es für die autopoietische Fortsetzung der Kommunikation erforderlich ist, daß die Kommunikation bestimmte Identifikationspunkte ausbildet, an denen sie dann im weiteren Geschehen anknüpfen kann - und als solche Anknüpfungspunkte dienen üblicherweise Mitteilungshandlungen, die Personen zugerechnet werden.[24] Zugleich ist eine solche Beschreibung aber einseitig, weil eine handlungs- und personenorientierte Darstellung die Eigenständigkeit und Komplexität des kommunikativen Geschehens unterläuft. Sobald man Kommunikation als eine Mitteilungshandlung begreift, verfehlt man den emergenten Charakter des Sozialen. Man reduziert Kommunikation auf Handlung und damit letztlich auf psychische Absichten, Pläne, Intentionen des Handelnden. Dabei wird übersehen, daß das

---

24 *Üblicherweise* deshalb, weil es durchaus vorstellbar ist, daß soziale Systeme andere, funktional äquivalente Identifikations- und Anknüpfungspunkte ausbilden bzw. ausgebildet haben. Daß sich Kommunikationssysteme zumeist als Handlungssysteme beschreiben, ist keine apriorische Notwendigkeit, sondern historisches Produkt und somit auch anders möglich. "Die Reduktion auf Handlung hat sich zwar evolutionär derart bewährt und durchgesetzt, daß selbst die Soziologie sie zumeist unreflektiert mitvollzieht und soziale Systeme schlicht als Handlungssysteme auffaßt. Das wird mit der im Text präsentierten Theorie zugleich verständlich gemacht - und als kontingent behandelt. Man könnte sich vor allem historische Forschungen denken, die unvoreingenommen genug die Frage prüfen, ob und wie weit frühere Kulturen überhaupt in so entschiedener Weise nach einem Handlungsmodell gelebt haben." (SoSy: 233)

menschliche Bewußtsein die Kommunikation nicht bewußt herbeiführen und nicht kausal steuern oder determinieren kann. Von Kommunikation kann nicht bereits dann gesprochen werden, wenn eine Information mitgeteilt wird, sondern erst, wenn eine mitgeteilte Information auch verstanden wird. Zwar ist Kommunikation auf Psychisches und damit, wenn man so will: auf den Menschen angewiesen. Aber der Mensch kann die Kommunikation nicht kausal steuern oder determinieren. Der Mensch ist nicht das Subjekt, nicht der Urheber, nicht die Ursache von Kommunikation. Allein die Kommunikation kommuniziert, und dabei kommuniziert die Kommunikation über handelnde Personen. Daß der Mensch etwas mitteilt oder kommuniziert, ist einzig eine kommunikative Behauptung - und dient als kommunikative Konvention zugleich der Autopoiesis der Kommunikation.

Vor der autopoietischen Wende hatte Luhmann selber von Handlungssystemen gesprochen. Die letzten Ausführungen haben deutlich gemacht, weshalb er nicht länger Handlungen, sondern Kommunikationen als die elementaren Einheiten des sozialen Geschehens begreift. Kommunikationen und nicht Handlungen sind die kleinsten Einheiten des Sozialen, weil an Kommunikationen mindestens zwei Menschen und damit mindestens zwei psychische Systeme beteiligt sind. Von Handlungen spricht man in der Regel hingegen in bezug auf Einzelpersonen. Der Handlungsbegriff unterläuft somit die Ebene des Sozialen. Handlungen sind nicht die Elemente sozialer Systeme, sondern Produkt von sozialen Beschreibungen. "Handlungen werden durch Zurechnungsprozesse konstituiert. Sie kommen dadurch zustande, daß Selektionen, aus welchen Gründen, in welchen Kontexten und mit Hilfe welcher Semantiken ('Absicht', 'Motiv', 'Interesse') immer, auf Systeme zugerechnet werden. [...] Was eine Einzelhandlung ist, läßt sich deshalb nur auf Grund einer sozialen Beschreibung ermitteln. Das heißt nicht, daß Handeln nur in sozialen Situationen möglich wäre; aber in Einzelsituationen hebt sich eine Einzelhandlung aus dem Verhaltensfluß nur heraus, wenn sie sich an eine soziale Beschreibung erinnert. Nur so findet die Handlung ihre Einheit, ihren Anfang und ihr Ende, obwohl die Autopoiesis des

Lebens, des Bewußtseins und der sozialen Kommunikation weiterläuft." (SoSy: 228f.)[25]

Von Kommunikation als einem emergenten Geschehen kann man immer dann sprechen, wenn die drei Selektionspunkte Information, Mitteilung und Verstehen zu einer Einheit synthetisiert werden. Daraus folgt, daß Kommunikation auch ohne Sprache möglich ist. Insofern ist Sprachlichkeit kein Kriterium von Kommunikation. Die Einheit von Information, Mitteilung und Verstehen kann gleichermaßen durch Körperbewegungen, fragende Blicke, Gesten aller Art usw. erzielt werden. Selbstverständlich setzen nicht-sprachliche Kommunikationen in ihrer Umwelt ebenfalls eine Mehrzahl psychischer und organischer Systeme voraus. Wenngleich soziale Systeme also nicht nur aus sprachlichen Kommunikationen bestehen, so nimmt selbstverständlich jede differenzierte und damit anspruchsvolle Kommunikation Sprache in Anspruch. "Das Kommunikationssystem verdankt der Sprache hohe Unterscheidungsfähigkeit bei gezielter Anschlußfähigkeit, und das ermöglicht den Komplexitätsaufbau im Kommunikationssystem." (WissG: 47)

Soziale Systeme sind autopoietische Systeme, die fortlaufend Kommunikation aus Kommunikation erzeugen. Bei Kommunikationen als den nicht weiter auflösbaren Letztelementen sozialer Systeme handelt es sich um *Ereignisse*, also um Elemente, die nur von kurzer Dauer sind. Im Moment ihres Auftauchens verschwindet die Kommunikation bereits wieder und muß durch eine entsprechende Nachfolgekommunikation ersetzt werden. Die unaufhörliche Reproduktion immer neuer Kommunikationen bildet somit das Dauerproblem sozialer Systeme: Entweder sie erzeugen von Moment zu Moment eine neue Kommunikation, oder aber sie hören auf zu operie-

---

[25] Zu einem sehr ähnlichen Verständnis von Kommunikation, Handlung und Person ist Michel Foucault in seiner *Archäologie des Wissens* gelangt. Er beschreibt dort Kommunikationszusammenhänge bzw. Diskurse als ein praktisches Gebiet, das zugleich autonom und abhängig ist. Diskursive Aussagenfelder lassen sich demzufolge nicht im Rekurs auf "ein individuelles Subjekt, nicht auf etwas wie ein kollektives Bewußtsein, eine transzendentale Subjektivität" (Foucault 1988: 177) aufklären, vielmehr ist umgekehrt das Subjekt bzw. der Autor der Aussage eine interne "Konstruktion" (ebd.: 40) des Diskurses.

ren. Es fällt auf, daß das Autopoiesis-Konzept somit in einem engen Zusammenhang mit dem Problem der *Bestandserhaltung* des Systems steht. Darauf weist bereits die Definition des Begriffs der Autopoiesis hin: Autopoietische Systeme sind Systeme, die sich selbst erzeugen und selbst erhalten. Allerdings bedeutet die Betonung der Selbsterzeugung und Selbsterhaltung des Systems keinen Rückfall in die strukturell-funktionale Theorie von Parsons. Bei Parsons ging es um die Bestandserhaltung eines Systems mit bestimmten, vorgebenen Struktur- und Wertmustern. Für die Theorie autopoietischer Systeme bildet hingegen nicht die Reproduktion einer stabilen Systemstruktur, sondern die fortlaufende Reproduktion von Systemelementen das Ausgangsproblem. Die Fortsetzung der Autopoiesis ist nicht gebunden an den Erhalt einer einheitlichen und nicht-änderbaren Systemstruktur; die fortlaufende Reproduktion der Elemente des Systems durch die Elemente des Systems wird unter Umständen erst durch weitgehende - möglicherweise revolutionäre - strukturelle Änderungen ermöglicht. "Es geht nicht mehr um eine Einheit mit bestimmten Eigenschaften, über deren Bestand oder Nichtbestand eine Gesamtentscheidung fällt; sondern es geht um Fortsetzung oder Abbrechen der Reproduktion von Elementen durch ein relationales Arrangieren eben dieser Elemente. Erhaltung ist hier Erhaltung der Geschlossenheit und der Unaufhörlichkeit der Reproduktion von Elementen, die im Entstehen schon wieder verschwinden." (SoSy: 86)

Insofern kann man mit Recht sagen, daß es sich bei der Theorie autopoietischer Systeme weder um eine struktur-funktionalistische noch um eine strukturalistische Theorie handelt. Vielmehr kann sie als eine Theorie begriffen werden, die an zentraler Stelle den Begriff des Ereignisses plaziert.[26] Damit wird selbstverständlich nicht

---

[26] Dadurch ergeben sich vielfältige Parallelen zwischen der Theorie autopoietischer Systeme und den sogenannten *post*strukturalistischen Ansätzen - dazu kann man, auch wenn diese Aufzählung sicherlich nicht unumstritten ist, etwa die Arbeiten von Derrida, Foucault und Lyotard zählen -, die den starren Formalismus der strukturalistischen Analyse aufzubrechen versuchen. Luhmann formuliert dann auch selbst: "Insofern

abgestritten, daß soziale Systeme Strukturen ausbilden bzw. über Strukturen verfügen. Aber es wird nicht behauptet, daß die Strukturen die Bedingungen von möglichen Ereignissen vollständig determinieren, daß also die Strukturen den Ereignissen vorangehen und diese eindeutig festlegen. "Im Moment genügt es, zu registrieren, daß der Strukturbegriff [...] seine Zentralstellung verliert. Der Begriff bleibt unentbehrlich. Kein Systemtheoretiker wird leugnen, daß komplexe Systeme Strukturen ausbilden und ohne Struktur nicht existieren könnten. Der Strukturbegriff ordnet sich nun aber ein in ein vielfältiges Arrangement verschiedener Begriffe, ohne Führungsqualität zu beanspruchen. [...] Deshalb handelt es sich hier nicht um Struktural*ismus*." (SoSy: 382)

Der Begriff der Struktur bezeichnet die Einschränkung der im System zugelassenen Anschlußmöglichkeiten. Eine Struktur nimmt eine Selektion, eine Auswahl vor; sie sorgt dafür, daß die Autopoiesis des Systems nicht durch beliebige, sondern allein durch bestimmte Elemente fortgesetzt werden kann. Die Struktur strukturiert, so könnte man auch sagen, die fortlaufende Produktion der Einzelelemente, indem sie bestimmte Elemente wahrscheinlicher macht und andere - ebenfalls mögliche - Elemente unwahrscheinlicher macht bzw. ausschließt. Dabei darf man sich die Struktur nicht als Instanz vorstellen, die Ereignisse generiert; die Struktur "ist nicht der produzierende Faktor, nicht die Ur-sache, sondern ist selbst nichts anderes als das Eingeschränktsein der Qualität und Verknüpfbarkeit der Elemente" (SoSy: 384f.).

Die Überlegungen im letzten Absatz bezogen sich auf einen allgemeinen Strukturbegriff. Damit ist aber noch nicht geklärt, welche Form *soziale* Strukturen besitzen. Luhmann begreift die Strukturen sozialer Systeme als Erwartungsstrukturen. Erwartung meint dabei keine psychologische Kategorie, sondern eine Sinnform.[27] Erwartun-

---

ist das Konzept der Autopoiesis eine eindeutig *poststrukturalistische* Theorie." (AdB: 407)

[27] Daraus folgt zugleich, daß *alle* sinnverarbeitenden Systeme Erwartungsstrukturen ausbilden. Im Text wird allein auf soziale Erwartungen, d.h. auf die Strukturen von Kommunikationssystemen, verwiesen.

gen strukturieren soziale Systeme, indem sie die Möglichkeit der weiteren Selbstproduktion von Elementen selektieren und einschränken, indem sie also die Anschlußfähigkeit von bestimmten - und nicht von beliebigen - Ereignissen sicherstellen. Nur dadurch, daß sich in sozialen Systemen bestimmte Erwartungsstrukturen ausbilden, wird erreicht, daß nicht alle möglichen Nachfolgeelemente gleich wahrscheinlich sind; Erwartungen schränken somit den Möglichkeitsspielraum weiterer Systemelemente ein, aber sie halten zugleich auch einen eingeschränkten Möglichkeitsspielraum offen. Strukturen übernehmen die Funktion der Vor-Auswahl und damit der Selektionsverstärkung. Viele der Nachfolgemöglichkeiten werden ausgeschlossen, einige wenige werden wahrscheinlich.

Von dem Begriff der Struktur ist der Begriff des *Prozesses* zu unterscheiden. Bei Prozessen handelt es sich um die selektive Verknüpfung einer Mehrheit von Einzelereignissen; Prozesse bestehen somit aus Ereignissen, die in einer bestimmten Weise zeitlich angeordnet sind. Soziale Prozesse sind dementsprechend Kommunikationssequenzen, sie kommen dadurch zustande, daß Kommunikationen temporal aneinander anknüpfen und dabei bestimmte Anschlußmöglichkeiten nahelegen. Prozesse dienen somit wie Strukturen der Selektionsverstärkung, aber sie erfüllen diese Funktion auf eine gänzlich andere Weise als diese. Strukturen treffen eine Vorauswahl der Anschlußelemenente, indem sie bestimmte Nachfolgemöglichkeiten unwahrscheinlich machen bzw. ausschließen. Im Gegensatz konstituieren sich Prozesse dadurch, "daß konkrete selektive Ereignisse zeitlich aufeinander aufbauen, aneinander anschließen, also vorherige Selektionen bzw. zu erwartende Selektionen als Selektionsprämisse in die Einzelselektion einbauen" (SoSy: 74). Charakteristisch für Prozesse ist somit die Vorher/Nachher-Differenz: Im Vollzug des Übergangs von einem aktuellen Ereignis zu einem dazu passenden Nachfolgeereignis formieren sich Prozesse. Strukturen treffen eine Vor-Auswahl somit über Exklusion, Prozesse leisten das gleiche durch Anschlußsuche.

Zusammenfassung wichtiger Grundbegriffe:
* Kommunikation bildet eine dreistellige Einheit, die die Komponenten *Information, Mitteilung, Verstehen* miteinander synthetisiert.
* Soziale Systeme sichern sich interne Anknüpfungspunkte dadurch, daß sie Kommunikationen als (Mitteilungs-) *Handlungen* auffassen und einzelnen *Personen* zurechnen. Personen sind somit konstruierte Einheiten, die der Verhaltenserwartung und der Zurechnung dienen, keineswegs aber psychische Systeme oder gar komplette Menschen.
* *Struktur* und *Prozeß* sind zwei Formen der Selektionsverstärkung in sozialen Systemen. Strukturen erfüllen diese Funktion durch Exklusion, Prozesse erreichen eine Vorselektion durch die Auswahl passender Anschlußmöglichkeiten.

Literatur

Niklas Luhmann: Soziale Systeme. Grundriß einer allgemeinen Theorie, Frankfurt/M. 1984, S. 191-241.

3.6 Beobachten

Soziale Systeme sind, wie andere Systemarten auch, beobachtende Systeme. Dieser Satz deutet bereits an, daß der systemtheoretische Beobachtungsbegriff von dem Beobachtungsbegriff unserer Alltagssprache beträchtlich abweicht. Zumeist wird unter Beobachten eine Aktivität des Menschen verstanden. Man schaut aus dem Fenster und beobachtet, wie der Briefträger sich mit dem Hund abmüht. Allein der Mensch bzw. das menschliche Bewußtsein kann demnach beobachten. Es ist unmittelbar einsichtig, daß eine Theorie, die neben psychischen Systemen weitere Systemarten berücksichtigt, einen solchen auf das menschliche Bewußtsein zugeschnittenen Beobachtungsbegriff nicht akzeptieren kann. Warum sollten nicht etwa auch organische, neurophysiologische und soziale Systeme (neben weiteren Systemarten) beobachten können? Die Systemtheorie benötigt, anders formuliert, einen allgemeinen Beobachtungsbegriff. An früherer Stelle haben wir einen solchen generalisierten Beobachtungsbegriff bereits implizit in Anspruch genommen. So haben wir davon gesprochen, daß neurophysiologische Systeme ein eigenes Bild ihrer Umwelt konstruieren, also ihre Umwelt beobachten. Und wir haben festgehalten, daß Kommunikation immer Kommunikation über etwas ist - insofern läßt sich durchaus sagen, daß Kommunikation also ein *Beobachten* bzw., wenn schriftliche Texte formuliert werden, ein *Beschreiben* ist. Aus diesem Grunde löst Luhmann den Beobachtungsbegriff aus seiner psychischen Systemreferenz und formuliert auf der Basis der operativen Logik von George Spencer Brown eine allgemeine Theorie der Beobachtung. Und zwar definiert Luhmann Beobachtung nach Spencer Browns Aufforderung "draw a distinction" (Spencer Brown 1971: 3) als *Bezeichnung-anhand-einer-Unterscheidung.*[28]

Diesen allgemeinen bzw. formalen Beobachtungsbegriff - und die damit verbundenen erkenntnistheoretischen Implikationen - müssen wir uns sorgfältig klar zu machen versuchen. Offensichtlich setzt sich die Operation des Beobachtens aus zwei verschiedenen Komponenten zusammen; Unterscheiden und Bezeichnen, so kann man auch sagen, sind zwei Momente einer einzigen Operation. Eine Unterscheidung (etwa Frau oder Mann, Recht oder Unrecht, Abseits oder kein Abseits, Ideologie oder Wissenschaft, diese Vase oder alles andere auf der Welt) wird gewählt und eine der beiden Seiten der Unterscheidung wird bezeichnet (also etwa Frau, Recht, Abseits, Ideologie, diese Vase). Die entsprechenden Anweisungen der Logik von Spencer Brown lauten *distinction* und *indication.* Also: Draw a distinction! und - da eine Unterscheidung für weitere Operationen nur Sinn hat, wenn eine der beiden Seiten bezeichnet wird - muß eine indication zur distinction hinzutreten und sie ergänzen. Es ist wichtig zu betonen, daß bei einer Beobachtung die beiden Komponenten Unterscheiden und Bezeichnen stets gemeinsam auftreten. Diese Einsicht wird dadurch verdeckt, daß zumeist nur eine der beiden Komponenten, nämlich die Bezeichnung, explizit genannt wird

---

[28] Eine leicht eingängige Rekonstruktion von Spencer-Browns Differenz-Logik vgl. bei Simon 1988: 27ff.

(wiederum also etwa: Frau, Recht, Abseits, Ideologie, diese Vase). Etwas kann aber nur bezeichnet und damit beobachtet werden, wenn es von etwas anderem unterschieden wird. Beobachtung ist somit immer die Bezeichnung einer Seite *im Rahmen einer Unterscheidung* (in unseren Beispielen also: Frau, nicht Mann; Recht, nicht Unrecht; Abseits, nicht kein Abseits; Ideologie, nicht Wissenschaft; diese Vase und nicht alles andere auf der Welt).

Im Rahmen einer Beobachtung ist es unmöglich, beide Seiten der Unterscheidung *gleichzeitig* zu bezeichnen. Es kann also zu einem bestimmten Zeitpunkt jeweils nur die eine *oder* die andere Seite bezeichnet werden. Damit ist nicht ausgeschlossen, daß mit einer späteren Operation die zuvor nicht bezeichnete Seite bezeichnet wird (also zunächst Recht, nicht Unrecht und wenig später: Unrecht, nicht Recht). Ein Hinüberwechseln (Spencer Brown: *crossing*) ist also durchaus möglich, aber jeder Wechsel von einer Seite der Unterscheidung zur anderen Seite erfordert eine weitere Operation und erfordert somit Zeit. Die beiden Seiten der Unterscheidung sind gleichzeitig gegeben, aber sie können nicht zugleich bezeichnet werden. Gerade deshalb ist es wichtig, Unterscheiden und Bezeichnen als die beiden Komponenten der Beobachtung sorgfältig auseinanderzuhalten.

Der auf diese Weise - nämlich als Bezeichnung anhand einer Unterscheidung - definierte Beobachtungsbegriff ist mit einer Reihe von epistemologischen Konsequenzen verbunden, von denen an dieser Stelle zumindestens *acht* erwähnt werden sollen. *Erstens*: Der angegebene Beobachtungsbegriff ist so allgemein gewählt, daß nicht nur Bewußtseinssysteme, nicht nur sinnverarbeitende Systeme, nicht einmal nur autopoietische Systeme die Möglichkeit besitzen, Beobachtungen auszuführen. Auch allopoietische Systeme können demnach beobachten - so beobachtet zum Beispiel auch der Thermostat der Zimmerheizung: Der Thermostat operiert anhand der Unterscheidung Temperaturabweichung/eingestellte Temperatur und *bezeichnet* die Temperaturabweichung. Die Heizung beginnt dann zu arbeiten, wenn eine Temperaturabweichung vorliegt und nicht, wenn die eingestellte Temperatur erreicht ist. Auch wenn der Beobachtungsbegriff somit auf unterschiedliche Systemarten angewandt werden kann, so konzentrieren sich die weiteren Bemerkungen wieder auf die soziale Systemreferenz. Wenn im folgenden von einem Beobachter gesprochen wird, so ist also damit stets ein soziales System gemeint.

Soziale Systeme, die ihre Umwelt bzw. etwas in ihrer Umwelt beobachten, gewinnen *zweitens* keinen unmittelbaren Kontakt zu ihrer Umwelt. Der Beobachtungsbegriff widerspricht also der These der operativen Geschlossenheit sozialer Systeme nicht. Vielmehr wird unter Beobachtung eine *systeminterne* Operation verstanden,[29] Beobachtung ist somit immer eine *Konstruktion* eines Systems,[30] genauer: eine operativ hergestellte Konstruktion eines Systems.[31] Im

---

[29] Eine *Beobachtung* ist also immer eine systeminterne *Operation*. Zwischen beiden Phänomenen existiert somit ein Verhältnis der Komplementarität: "Weder lassen sich beide Phänomene trennen, noch besteht ein Verhältnis der Kausalität in dem Sinne, daß die Operation Ursache und die Beobachtung deren Wirkung ist." (WissG: 77) Dennoch legt Luhmann Wert darauf, die beiden komplementären Ebenen sorgfältig auseinanderzuhalten. Dies einfach deshalb, weil ein Unterschied zwischen der Beobachtung einer Operation und der Beobachtung einer Beobachtung besteht. Eine Beobachtung der Operation beobachtet, daß etwas geschieht - sie beobachtet also, daß kommuniziert wird. Eine Beobachtung der Beobachtung beobachtet, daß die Beobachtung zugleich ein Thema hat - sie beobachtet, worüber kommuniziert wird. Das, worüber eine Kommunikation als *Beobachtung*soperation kommuniziert, ist somit etwas anderes als das, was die Kommunikation als Beobachtungs*operation* ist (vgl. ausführlicher WissG: 77f. u. 115f. sowie Esposito 1991).

[30] Die Beobachtungstheorie von Luhmann läßt sich als eine Spielart des *Konstruktivismus* bzw. der *konstruktivistischen* Erkenntnistheorie begreifen (vgl. Luhmann: EaK; zu den Parallelen und Differenzen zwischen Luhmanns operativer Beobachtungstheorie und anderen Spielarten des (radikalen) Konstruktivismus vgl. auch Luhmann SozA 5: 31ff.).

[31] Oder noch genauer: Beobachtung ist immer eine Konstruktion eines operativ-geschlossenen Systems, das über keinen direkten Kontakt zur Außenwelt verfügt. Gegen eine solche Beobachtung (!) der Dinge wird immer wieder der Vorwurf erhoben, daß eine Position, die alles in systeminterne Konstruktionen auflöse, zugleich die äußere, 'handfeste' Realität leugne. Luhmann weist diesen Vorwurf zurück: "Das heißt nicht, daß die Realität geleugnet würde, denn sonst gäbe es nichts, was operieren, nicht, was beobachten, und nichts, was man mit Unterscheidungen greifen könnte. Bestritten wird nur die erkenntnistheoretische Relevanz einer ontologischen Darstellung der Realität." (SozA 5: 37)

Falle von sozialen Systemen handelt es sich bei den systeminternen Operationen um Kommunikationen. Ein Kommunikationssystem kann als operativ-geschlossenes System nicht mit seiner Umwelt kommunizieren, aber es kann seine Umwelt beobachten, indem es über seine Umwelt kommuniziert. Eine Kommunikation beobachtet "mithin das, wovon sie handelt; das, was sie thematisiert; das, worüber sie informiert" (WissG: 116). Insofern kombiniert jede Kommunikation, Selbstreferenz und Fremdreferenz. Die Kommunikation verweist als Operation selbstreferentiell auf vorhergehende Kommunikationen. Diese basale Selbstreferenz ist aber immer, wie Luhmann formuliert, allein *mitlaufende Selbstreferenz* (vgl. SoSy: 604). Die Selbstreferenz muß mit Fremdreferenz angereichert werden; dies geschieht dadurch, daß die Kommunikation als Beobachtung auf etwas anderes verweist, etwas thematisiert, über etwas kommuniziert. Auf diese Weise gelingt es sozialen Systemen, durch ihre selbstreferentielle Geschlossenheit Offenheit zu erzeugen. Kommunikationssysteme sind operativ geschlossene Systeme (Selbstreferenz) und zugleich verweisen sie mittels ihrer Operationen auf anderes (Fremdreferenz). Damit ist nicht ausgeschlossen, daß eine Kommunikation nicht über die Umwelt bzw. über etwas in der Umwelt (Fremdbeobachtung), sondern über das soziale System selbst kommuniziert, aber auch das ist selbstverständlich Beobachtung, und zwar Selbstbeobachtung.

Jede Beobachtung ist *drittens* an die gewählte Unterscheidung gebunden. Die Beobachtung kann also nur sehen, was sie mit Hilfe der Unterscheidung sehen kann, sie kann nicht sehen, was sie mit dieser Unterscheidung nicht sehen kann. Beobachtet man beispielsweise mit der Unterscheidung Recht/Unrecht, so gibt es nur diese beiden Möglichkeiten, etwas zu bezeichnen: Entweder liegt Recht vor oder aber Unrecht. Damit ist nichts darüber ausgesagt, daß das, was man als Recht - oder auch: als Unrecht - bezeichnet, nicht auch anders beobachtet, also mit einer anderen Unterscheidung bezeichnet werden kann. Der Banküberfall mag für die Bankräuber finanziell lukrativ sein (im Rahmen der Unterscheidung gewinnbringend/nicht gewinnbringend), er mag perfekt geplant und technisch versiert (jeweils im Rahmen anderer Unterscheidungen) ausgeführt worden sein

- das wird nach der Festnahme der Bankräuber das Gericht nicht davon abhalten, die Aktion als Unrecht zu qualifizieren. Es gibt also jeweils mehr als eine Unterscheidungsmöglichkeit, mit der etwas beobachtet werden kann. Auch kann man, bezogen auf das angegebene Beispiel, keineswegs sagen, daß die Unterscheidung Recht/Unrecht die wahre oder angemessene Unterscheidung ist, mit der der Überfall beobachtet werden sollte. Eine solche Aussage ist wie alle Aussagen an eine bestimmte Beobachtungsperspektive und damit an bestimmte Unterscheidungen - in diesem Falle an die Unterscheidungen wahr/unwahr bzw. angemessen/unangemessen - gebunden. Alles, was beobachtet und kommuniziert wird, ist abhängig von der Unterscheidung, die die Beobachtungsoperation verwendet.

Keine Beobachtung kann, so wurde gesagt, zugleich beide Seiten der Unterscheidung bezeichnen. Daher kann auch *viertens* keine Beobachtung im Moment der Beobachtung sich selbst beobachten. Eine Selbstbeobachtung der Beobachtung würde bedeuten, daß die Beobachtung, die eine bestimmte Unterscheidung gewählt hat, diese Unterscheidung zugleich bezeichnet und damit beobachtet. Eine Unterscheidung kann aber nur bezeichnet werden, wenn die Unterscheidung selbst wiederum von etwas anderem unterschieden wird. Die Beobachtung *gebraucht* somit eine bestimmte Unterscheidung, aber sie kann die Unterscheidung nicht im gleichen Moment beobachten, d.h. sie kann die verwendete Unterscheidung nicht von etwas anderem unterscheiden und damit auch nicht bezeichnen. Jede Beobachtung benutzt die eigene Unterscheidung als ihren *blinden Fleck*. Für die Beobachtung ist es unmöglich, die Unterscheidung, die sie verwendet, zu beobachten. Damit ist nicht ausgeschlossen, daß eine zweite Beobachtung die Unterscheidung der ersten Beobachtung beobachtet, sie also mit Hilfe einer (anderen) Unterscheidung bezeichnet.

Die Beobachtung der Beobachtung nennt Luhmann *Beobachtung zweiter Ordnung*. Mit dem Begriff Beobachtung zweiter Ordnung wird keine Aussage darüber getroffen, wer der Beobachter ist, der die zweite Beobachtung hervorbringt. Es kann sich um den gleichen Beobachter handeln, der auch die erste Beobachtung hervorgebracht hat. In diesem Fall beobachtet der Beobachter mit einer zweiten

Operation die zeitlich zurückliegende erste Beobachtungsoperation. Es kann sich aber auch um einen anderen Beobachter handeln, also um ein zweites System, das den ersten Beobachter beobachtet.

Unabhängig davon, wer die Beobachtung der Beobachtung hervorbringt, so gilt *fünftens* immer, daß auch die Beobachtung zweiter Ordnung an die eigenen Unterscheidungen gebunden ist und somit seine eigenen Unterscheidung nicht beobachten, nicht mit Hilfe einer Unterscheidung bezeichnen kann. Auch die Beobachtung zweiter Ordnung kann sich nicht selbst beobachten. Man könnte sagen, daß die Beobachtung zweiter Ordnung in bezug auf ihre eigenen Unterscheidungen somit eine Beobachtung erster Ordnung ist. Eine Beobachtung zweiter Ordnung ist sie nur in bezug auf eine andere Beobachtung. *Insofern besitzt die Beobachtung zweiter Ordnung, also die Beobachtung einer Beobachtung, keine privilegierte Position.* Zwischen Beobachtung zweiter Ordnung und Beobachtung erster Ordnung besteht kein hierarchisches Verhältnis. Auch die Beobachtung zweiter Ordnung bleibt an ihren eigenen blinden Fleck gebunden. Auch die Beobachtung zweiter Ordnung kann nur sehen, was sie sehen kann und sie kann nicht sehen, was sie nicht sehen kann - so kann auch die Beobachtung zweiter Ordnung nicht ihre beobachtungsleitende Unterscheidung beobachten. Kurz gesagt: Auch die Beobachtung zweiter Ordnung ist Beobachtung. Aber die Beobachtung der Beobachtung ermöglicht reflexive Einsichten für die eigene Beobachtung. "Ein Beobachter kann nicht sehen, was er nicht sehen kann. Er kann auch nicht sehen, daß er nicht sehen kann, was er nicht sehen kann. Aber es gibt eine Korrekturmöglichkeit: die Beobachtung des Beobachters. Zwar ist auch der Beobachter zweiter Ordnung an den eigenen blinden Fleck gebunden, sonst könnte er nicht beobachten. Der blinde Fleck ist sozusagen sein Apriori. Wenn er aber einen anderen Beobachter beobachtet, kann er *dessen* blinden Fleck, *dessen* Apriori, *dessen* 'latente Strukturen' beobachten. Und indem er das tut und damit seinerseits operierend die Welt durchpflügt, ist auch er der Beobachtung des Beobachtens ausgesetzt. Es gibt zwar keinerlei privilegierten Standpunkt, und der Ideologiekritiker ist nicht besser dran als der Ideologe." (RuS: 10f.) Aber der Beobachter zweiter Ordnung kann - im Gegensatz zum Beobachter erster Ordnung - durch die Beobachtung der Beobachtung Rückschlüsse auf seine eigenen Beobachtungsoperationen ziehen und seinen eigenen Standpunkt relativieren. Der Beobachter zweiter Ordnung kann zumindest sehen, daß er nicht sehen kann, was er nicht sehen kann (vgl. GS 3: 334f.).

Begibt man sich von der Beobachtung erster Ordnung zur Beobachtung zweiter Ordnung, beobachtet man also, wie andere Beobachter beobachten, so führt dies *sechstens* zu einem radikal gewandelten Welt-, Seins- und Realitätsverständnis. Auf der Ebene der Beobachtung erster Ordnung erscheint die Welt *monokontextural*.[32] Der Begriff der Kontextur bezeichnet den Bereich, welcher mit einer Unterscheidung aufgespannt wird. Die Kontextur ist also das, was mit der zugrundeliegenden Unterscheidung beobachtet werden kann. Eine monokontexturale Welt ist stets zweiwertig, es liegt also entweder der positive Wert oder der negative Wert vor, eine dritte Möglichkeit ist ausgeschlossen - tertium non datur. Damit ist nicht gesagt, daß stets ein Konsens darüber besteht, ob der positive Wert oder aber der negative Wert der zugrundeliegenden Unterscheidung zu wählen ist. Insofern bleibt auch die Beobachtung erster Ordnung von Streit und Dissens nicht verschont. Aber man bewegt sich stets auf einer Ebene, stets innerhalb einer Kontextur und damit stets innerhalb der von der Unterscheidung aufgespannten Welt. Das ändert sich mit dem Übergang zur Beobachtung zweiter Ordnung. Ein Beobachter, der einen anderen Beobachter beobachtet, kann die beobachtungsleitende Unterscheidung des beobachteten Beobachters - niemals: seine eigene Leitdifferenz - anhand seiner Unterscheidung bezeichnen und somit beobachten. Der Beobachter zweiter Ordnung

---

32 Die Begriffe der *Kontextur*, *Monokontexturalität* und *Polykontexturalität* gehen auf den Philosophen Gotthard Günther zurück, dessen Überlegungen darauf abzielen, die zweiwertige Logik Aristoteles' in Richtung einer mehrwertigen Logik zu überwinden (vgl. Günther 1976; 1979). Luhmann greift in seiner Beobachtungstheorie direkt auf die Überlegungen Günthers zurück, aber er wendet die philosophischen Einsichten soziologisch. Es geht also immer um Beobachtungs- und Beschreibungsoperationen sozialer Systeme! Zur mehrwertigen, polykontexturalen Logik bei Günther und Luhmann vgl. auch Fuchs 1992a: 43ff.

kann somit beobachten, daß das beobachtete System nicht sehen kann, was es nicht sehen kann. Die Beobachtung eines anderen Beobachters läßt erkennen, daß jede Beobachtung an einen blinden Fleck gebunden ist. Der Beobachter zweiter Ordnung kann daher wissen, "daß jede Beobachtungsoperation eine eigentümliche Kombination von Blindheit und Sicht ist, also auch die seine, und daß es die Blindheit für Bestimmtes ist, die Sichten auf Bestimmtes eröffnet, und daß diese Sichten ohne Blindheiten nicht zustandekämen" (RuS: 178). Auf diese Weise gelangt man auf der Ebene der Beobachtung zweiter Ordnung zu einer *polykontexturalen* Welt. Polykontexturalität meint, daß es eine Vielzahl von Unterscheidungen, eine Vielzahl von unterschiedlichen Kontexturen gibt, die von keinem archimedischen Beobachtungspunkt ineinander überführt und verglichen werden können. Das besagt, daß jede Beobachtung von einer anderen Beobachtung - für die dann wiederum das gleiche gilt - beobachtet und kritisiert werden kann. Damit entfällt die absolut "richtige" Sicht der Dinge. Was auch immer behauptet wird, es wird von einem Beobachter behauptet, der sich gefallen lassen muß, daß er kritisiert und über seine eigenen blinden Flecke aufgeklärt wird. Jede Beobachtung ist eine kontingente Konstruktion, also eine Konstruktion, die bei einer anders gewählten Unterscheidung auch anders hätte ausfallen können.

Damit sind viele weitere Fragen angesprochen. Zunächst: Führt die Beobachtung zweiter Ordnung, die Beobachtung der Beobachtung, nicht zwangsläufig in einen heillosen Relativismus und damit in eine vollkommene Beliebigkeit? Als relativistisch und beliebig erscheint die polykontexturale Welt nur einem Beobachter, der davon ausgeht, daß es eine absolut *richtige* Beobachtung der Welt und damit einen archimedischen Beobachterstandpunkt gibt. Nur für einen Beobachter erster Ordnung ist, anders gesagt, die Beobachtung zweiter Ordnung vollkommen beliebig! Gibt man aber eine solche privilegierte Position auf, wechselt man also auf die Ebene der Beobachtung zweiter Ordnung, dann kommt man zu einem anderen Ergebnis. Man kann dann beobachten, daß die Beobachtung der Beobachtung allein schon deshalb nicht zu beliebigen Ergebnissen führt, weil es keineswegs beliebig ist, ob eine Gesellschaft die Beobachtung zweiter Ordnung überhaupt zuläßt.[33] Nicht alle historisch bekannten Gesellschaften haben polykontexturale Beobachtungsverhältnisse gekannt und institutionalisiert. Auf der Ebene der Beobachtung zweiter Ordnung wird man deshalb u.a. mit folgenden Fragen konfrontiert: In welchen Gesellschaften hat es monokontexturale Beobachtungen gegeben? Wie haben die sozialen Bedingungen - und nicht, wie die Transzendentalphilosophie glauben machen wollte: die apriorischen, ahistorischen Bedingungen - ausgesehen, die die Beliebigkeit der Beobachtung eingeschränkt haben? Seit wann gibt es polykontexturale Beobachtungsverhältnisse?

Die damit angesprochenen Fragen gehen über die Grundlagen der Theorie sozialer Systeme hinaus und führen unmittelbar auf das Gebiet der Evolutions- und Gesellschaftstheorie. Wir werden diese Fragen im folgenden Kapitel daher wieder aufnehmen. Zuvor möchten wir abschließend zwei weitere Konsequenzen der Beobachtungstheorie von Luhmann diskutieren: *Paradoxie* und *Autologie*.

Innerhalb der Theorie sozialer Systeme kommt *siebtens* dem Begriff der *Paradoxie* - und, damit zusammenhängend, dem Begriff der *Entparadoxierung* - ein prominenter Stellenwert zu. Damit nähern wir uns einem Thema, das auf den ersten Blick einen esoterischen Beigeschmack zu besitzen scheint. Üblicherweise wird innerhalb der Wissenschaft die Auffassung vertreten, daß Paradoxien zu vermeiden oder zu eliminieren seien.[34] Anders hingegen bei Luh-

---

[33] Das ist selbstverständlich nicht der einzige Grund, warum Beobachter keineswegs beliebig beobachten. Beobachter sind laut den Grundannahmen der Autopoiesis-Theorie geschlossen-operierende Systeme und damit nach Maturana *strukturdeterminierte* Systeme. Beobachter beobachten somit keineswegs willkürlich, sondern sie sind in ihren Beobachtungsoperationen von ihren Strukturen und damit von ihrer Vergangenheit abhängig.

[34] Luhmann weist zu Recht darauf hin, daß sich "über Nietzsche und Heidegger bis zu Derrida [...] inzwischen ein ganz anderer Umgang mit Paradoxien eingebürgert" (Luhmann 1990: 120) hat. Aber nicht nur im Umkreis der sogenannten postmodernen Philosophie, sondern in allen Wissensfeldern hin bis zum Strategischen Management von Industrieunternehmen (vgl. Knyphausen 1992) läßt sich in den letzten Jahren ein verstärktes Interesse an Paradoxien beobachten.

mann: Überall stolpert der Leser seiner Schriften über den Begriff der Paradoxie. Es ist nicht übertrieben zu behaupten, daß das Paradoxieproblem bzw. das Problem der Entparadoxierung von Paradoxien einen entscheidenden Schlüssel zum Verständnis der Theorie sozialer Systeme liefert. Fast sämtliche Grundbegriffe Luhmanns, denen wir bisher begegnet sind, tauchen bei der Beschäftigung mit Paradoxien dann auch wieder auf, insbesondere die Begriffe Selbstreferenz, Beobachtung (als Bezeichnung anhand einer Unterscheidung), blinder Fleck.

Machen wir uns zunächst klar, was mit dem Begriff der Paradoxie gemeint ist. Beispiele für Paradoxien sind seit langem bekannt; geradezu als klassisch gilt das des Kreters Epimenides, der behauptet, alle Kreter seien Lügner. Ein zweites (berühmtes) Beispiel ist die Parabel des Dorfbarbiers, der all diejenigen Bewohner seines Dorfes rasiert, die sich nicht selbst rasieren. Als paradox erweist sich aber auch der folgende Satz: "Alles, was auf dieser Seite steht, ist gelogen!" Offensichtlich sind solche Aussagen paradox, die uns in eine Situation der *Unentscheidbarkeit* führen. Paradoxe Aussagen enthalten zwei Werte, von denen sich aber keiner eindeutig ausschließen läßt - sobald man sich für einen Wert entscheidet, landet man unverzüglich bei dem Gegenwert: Wenn die Aussage des Kreters Epimenides "Alle Kreter sind Lügner!" nicht gelogen ist, also wahr ist, dann müßte sie eigentlich falsch sein, da Epimenides als Kreter, folgt man der inhaltlichen Aussage, doch lügt. Wenn die Aussage von Epimenides hingegen gelogen ist, also falsch ist, dann müßte sie aber eigentlich wahr sein, da Epimenides entsprechend der Aussage handelt, nämlich lügt. Was wahr ist, ist falsch und was falsch ist, ist wahr. Charakteristisch für eine paradoxe Aussage ist somit ein Oszillieren zwischen zwei Werten, ohne daß dieses ständige Hin und Her zugunsten einer Seite entschieden werden könnte.

Anhand dieses Beispiels lassen sich die zwei folgenden Definitionsmerkmale von Paradoxien gewinnen. 1) Paradoxe Aussagen zielen auf eine vollständige Beschreibung ("Alle Kreter"), sie erreichen diese Vollständigkeit aber nur dadurch, daß sie sich selbst einbeziehen. Paradoxe Aussagen sind selbstreferentiell strukturiert; das, was sie aussagen, gilt also auch für sie selbst. 2) Paradoxe Aussagen enthalten ein Gegensatzpaar (Lügner/kein Lügner), sie operieren folglich mit einer Unterscheidung. Paradoxe Aussagen beruhen also auf zwei Bedingungen, und zwar auf den Bedingungen *Selbstreferenz* und *Benutzung einer Unterscheidung*; kombiniert man beide Bedingungen in der richtigen Weise, so gelangt man zu einer Situation der Unentscheidbarkeit.[35]

Damit befinden wir uns bereits wieder mitten in der Theorie sozialer Systeme. Bei der Beobachtung sozialer Systeme tauchen beide Paradoxiebedingungen wieder auf: Zum einen sind soziale Systeme selbstreferentiell strukturiert; zum anderen verwenden sie bestimmte Unterscheidungen. Unterscheidungen, so haben wir gehört, liegen allen Beobachtungen zugrunde. Ein Paradox ist somit immer ein Problem eines beobachtenden Systems. Jede Beobachtung, die Vollständigkeit beabsichtigt, verstrickt sich, sobald sie sich selbstreferentiell miteinbezieht, in eine Paradoxie. Die Anwendung der beobachtungsleitenden Unterscheidung auf die Beobachtung führt zu einer Situation der Unentscheidbarkeit. Ist die Unterscheidung Lüge/keine Lüge wiederum eine Lüge oder aber keine Lüge? Es läßt sich somit sagen, daß jede Beobachtung an eine bestimmte Unterscheidung gebunden ist, deren Einheit (bzw. Vollständigkeit) sie aber nicht beobachten kann. Weiter oben haben wir den gleichen Sachverhalt mit dem Begriff des blinden Flecks beschrieben. Die beobachungsleitende Unterscheidung fungiert als der blinde Fleck der Beobachtung: Die Beobachtung kann ihre beobachtungsleitende Unterscheidung nicht beobachten, ohne in Paradoxien der Selbstanwendung zu geraten. In den Worten Luhmanns: "Jede Beobachtung braucht ihre Unterscheidung und also ihr Paradox der Identität des Differenten als ihren blinden Fleck, mit dessen Hilfe sie beobachten kann." (Luhmann 1990: 123)

---

35 Nicht jede selbstreferentielle Verwendung von Unterscheidungen mündet in einer Paradoxie, sondern kann auch eine tautologische Form annehmen. Genaugenommen handelt es sich bei der Tautologie aber ebenfalls um eine Paradoxie und zwar um eine verdeckte Paradoxie. Die Tautologie "behauptet einen Unterschied, von dem sie zugleich behauptet, daß er keiner ist" (WissG: 491).

Jede Beobachtung ist somit paradox konstituiert. Eine Paradoxie ist durch eine Situation der Unentscheidbarkeit charakterisiert. Die Paradoxie läßt den Beobachter oszillieren, also zwischen dem einen Wert und seinem Gegenwert hin und her pendeln. Das aber bedeutet, daß mit dem Auftreten von Paradoxien ein "Verlust der Bestimmbarkeit, also der Anschlußfähigkeit für weitere Operationen" (SoSy: 59) verbunden ist. Die Anschlußfähigkeit kann nur gesichert werden, wenn die zugrundeliegende Paradoxie aufgelöst bzw. invisibilisiert wird. Das meint der Begriff der *Entparadoxierung*. Luhmann spricht davon, daß auf diesem Wege unbestimmbare Komplexität (auswegloses Oszillieren zwischen den beiden Beobachtungswerten) in bestimmbare Komplexität (Sicherung der Anschlußfähigkeit) überführt wird. Der Beobachter setzt seine Beobachtungsoperationen dadurch fort, daß er die der Beobachtung zugrundeliegende Paradoxie ausblendet. Die Frage ist nur, wie dies geschieht. Dafür gibt es keine definitiven Antworten. Jede Form der Entparadoxierung beruht vielmehr auf kontingenten Entscheidungen, die auch anders hätten ausfallen können. Auf jeden Fall ist der Beobachter gezwungen, will er denn seine Beobachtungsoperationen fortsetzen, seine zugrundeliegende Paradoxie zu umgehen. Ein weiterer Beobachter dieses Beobachters, ein Beobachter zweiter Ordnung also, kann aber die zugrundeliegende Paradoxie und damit die entsprechende Technik der Entparadoxierung beobachten. "Wenn man aber die Position eines Beobachters zweiter Ordnung einnimmt, kann man zugleich beobachten, wie der Beobachter erster Ordnung sich verhält, wie er sich seine Paradoxie invisibilisiert, wie er sie durch Unterscheidungen ersetzt und verstellt, wie er unbestimmbare in bestimmbare Komplexität umwandelt und damit zu endlichen Informationslasten kommt. Der Beobachter zweiter Ordnung ist dann keineswegs gehalten, es ebenso zu machen. Aber er kann wenigstens sehen, daß es möglich ist, und vielleicht ist er Funktionalist genug, um nach anderen, funktional äquivalenten Lösungen für das Problem Ausschau zu halten." (Luhmann 1991b: 128)

Damit kommen wir zum letzten Punkt. *Achtens*: Die Theorie des Beobachtens besitzt *autologische* Implikationen. Das, was die Theorie über das Beobachten aussagt, gilt also auch für die Theorie selbst. Im ersten Teil dieses Kapitels haben wir betont, daß diese selbstreferentielle Gestalt typisch zu sein scheint für Theorien mit universellem Anspruch: Universalistische Theorien kommen auf ihrer Gegenstandsseite, also als Teil ihres Gegenstandes, den sie beschreiben, wieder vor. Diese selbstbezügliche Figur läßt sich gerade auch am Beobachtungsbegriff festmachen. Auch die Theorie sozialer Systeme beobachtet, d.h. die Theorie sozialer Systeme unternimmt es, anhand von Unterscheidungen etwas zu bezeichnen. Grundlegend für die Theorie von Luhmann ist die Unterscheidung von System und Umwelt. Legt man diese Unterscheidung der Beobachtung zugrunde, so ist etwas entweder System[36] oder Umwelt, und niemals ist etwas *zugleich* System und Umwelt. Ausgehend von der Leitdifferenz von System und Umwelt operiert die Theorie sozialer Systeme mit weiteren Unterscheidungen, etwa der Unterscheidung von Operation und Beobachtung oder der Unterscheidung von Beobachtung erster und zweiter Ordnung. Insofern kann man den Ansatz von Luhmann auch als *differenztheoretisch* charakterisieren: Die Theorie geht von Unterscheidungen aus und nicht von Einheit, Tota-

---

[36] Begonnen haben wir dieses Kapitel mit dem Versuch, den Ansatz Luhmanns von der Parsonsschen Theorie des Strukturfunktionalismus abzugrenzen. Dabei sind wir auf eine zentrale Differenz zunächst nicht eingegangen: Während Parsons den Systembegriff allein *analytisch*, d.h. ausschließlich als Beobachtungsinstrument benutzt, spricht Luhmann explizit von *realen* Systemen. "Die folgenden Überlegungen gehen davon aus, daß es Systeme gibt. Sie beginnen also nicht mit einem erkenntnistheoretischen Zweifel. Sie beziehen auch nicht die Rückzugsposition einer 'lediglich analytischen Relevanz' der Systemtheorie." (SoSy: 30) Damit gerät Luhmann, wie im Anschluß an seine Beobachtungstheorie deutlich wird, aber keineswegs in die Fallstricke der Ontologie. Die Aussage, daß es Systeme gibt, ist also strenggenommen keine substanzmetaphysische Aussage über das Sein von Systemen, sondern die Aussage eines beobachtenden Systems und zwar eine solche Aussage, mit der sich die Theorie sozialer Systeme selbst "ins Laufen" bringt. Insofern besagt die Aussage allein, daß man, sobald die eigenen Beobachtungen sich an der Unterscheidung von System und Umwelt orientieren, Systeme beobachten kann. Für einen Beobachter, der die Unterscheidung von System und Umwelt verwendet, gibt es somit reale Systeme. Inwieweit analytische Systemtheorien über ein ähnlich reflektiertes Selbstverhältnis verfügen, lassen wir damit offen. Vgl. dazu Nassehi 1992.

lität oder (Vernunft-)Prinzipien wie etwa Subjekt, Geist, Gesetz, Fortschritt usw.[37]

Die Unterscheidung von System und Umwelt ist vor allem deshalb kein Prinzip, weil die Theorie, die diese Unterscheidung verwendet, ausdrücklich anerkennt, daß man auch mit anderen Unterscheidungen beobachten kann.[38] Insofern handelt es sich bei der Theorie um eine Beobachtung *zweiter Ordnung*. "Für meine Zwecke genügt es, von einer Unterscheidung auszugehen, nämlich von der Unterscheidung von System und Umwelt. Das ist eine sehr wichtige, stark einschränkende Ausgangsstellung. Danach befaßt sich die Systemtheorie nicht einfach mit besonderen Objekten, nämlich Systemen, im Unterschied zu irgendwelchen anderen Objekten. Sie befaßt sich mit der Welt, gesehen mit Hilfe einer spezifischen Differenz, nämlich der von System und Umwelt. Es wird also alles, was vorkommt, erfaßt; aber nur unter der Bedingung, daß man angibt, ob es jeweils System ist oder Umwelt. [...] Man kann natürlich von anderen Unterscheidungen ausgehen, etwa der von Gut und Böse oder neuerdings der von Mann und Frau. Aber wenn man von anderen Unterscheidungen ausgeht, konstruiert man andere Gegenstände, spricht man über andere Sachverhalte, beobachtet man andere Phä-

---

[37] Die Aussage, daß die Beobachtungstheorie von Luhmann autologische Implikationen besitzt, bezieht sich selbstverständlich auch auf die Begriffe blinder Fleck, Paradoxie, Entparadoxierung. Die Theorie sozialer Systeme, die mit der Unterscheidung System/Umwelt operiert, ist an einen bestimmten blinden Fleck gebunden; die Theorie gerät, anders gesagt, bei der Beobachtung dieser Unterscheidung in Paradoxien der Selbstanwendung. Insofern ist sie gezwungen, diese Paradoxie zu invisibilisieren und damit zu entparadoxieren. Dies geschieht u.E. mit Hilfe der Unterscheidung Paradoxie/Entparadoxierung! Die Theorie sozialer Systeme verwendet diese Unterscheidung, "um seine eigene Paradoxie aufzulösen, nämlich in diesem Falle: sie zu temporalisieren in ein Nacheinander von Problem (Paradoxie) und Problemlösung (Entparadoxierung)" (WissG: 98).

[38] Die Theorie sozialer Systeme erkennt zugleich damit explizit an, daß "man soziale Gegenstände auch anders beobachten und beschreiben kann; die gesamte Tradition hat dies getan" (SoSy: 593). Man denke etwa nur an die beobachtungsleitenden Unterscheidungen Arbeit/Kapital (Marx), Ideen/Interessen (Weber), mechanische/organische Solidarität (Durkheim), kommunikatives/strategisches Handeln (Habermas).

nomene. Eine unmittelbare Diskussion wird dann sinnlos, und die Frage kann dann nur sein, welche Konstruktion eine höhere Komplexität erreichbar macht." (Luhmann 1988: 292f.)

Zusammenfassung wichtiger Grundbegriffe:

* *Beobachtung* ist eine Operation, die aus den beiden Momenten der *Unterscheidung* und der *Bezeichnung* besteht. Etwas beobachten heißt somit, etwas im Rahmen einer Unterscheidung bezeichnen.
* Jede Beobachtung ist an einen *blinden Fleck* gebunden. Der Beobachter benutzt eine Unterscheidung, die er mit Hilfe dieser Unterscheidung aber nicht bezeichnen und somit nicht beobachten kann.
* Die Beobachtung des Beobachtens, d.h. die *Beobachtung zweiter Ordnung*, ist ebenfalls Beobachtung und ist darum ebenfalls an einen blinden Fleck gebunden. Aber anders als der Beobachter erster Ordnung kann der Beobachter zweiter Ordnung die Relativität seiner eigenen Beobachtungsoperationen beobachten. Er kann sehen, daß er nicht sehen kann, was er nicht sehen kann.

Literatur

Niklas Luhmann: Die Wissenschaft der Gesellschaft, Frankfurt/M. 1990, S. 68-121.

4 Theorie der Gesellschaft

Bis jetzt haben wir die begrifflicchen Grundlagen der Theorie autopoietischer Sozialsysteme Niklas Luhmanns vorgestellt. Im weiteren geht es also nun um die Anwendung der allgemeinen Theorie sozialer Systeme auf ihren Gegenstand, nämlich auf soziale Systeme. Wir haben bereits oben (vgl. 3.1) darauf hingewiesen, daß Luhmann drei Typen sozialer Systeme unterscheidet: *Interaktionen* als soziale Systeme, die auf die Kopräsenz von Personen angewiesen sind, *Organisationen* als Sozialsysteme, die sich über Mitgliedschaftsbedingungen und Entscheidungstechniken reproduzieren, und schließlich *Gesellschaft* als umfassendstes Sozialsystem. Sowohl Interaktionen als auch Organisationen sind Bestandteile von Gesellschaft, die Luhmann "als Gesamtheit aller erwartbaren Kommunikationen" (SoSy: 535) bezeichnet. Sowohl Interaktionen wie auch Organisationen können stets nur im Horizont von Gesellschaft, also in einer sozialen Umwelt geschehen. Wir werden deshalb im folgenden nicht Luhmanns Erträge für eine Theorie der Interaktion oder seine erheblichen Beiträge zur Organisationssoziologie behandeln, sondern die gesellschaftstheoretischen Implikationen der Theorie sozialer Systeme beleuchten.

4.1 Systemdifferenzierung und primäre gesellschaftliche Differenzierung

Die Theorie der Gesellschaft Niklas Luhmanns liegt noch nicht als zusammenhängende Schrift vor. Sie ist - selbst für einen Vielschreiber wie Luhmann - ein "langwieriges Unternehmen" (SozA 3: 7). Gleichwohl liegen Elemente einer solchen Theorie der Gesellschaft in mannigfaltigen Vorarbeiten vor, so daß nicht die Rede davon sein kann, die Luhmannsche Soziologie verfüge noch nicht über das Potential einer Gesellschaftstheorie. Im Gegenteil: Von kaum einem anderen Sozialtheoretiker finden sich derzeit mehr Anregungen für eine soziologische Theorie der Gesellschaft als von der Theorie autopoietischer Sozialsysteme.

Eine Gesellschaftstheorie, die mit dem theoretischen Rüstzeug der Luhmannschen Theorie arbeitet, geht von zwei Grundbegriffen aus: *Komplexität* und *Systemdifferenzierung*. Den ersten Begriff haben wir bereits eingeführt (vgl. 3.1), er bezeichnet den Umstand, daß ein System mehr als eine Möglichkeit des Anschlusses hat. Eine komplexe Situation in einem sozialen System besteht demnach darin, daß mehr als eine Anschlußmöglichkeit denkbar ist und daß das System selektiv eine solche Möglichkeit auswählen muß. Es sind kaum soziale Situationen denkbar, in denen *keine* Komplexität vorliegt. Es gibt immer die Möglichkeit, aus mehreren Handlungsmöglichkeiten eine zu wählen. Gleichwohl ist Komplexität ein einschränkbarer Sachverhalt, d.h. es sind durchaus Unterschiede im Grad der Komplexität einer sozialen Situation auszumachen. Der zweite Grundbegriff, Systemdifferenzierung, bezeichnet die Fähigkeit von sozialen Systemen, Subsysteme zu bilden. Sub- oder Teilsystembildung bezeichnet "nichts weiter als Wiederholung der Systembildung in Systemen" (SoSy: 37). Ein System teilt sich in Teilsysteme und bringt somit interne System/Umwelt-Differenzen hervor. Das bedeutet, daß innerhalb eines Systems andere Teilsysteme des Gesamtsystems in der Umwelt des jeweiligen Teilsystems vorkommen und daß das Gesamtsystem "damit die Funktion einer 'internen Umwelt' für die Teilsysteme, und zwar für jedes Teilsystem in je spezifischer Weise" (SoSy: 37) gewinnt.[39]

Die systemtheoretische Gesellschaftstheorie hat sich unter Anwendung dieser beiden Grundbegriffe mit der Frage zu befassen, wie eine Gesellschaft mit ihrer Komplexität umgeht und wie sie sich

[39] Das bedeutet übrigens nicht, daß sich mit der Systemdifferenzierung in autopoietischen Systemen gewissermaßen ein übergeordneter, vorliegender Plan entfaltet. "Wie jede Bildung sozialer Systeme erfolgt auch systeminterne Systembildung autokatalytisch, das heißt: selbstselektiv. Sie setzt keine 'Aktivität' des Gesamtsystems, auch keine Handlungsfähigkeit des Gesamtsystems voraus, geschweige denn einen Gesamtplan." (SoSy: 260)

intern in Sub- und Teilsysteme differenziert. Komplexität und Systemdifferenzierung sind nun keineswegs nur in quantitativer Hinsicht zu untersuchen. Ohne Zweifel läßt sich auch dies beobachten. Es ist evident, daß eine traditionale Gesellschaft eine erheblich geringere Komplexität aufweist als die moderne Weltgesellschaft unserer Tage. Aber ob sie tatsächlich weniger differenziert ist, vermögen wir auf den ersten Blick kaum zu entscheiden. Die entscheidende gesellschaftstheoretische Frage Luhmanns ist vielmehr die nach der *Form* der Differenzierung einer Gesellschaft und den daraus resultierenden Komplexitätslagen. "Der Zusammenhang von Komplexität und Systemdifferenzierung soll [...] nicht als ein kontinuierlicher unilinearer Steigerungszusammenhang aufgefaßt werden. Unsere inhaltliche Hypothese ist vielmehr, daß die Komplexität, die ein Gesellschaftssystem erreichen kann, abhängt von der *Form* seiner Differenzierung. Je nach dem, unter welchem Leitgesichtspunkt die primäre Differenzierung des Gesellschaftssystems, die Bildung einer ersten Schicht von Teilsystemen eingerichtet ist, gibt es innerhalb des Gesellschaftssystems mehr oder weniger Anlaß zu verschiedenartigem Handeln. Je nachdem erscheinen Handlungszusammenhänge für die Handelnden mehr oder weniger selektiv, mehr oder weniger kontingent." (GS 1: 22) Daß zwischen Komplexität und Systemdifferenzierung kein unilinearer Zusammenhang besteht, läßt sich an einem Beispiel deutlich machen: Eine Gruppe von Menschen hat ein vorgegebenes Problem zu lösen, was unterschiedliche Überlegungen und Aktivitäten erfordert, die gemeinsam zur Lösung des Problems beitragen. Eine solche Gruppe hat mit einem hohen Grad an Komplexität umzugehen und muß diese in einem erträglichen Rahmen halten. Sie könnte sich z.B. entschließen, die Komplexität in der Zeit zu verarbeiten, also die unterschiedlichen Anforderungen nacheinander zu bewältigen. Das ist allerdings nur dann ein praktikables Verfahren, wenn genug Zeit zur Verfügung steht. Da Zeit aber ein knappes Gut ist, ist dies zumeist nicht der Fall. Man kann nun versuchen, mit der hohen Komplexität zurechtzukommen und wird feststellen, daß für jedes einzelne Teilproblem nur eine geringe Kapazität zur Erörterung möglicher Lösungen bleibt. Wählt die Gruppe aber den Weg, sich entlang der verschiedenen Problemlagen intern zu differenzieren, so daß jeweils eine Sub-Gruppe ihren Teil zur Lösung des Gesamtproblems beiträgt, ändert sich der Komplexitätshaushalt entscheidend. Jede einzelne Sub-Gruppe, also jedes einzelne Teilsystem, hätte dann ein geringeres Maß an Komplexität zu verarbeiten. Doch die Regel *"geteilte Komplexität, halbe Komplexität"* gilt nur auf den ersten Blick. Denn nun werden sofort Kapazitäten zum Aufbau einer spezifischen Komplexität für jedes Teilproblem frei. So kann und wird die problemgebundene Komplexität wachsen. Man wird für jedes der Teilprobleme aus einem jeweils breiten Fundus von Möglichkeiten seine Wahl treffen.

Dieses Beispiel soll dazu dienen, den Mechanismus des Zusammenhangs von Komplexität und Systemdifferenzierung deutlich zu machen. Es soll zugleich demonstrieren, daß gesellschaftliche Komplexität keine konstante Größe ist, die es durch geeignete Mittel zu bewältigen gilt. Vielmehr sind der jeweilige Grad und die jeweilige Form der Komplexität unmittelbares Resultat der Operationsweise sozialer Systeme. Das gilt auch für Gesellschaftssysteme. Keineswegs ist damit gesagt, daß Systemdifferenzierung stets in dieser Weise erfolgt und daß sie stets auf die Lösung *gemeinsamer* Probleme reagiert. Es ist ja gerade die entscheidende Frage, *wie* sich Gesellschaftssysteme differenzieren, also *welche Form* der inneren Differenzierung sie zur Verarbeitung ihrer Eigenkomplexität nutzen.

In dem obigen Zitat war von *primärer* Differenzierung des Gesellschaftssystems die Rede. Dieser Begriff impliziert, daß es neben der für den jeweiligen Gesellschaftstyp charakteristischen Form der primären Differenzierung noch sekundäre Differenzierungsformen geben muß. Das ist in der Tat der Fall, doch lassen sich zumindest im Falle der im folgenden zu besprechenden Differenzierungstypen sehr wohl dominante Differenzierungsformen ausmachen, was - wie Luhmann betont - jedoch nicht zu dem Schluß führen kann, "daß jede Gesellschaft einen und nur einen dominanten Differenzierungstyp wählt" (WissG: 608). Ein dominanter oder primärer Differenzierungstyp steht für eine Differenzierungsform, die für das Gesamtsystem der Gesellschaft charakteristisch ist, die - wenn wir dies so heuristisch ausdrücken dürfen - ins Auge sticht, wenn man eher die Gesamtgestalt einer Gesellschaft beobachtet als darunter liegende

Details. Andere Differenzierungen, Subsystembildungen etc. sind dann entweder nicht als solche des Gesellschaftssystems als ganzem anzusehen oder aber richten sich sozusagen im Horizont der primären Differenzierungsform ein.

Sobald ein Gesellschaftssystem differenziert ist, wird die Repräsentation des Ganzen in der Gesellschaft, die *repraesentatio identitatis* kontingent. *Kontingenz* ist dann gegeben, wenn etwas auch anders sein kann, als es ist. "Kontingent ist etwas, was weder notwendig ist noch unmöglich ist; was also so, wie es ist (war, sein wird), sein kann, aber auch anders möglich ist." (SoSy: 152) Hat ein Gesellschaftssystem unterschiedliche Beobachterpositionen ausdifferenziert, kann sie als ganze gleichzeitig unterschiedlich repräsentiert werden. Keine Repräsentation erscheint damit als zwingend notwendig, keine aber auch als prinzipiell unmöglich. Repräsentationen und damit Beobachtungsverhältnisse schlechthin werden somit kontingent.

Die bloße Tatsache der Differenzierung des Systems erfordert bestimmte Mittel, um zu qualifizieren, von welcher Position des Gesamtsystems aus diese Repräsentation des Ganzen erfolgen kann, wenn sie überhaupt erfolgen kann (vgl. ÖKom: 48). Indem eine Gesellschaft Teilsysteme ausbildet, richtet sie zumindest potentiell eine Differenz von Beobachtungsverhältnissen ein, da Beobachtungen immer Beobachtungen von Systemen sind. Der Gegenstand der Gesellschaftstheorie besteht darin, die wechselseitigen Beobachtungsverhältnisse der gesellschaftlichen Teilsysteme und die Beziehungen und Beziehungsmöglichkeiten der Teilsysteme untereinander zu untersuchen. "Die Differenzierung des Gesellschaftssystems schafft für jedes Teilsystem eine Dreifalt von Beziehungsmöglichkeiten: (1) die Beziehung zum Gesamtsystem Gesellschaft, dem es angehört und das es mitvollzieht, (2) die Beziehung zu den anderen Teilsystemen und (3) die Beziehung zu sich selbst." (WissG: 635) An der Differenzierungsform und an den Beziehungsmöglichkeiten der gesellschaftlichen Teilsysteme läßt sich die Struktur eines Gesellschaftssystems ablesen.

Zusammenfassung wichtiger Grundbegriffe:
* *Systemdifferenzierung* bezeichnet die Wiederholung der Systembildung im System. Die so entstehenden *Teilsysteme* sind sich dann in einem wechselseitigen System/Umwelt-Verhältnis, hier: System/gesamtsysteminterne Umwelt, gegeben.
* *Systemdifferenzierung und Komplexität* stehen nicht in einem unilinearen Steigerungsverhältnis zueinander. Differenzierung und Komplexität resultieren vielmehr je aus den Operationen des Gesamtsystems und seiner Teile. Ihr Verhältnis zueinander ist kontingent und damit jeweils erklärungsbedürftig.
* Die *primäre Differenzierungsform* eines Gesellschaftssystems bezeichnet die Bildung einer ersten Schicht von Teilsystemen des Gesamtsystems, neben der sich weitere Differenzierungsformen einrichten können.

Literatur:
Niklas Luhmann: Gesellschaftsstruktur und Semantik. Studien zur Wissenssoziologie der modernen Gesellschaft, Bd. 1, Frankfurt/M. 1980, S. 9-71

4.2 Gesellschaftsstruktur und Semantik

Die Struktur einer Gesellschaft ist kein vorgegebenes Gerüst, das dem gesellschaftlichen Prozessieren vorgeordnet ist. Die Theorie autopoietischer Systeme schließt, wie wir bereits angedeutet haben, nicht an den traditionellen soziologischen Sprachgebrauch an, der Struktur für die invariable Seite und Prozeß für die variable Seite eines sozialen Geschehens hält. Luhmann konzediert, daß kein Systemtheoretiker leugnen kann, "daß komplexe Systeme Strukturen ausbilden und ohne Struktur nicht existieren könnten" (SoSy: 382). Strukturen schränken die prinzipiell unendliche Anzahl von Möglichkeiten für Anschlußhandlungen auf ein bestimmtes *erwartbares* Maß ein: In einem strukturierten System ist nicht alles beliebig, da der Horizont der eigenen Möglichkeiten auf Erwartetes eingeschränkt wird. Allerdings koppelt Luhmann die Struktur von Systemen von der Diskussion um invariante Systemeigenschaften, die Möglichkeitseinschränkungen sozusagen *apriori* enthalten, ab. Er ersetzt also den starren Strukturbegriff durch den Aspekt der Dynamik und spricht deshalb bei autopoietischen Systemen von einer "dynamischen Stabilität" (AdB: 403), was sowohl der im Dauerzerfall der Ereignisse eingebauten *Kontingenz* als auch der durch Selektion bewirkten *Kontingenzeinschränkung* entgegenkommt.

Wird der Strukturbegriff in dieser Weise dynamisiert, kann eine Theorie der Gesellschaft Gesellschaftsstruktur nicht invariant setzen, sondern muß die Ausbildung von Strukturen als Aspekt des gesellschaftlichen Prozesses begreifen. Deshalb muß die auf der Theorie autopoietischer Systeme aufbauende Gesellschaftstheorie eine evolutionstheoretische Perspektive einnehmen, d.h. im Kontext einer Theorie soziokultureller *Evolution* argumentieren. "Man hat den Prozeß soziokultureller Evolution zu begreifen als Umformung und Erweiterung der Chancen für aussichtsreiche Kommunikation, als Konsolidierung von Erwartungen, um die herum die Gesellschaft dann ihre sozialen Systeme bildet; und es liegt auf der Hand, daß dies nicht einfach ein Wachstumsprozeß ist, sondern ein selektiver Prozeß, der bestimmt, welche Arten sozialer Systeme möglich werden, wie Gesellschaft sich gegen bloße Interaktion absetzt und was als zu unwahrscheinlich ausgeschlossen wird." (SoSy: 219) Die Ausschließung des Unwahrscheinlichen verweist auf den strukturbildenden Aspekt der soziokulturellen Evolution. Die Selektivität des Prozesses dagegen verweist auf die eigentümliche Dynamik und Variationsvielfalt von Gesellschaften, in Interaktionen, also relativ flüchtigen und deshalb ungefährlichen Kommunikationen, auszuprobieren, was letztlich von gesellschaftlicher Kommunikation an Formen weitergeführt und ausgebaut wird und was die Gesellschaft schlicht vergißt. "Innerhalb dieses Überschusses an Möglichkeiten bestehen unterschiedliche Wahrscheinlichkeiten, die im Sinnhorizont des Augenblicks fixiert sind und als Wahrscheinlichkeiten beobachtet werden können. Dieser Spielraum kann, wenn er durch unterschiedliche Wahrscheinlichkeiten strukturiert ist, zugleich als Evolutionspotential begriffen werden. In ihm ist wahrscheinlich, daß hin und wieder auch das Unwahrscheinliche gewählt wird, wenn nur die Menge der

Möglichkeiten und die Zeitspanne, die der Beobachtung zu Grunde liegt, groß genug ist." (SoSy: 590) Ein System kann bisweilen auch das extrem Unerwartete realisieren und sieht sich dann womöglich der Situation ausgesetzt, daß sich die Welt des Möglichen und damit des Erwartbaren erweitert hat. Ein Prozeß kann womöglich anders laufen, als die Struktur dies hat erwarten lassen.

Soziokulturelle Evolution ist sowohl Motor als auch Resultat jener potentiellen Offenheit von Anschlußmöglichkeiten, und es liegt auf der Hand, daß evolutionäre Schübe etwa durch die Wiederholung von Themen der Kommunikation, von neuen Formen oder immer wieder geäußerten Erwartungen oder Enttäuschungen angeregt werden. Es ist dabei zu bedenken, daß soziokulturelle Evolution lediglich das Resultat einer, wie Luhmann sagt, *"sich selbst konditionierende(n) Selektion"* ist, die "ohne Autor" (SoSy: 589) vonstatten geht. Sie ist nicht geplant, gewollt oder intentional gesteuert, sondern ein kontingenter Prozeß, der auch anders hätte ablaufen können und im Horizont dieser anderen Möglichkeiten so abgelaufen ist, wie er abgelaufen ist und wie eine evolutionstheoretische Perspektive es beobachtet.[40] "In Anlehnung an die erfolgreich arbeitende Theorie präorganischer und organischer Evolution kann auch soziokulturelle Evolution begriffen werden als ein *spezifischer Mechanismus für Strukturänderungen*, und zwar als ein Mechanismus, der 'Zufall' zur Induktion von Strukturen benutzt." (Luhmann 1978: 422) Selbst die Behauptung einer nicht zufälligen, sondern geplanten Evolution würde durch sich selbst wieder eingeholt, denn diese Planung könnte selbst nur kommunikativ erfolgen und setzt ihre Evolution voraus. Es liegt dann nicht in der Reichweite jener Kommunikation, ob der evolutionäre Vorschlag verwirklicht wird, sondern an der Evolution selbst. Deutlich läßt sich an einer solchen Position

---

[40] Wir stellen hier auf den Beobachtungsbegriff ab, um noch einmal in Erinnerung zu rufen, daß auch dieser Text bzw. die Theorie sozialer Systeme ihren Gegenstand durch ihre Beobachtung erzeugt. Daß man die soziokulturelle Evolution auch anders beobachten kann, ist hinlänglich bekannt: Als Entfaltung einer oder Entfremdung von einer Heilsidee, als gestiftete Geschichte eines Gottes, als Fortschritt oder Rückschritt etc.

ablesen, daß der Evolutionsgedanke einen zielgerichteten Prozeß ausdrücklich ausschließt, also das, was man ein *Keimmodell* nennen könnte, in dem bereits der Keim alle wesentlichen Bausteine für die zukünftige Entfaltung der Welt enthält.[41] Auch evoluierende Ereignisse sind nur Ereignisse, die in einer Gegenwart auftreten und bestenfalls Strukturvorschläge für die Zukunft machen können, keineswegs aber einen linearen Einfluß auf jene zukünftigen Ereignisse ausüben können. Diese dem geschichtsphilosophischen und heilsgeschichtlichen Denken völlig konträre Auffassung war es ja gerade, die dem Ahnherrn der Evolutionstheorie, Charles Darwin, vorgeworfen wurde. Nicht genug, daß wir vom Affen abstammen, nicht einmal die Linie vom Affen zum Menschen ist eine vorgeplante Linie, die im Keim der Schöpfung angelegt war.[42]

Bevor wir mit der Darstellung der drei wichtigsten evolutionären Stufen der soziokulturellen Evolution beginnen können, ist kurz ein weiterer Grundbegriff einzuführen, nämlich der Begriff *Semantik*. Wenn von Gesellschaftsstrukturen und von sozialen Differenzierungen die Rede ist, geht es, systemtheoretisch gesprochen, stets um das Wechselverhältnis operativ geschlossener Systeme, die füreinander Umwelt sind und somit in einem wechselseitigen Beobachtungsverhältnis zueinander stehen. Nun reichen diese strukturellen Merkmale noch nicht aus, um das soziale Geschehen beschreiben zu können. Entscheidend ist vielmehr, daß die Gesellschaft Formen ausbildet und stets neue ausbilden muß, um Beliebigkeit einzuschränken, um qualifizieren zu können, was ausgeschlossen bleibt, was weiterverfolgt wird und was neu erfunden werden muß. In

---

41 Freilich ist der Evolutionsgedanke häufig exakt in dieser Weise verstanden worden. Eine Theorie autopoietischer Systeme, die vom Dauerzerfall je gegenwärtiger Ereignisse ausgeht, schließt das Konzept einer geplanten Evolution aber schon deshalb aus, weil die Selektion von Anschlüssen stets in einer Gegenwart erfolgt, die den Gang des weiteren Geschehens kontingent hält.

42 Abgesehen davon, daß wir, wie wir inzwischen wissen, nicht vom Affen abstammen, sondern daß Mensch und Affe unterschiedliche evolutionäre Selektionswege weg von einem gemeinsamen biologischen Vorfahren sind.

sinnhaft operierenden Systemen - also psychischen und sozialen Systemen - kann dies selbstverständlich nur in der Form von Sinn, also in der Form von "Verweisungen auf weitere Möglichkeiten des Erlebens und Handelns" (SoSy: 93) geschehen. Sinnhaft operierende Systeme müssen sinnhaft, also sachlich, zeitlich und sozial ausweisen, *was* in einem System *wann* von *wem* erwartet bzw. nicht erwartet werden kann. Systembildung geschieht dann sozusagen um bestimmte Sinnhorizonte herum. Spezialisiert ein System sich etwa auf eine bestimmte Aufgabe, so läßt sich an der jeweiligen selektiven Handhabung von Sinnselektionen erkennen, welche Operation zum System gehört und welche nicht.

Zur Beschreibung solcher sinnhafter Formen, die die Gesellschaft selektiv aus einem Horizont von Möglichem auswählt, führt Luhmann den Begriff *Semantik* ein. "Die Gesamtheit der [...] benutzbaren *Formen* einer Gesellschaft (im Unterschied zur Gesamtheit der Sinn aktualisierenden *Ereignisse* des Erlebens und Handelns) wollen wir die Semantik einer Gesellschaft nennen, ihren semantischen Apparat, ihren Vorrat an bereitgehaltenen Sinnverarbeitungsregeln. Unter Semantik verstehen wir demnach einen höherstufig generalisierten, relativ situationsunabhängig verfügbaren Sinn." (GS 1: 19) Dem Medium *Sprache* kommt hier eine besondere Bedeutung als relativ zeitfestem Sinnspeicher zu (vgl. SoSy: 220f.). Es sind vor allem sprachliche Formen, an denen sich dominante Semantiken einer Gesellschaft erhalten, und am Sprachwandel läßt sich vieles über den Sinnhaushalt einer Gesellschaft ablesen.[43] Gesellschaftliche Semantiken werden in Begriffen, kulturellen Bedeutungen und Symbolen, in Allgemein-, Fach- und Szenesprachen, im gesamten Fundus kultureller Deutungmöglichkeiten usw. aufbewahrt. Allerdings ist

---

[43] Nur ein Beispiel: Die sprachliche Form, daß Leser dieses Buches nicht nur als Leser, sondern auch als Leserinnen und Leser oder gar - dies verweist auf die besondere Bedeutung der verschriftlichten Sprache - als LeserInnen angesprochen werden könnten, verweist nicht nur auf die geschlechtliche Beschaffenheit der Beobachter(Innen) dieser Kommunikation. Es verweist als semantische Form auch auf die Anschlußfähigkeit der sinnhaft-sozialen Unterscheidung von Männern und Frauen in Kontexten, in denen es nicht um Männer oder Frauen geht.

nicht jede Ausformung einer möglichen Semantik gesellschaftstheoretisch bedeutsam. Während die Gesamtheit des aktualisierbaren Wissensvorrates allein wegen seiner ungeheuren Möglichkeitsfülle relativ *unspezifisch* bleibt, entwickelt sich im Unterschied dazu eine Art "'gepflegter' Semantik" (GS 1: 19), also sinnhafte Formen, die besonders typisch und strukturbildend werden.

Die Unterscheidung von *Gesellschaftsstruktur* und *Semantik* soll dazu beitragen, zum einen die Beschreibung der soziokulturellen Evolution von der Fixierung auf bloße Ideenevolution zu befreien und zum anderen die gesellschaftsstrukturell eingeschränkten Formen auch sinnhaft unterscheiden zu können. Bevor wir uns nun endgültig der gesellschaftsstrukturellen Evolution zuwenden, sei noch am Rande betont, daß die Unterscheidung von Gesellschaftsstruktur und Semantik selbst eine semantische Unterscheidung ist, also innerhalb einer modernen wissenschaftlichen Semantik vorkommt. Und wir wollen schon jetzt verraten, daß diese semantische Konstellation etwas mit der gesellschaftsstrukturellen Verfaßtheit der Moderne zu tun hat. Auch hier sehen wir, daß die Theorie in sich selbst wieder vorkommt: "Die Analyse reklamiert damit für sich selbst die Merkmale ihres Gegenstandes: Modernität." (BdM: 12) Wir kommen darauf zurück.

Zusammenfassung wichtiger Grundbegriffe:

* *Struktur* und *Prozeß* sind keine sich ausschließenden Größen, vielmehr reproduzieren sich Strukturen nur in autopoietischen Prozessen, während Prozesse stets innerhalb der Limitationen der jeweiligen Systemstruktur verlaufen.
* *Gesellschaftsstruktur* bezeichnet die Form der Differenzierung einer Gesellschaft in Teilsysteme sowie die Form der Wechselseitigkeit der Verhältnisse der Teilsysteme untereinander, der Teilsysteme zum Gesamtsystem und des Teilsystems zu sich selbst.
* *Evolution* bezeichnet die Strukturänderung eines Systems durch selbstreferentielle Handhabung von Selektion und Variation.
* *Semantiken* bewahren die sinnhaften, also sachlichen, sozialen und zeitlichen Formen einer Gesellschaft.

Literatur:

Niklas Luhmann: Geschichte als Prozeß und die Theorie sozio-kultureller Evolution, in: Karl Georg Faber und Christian Meier (Hg.): Historische Prozesse, München 1978, S. 413-440.

Niklas Luhmann: Gesellschaftliche Struktur und semantische Tradition, in: ders.: Gesellschaftsstruktur und Semantik. Studien zur Wissenssoziologie der modernen Gesellschaft, Bd. 1, Frankfurt/M. 1980, S. 9-71.

Niklas Luhmann: Soziale Systeme. Grundriß einer allgemeinen Theorie, Frankfurt/M. 1984, S. 377-487.

4.3 Gesellschaftliche Evolution als Umstellung der Differenzierungsform

Luhmann unterscheidet drei evolutionäre Stufen der primären gesellschaftlichen Differenzierungsform. Als einfachstes Differenzierungsprinzip ist die *segmentäre Differenzierung* anzusehen. Sie ist einfachen Gesellschaftssystemen, wie etwa archaischen Gesellschaften, zuzuordnen. Das segmentäre Differenzierungsprinzip teilt ein Gesellschaftssystem in *gleiche* Teile, etwa *Familien*, *Stämme*, *Dörfer* etc. "Jedes Teilsystem sieht die innergesellschaftliche Umwelt nur als Ansammlung von gleichen oder ähnlichen Systemen. Das Gesamtsystem kann dadurch eine geringe Komplexität von Handlungsmöglichkeiten nicht überschreiten." (GS 1: 25) Diese Limitation resultiert daher, daß segmentär differenzierte Gesellschaften sich in Teilsysteme ausdifferenzieren, die ihre Grenzen in Lokalitäten und konkreten Handlungssituationen finden; es sind also Gesellschaften, in denen die Differenz von Interaktion und Gesellschaft noch nicht erlebbar ist, da als wesentliches Kriterium für die Zugehörigkeit zum (Teil-)System die Anwesenheit von Personen fungiert (vgl. SozA 2: 22).

Wenn Handlungen und Handlungsmöglichkeiten innerhalb eines Teilsystems auf Anwesenheit, also auf Kopräsenz und gemeinsamer Lokalität aufbauen, folgt daraus, daß sich zum einen nur ein sehr geringer Grad an Arbeitsteilung herausbilden kann und daß zum anderen gerade deshalb nur ein geringer Bedarf für eine komplexe interne Organisation von Anschlußkommunikationen entsteht. Was erwartbar ist, ist weitgehend festgelegt, und die Variationsbreite des Bereichs des Möglichen ist schon dadurch eingeschränkt, daß es durch Kopräsenz und Kolokalität die kreative Kraft der Interaktion nicht geben kann: Es gibt keine experimentellen Interaktionen, in denen Neues ausprobiert und wieder verworfen werden könnte, da jede kreative Interaktion sofort Gefahr läuft, den Strukturrahmen der gesamten Gesellschaft zu bedrohen.

Die geringe Komplexität, d.h. die geringen Variations- und Selektionsmöglichkeiten und -erfordernisse machen die Evolution von Unwahrscheinlichem extrem unwahrscheinlich. Das führt dazu, daß die gesellschaftliche Wirklichkeit sich von jeder Position innerhalb des Gesellschaftssystems als gleich und symmetrisch darstellt und daß Handlungsanschlüsse kaum auf besondere Selektionsspielräume angewiesen sind. "Die Sinndimensionen (zeitlich, sachlich und sozial) sind noch kaum differenziert und deshalb nicht weiträumig auslegbar. Personen haben dann ein nur minimales, auf das Verhältnis zum eigenen Organismus beschränktes autopoietisches Eigenbewußtsein. (...) Alle sozialen Formen werden okkasionell gefunden, bleiben an konkrete Lokalisierungen gebunden und müssen präsent sein, um wirken zu können." (SoSy: 567) Die Beschränkung auf Aktualität und Lokalität führt dazu, daß alles, was geschieht, innerhalb eines überschaubaren, transparenten Raumes geschieht, der innerhalb seiner selbst keine Systemgrenzen kennt.

Dieser Differenzierungstyp läßt sehr deutlich hervortreten, daß eine funktionalistische Theorieanlage, die das Soziale nicht als Summe kommunizierender Menschen beobachtet, sondern als operativ geschlossenes System von Anschlußkommunikationen, durch ihre Vermeidung der Engführung am *Menschen* auch nicht auf jene anthropologischen Präjudize zurückgreifen muß, die gerade die Theorie einfacher Gesellschaften oft mitliefert. Nicht eine *primitive, prälogische Mentalität der Naturvölker* (vgl. Levy-Bruhl 1959) macht jene Beschränkung einfacher Gesellschaften aus, sondern vielmehr das funktionale Erfordernis einer einfachen gesellschaftlichen Organisation der Einschränkung von Möglichkeiten. Sie ist quasi ein *Nebenprodukt von Kommunikation*, das aus dem geringen funktionalen Erfordernis hoher Sinnkomplexität resultiert.[44]

Einfache Gesellschaften organisieren die anfallende Komplexität ihrer Operationen nicht durch interne Differenzierung, sondern durch Zeitausgleich. "Eine Mehrzahl von Personen erlebt eine Vielzahl von Bedürfnissen, die für den einzelnen zu wechselnden Zeitpunkten akut werden. Das Problem liegt im Zeitausgleich, durch den die internen Beziehungsmöglichkeiten gesteigert werden und das System gegenüber seiner Umwelt erhaltungsfähiger konstituiert werden kann." (SozA 2: 137) Dieses Nacheinander der Handlungen braucht viel Zeit und erlaubt deshalb nur eine sehr geringe Form der gleichzeitigen Bewältigung von Problemlagen. Es liegt auf der Hand, daß die Limitation des Möglichen durch eine solche Form der autopoietischen Reproduktion der Gesellschaft so lange unüberwindbar bleiben muß, bis neue Formen der Reduktion und des Aufbaus von Komplexität gefunden werden. Das Gesellschaftssystem reagiert darauf zunächst mit einer generellen Umstellung des Differenzierungsprinzips. Differenziert die segmentäre Form Gleiches von Glei-

---

[44] Nicht zufällig sind denn auch funktionalistische Denkweisen, die es erlauben, Verschiedenes in seinen strukturellen Auswirkungen zu vergleichen, im Kontext ethnologischer Forschungen entstanden, etwa bei Radcliff-Brown und Malinowski (vgl. Steinbacher 1990: 205-211).

chem, z.B. die eine Familie von der anderen, kann weitere Differenzierung vielleicht die Zahl der Gesellschaftsmitglieder erhöhen, nicht aber die strukturellen Limitationen des Systems überwinden. Es stellt sich damit das funktionale Erfordernis, Systemdifferenzierung in *unterschiedliche* Teilsysteme vorzunehmen.

Zwar läßt sich der Vorgang des evolutionären Übergangs zu einer neuen Differenzierungsform kaum empirisch nachverfolgen. Theoretisch läßt sich allerdings vermuten, daß segmentär differenzierte Gesellschaften durch das Erlebnis der starken Limitationen ihrer eigenen Möglichkeiten gehäuft mit Erwartungsenttäuschungen umgehen müssen, bis sich neue Formen quasi aufdrängen. Schon innerhalb archaischer Gesellschaften setzen Differenzierungsformen in der Sozialdimension ein, etwa die Ausbildung von Rollendifferenzen oder ein gewisser Grad von Arbeitsteilung. Eine der frühesten ausdifferenzierten Rollenmuster ist ohne Zweifel die Herausbildung von Sakralrollen (vgl. GS 3: 270), andere frühe Formen sind etwa Geschlechtsdifferenzen oder Altersgruppen. Solche Rollendifferenzierungen erhöhen ohne Zweifel die gesellschaftliche Komplexität, jedoch sind sie noch innerhalb des Modells von Kopräsenz und Kolokalität denkbar. Erst wenn es nicht mehr gelingt, eine gewisse Ungleichheit von Sachverhalten (Rollen, Tätigkeiten, Funktionen etc.) in der gleichen Zeit zu bewältigen, muß die Gesellschaft neue Formen *erfinden*, um dem Komplexitätsdruck gewachsen zu sein. Eine Rücknahme gesellschaftlicher Komplexität scheint wenig praktikabel zu sein, da man schwer *vergessen* kann, was einmal als neue Form aufgetreten ist, und weil die Steigerung von Komplexität schon dadurch einen weiteren Schub erfahren würde, wenn man sie als Komplexität problematisieren würde, um sie wieder loszuwerden. Ein funktionales Äquivalent der Rücknahme von Komplexität ist es jedoch, sie auf mehrere, nun notwendig *ungleiche* Schultern zu verteilen, die in ihrer Ungleichheit allerdings aufeinander bezogen sein müssen.[45] Als eine solche Reaktion auf nicht mehr handhabbare

---

[45] Wir erinnern an unser hypothetisches Beispiel bei der Einführung des Begriffes Systemdifferenzierung in 4.1.

Steigerung von Komplexität kann die Umstellung der Gesellschaftsstruktur auf *stratifikatorische Differenzierung* gewertet werden.

Die zweite Stufe der primären gesellschaftlichen Differenzierungsform, nämlich die stratifikatorische Differenzierung, ist ohne Zweifel die historisch erfolgreichste. Sie nahm ihren Ausgang bereits im Übergang von archaischen Stammesgesellschaften in komplexere soziale Verbände und war von den klassischen europäischen, asiatischen und amerikanischen Hochkulturen an bis in die europäische Vormoderne des 15. und 16. Jahrhunderts das bestimmende gesellschaftsinterne Differenzierungsprinzip. Das entscheidende Einteilungsprinzip stratifizierter Gesellschaften ist die Differenzierung in *ungleiche Schichten*. Die Gesellschaft besteht nun nicht mehr aus ähnlichen oder gleichen Systemen, sondern aus verschiedenartigen Teilsystemen, die sich allerdings nicht in beliebiger Ungleichheit zueinander verhalten, sondern in einer *hierarchischen* Beziehung zueinander stehen. Stratifizierte Gesellschaften beobachten sich und das, was in ihnen geschieht, mit einer Leitdifferenz, nämlich mit der Unterscheidung *oben/unten*. Das bedeutet, daß alles, was in einer solchen stratifizierten Gesellschaft geschieht, und damit alle sozialen Kommunikationen, jeder Anschluß von Sinn und Entscheidungslagen in Interaktionen danach geregelt werden, wie sich die Folgen und Nebenfolgen dieser Ereignisse in der hierarchischen Ordnung der Gesellschaft auswirken. Indem sich diese Gesellschaftsform in der Sozialdimension differenziert, also Personen zu unterschiedlichen Ständen zuordnet, steht weniger die Sach- als die Sozialdimension im Vordergrund gesellschaftlicher Autopoiesis. Im Klartext: Nicht *was* gesagt wird, sondern *wer* es sagt, ob *oben* oder *unten*, ist entscheidend. Für die höfische Gesellschaft etwa gilt, daß sich Achtung und Mißachtung einer Person gegenüber weniger auf Argumente oder Sympathie stützte, sondern letztlich auf die soziale Position der Person. Oder man denke an die Entwicklung der Kommunikation von Liebe. Nicht romantische, an unverwechselbaren Individuen orientierte Liebe führte Mann und Frau zusammen, sondern der Stand. Eine *standesgemäße* eheliche Verbindung war weniger eine Sache von individualisierten Personen als vielmehr ein gesellschaftlicher Akt zur Reproduktion von Schichten und zur Exklusion von

Personen, die wegen ihres niederen Standes *aus der Ordnung herausfielen.*

Zusammengehalten wurden die ungleichen Teilsysteme der Gesellschaft, also die Schichten, "durch eine gesamtgesellschaftliche Grundsymbolik der Hierarchie und der direkten Reziprozität" (GS 1: 29), d.h. durch eine primär religiös fundierte Seinsauslegung der Welt in Hierarchien, die jeden dank göttlichen Ratschlusses an seinen Platz gesetzt hat. Diese eindeutige *vertikale Differenzierung der Gesellschaft* zeichnete sich zwar im Vergleich zur segmentär differenzierten Sozialform durch einen ungeheuren Komplexitätszuwachs aus, doch waren die Positionsbestimmungen innerhalb des Systems noch vergleichsweise transparent. Dies hat mehrere Gründe. Zum einen erlaubt schon die eindeutige Leitdifferenz *oben/unten* eine eindeutige Zuordnung von Phänomenen. Denn diese Schematik der Hierarchie bleibt notwendigerweise die gleiche, gleichviel, aus welcher Perspektive sie beobachtet wird: Oben bleibt im Hinblick auf ein Unten stets oben, ob man dies nun von oben oder von unten aus beobachtet.

Die Selektivität des Gesamtsystems, also gleichsam *das, was die Welt im Innersten zusammenhält,* stellte sich dann auch unabhängig vom Blickwinkel des Betrachters als relativ homogen dar. Konkret: Die Sinnhaftigkeit der Welt als Gottes Schöpfung und die Notwendigkeit, ein gottesfürchtiges Leben zu führen, galt für jeden, unabhängig von seiner sozialen Position. Unterschieden haben sich Personen allerdings sehr wohl danach, an welcher Stelle der Gesellschaft - ob als Kleriker, als Adliger oder als Bauer - sie sich wiederfanden und wie sie sich in ihrem Leben zwischen den Polen *Heil* und *Verdammnis* - der primäre Code von Erlösungsreligionen - bewegten. Zum anderen erforderte diese Transparenz der innergesellschaftlichen Positionierung zentrale semantische Codes, die es vermochten, über die innergesellschaftlichen Systemgrenzen hinweg dem System im ganzen einen "Sinn" zu geben und in alltägliche gesellschaftliche Kommunikation einzuwirken.[46] Dies wurde funktional

[46] Auf Luhmanns Moralbegriff gehen wir weiter unten unter 5.2 ein.

durch eine *Generalisierung von Moral und vor allem von Religion* erreicht. Damit findet die Komplexität des Systems ihre Schranken in der gleichzeitigen innergesellschaftlichen Unüberwindlichkeit der Hierarchie *und* deren Transzendierung durch eine universale Sinngebung. "Die Komplexitätsschranken dieses Differenzierungstyps liegen in der Notwendigkeit der Hierarchisierung der Ungleichheit. Jedes Teilsystem kann sich zwar dadurch, daß es sich selbst einer Hierarchie zuordnet, auf das Gesamtsystem beziehen; es kennt seinen Platz im Ganzen. Zugleich muß es dabei jedoch seine innergesellschaftliche Umwelt im Verhältnis zu sich selbst als ungleich definieren, und zwar an Hand von übergreifenden Rangkriterien." (GS 1: 26)

Die Semantik der gesamtgesellschaftlichen Grundsymbolik der Hierarchie und der direkten Reziprozität verlangte nach einer gesellschaftlichen Zentralinstanz. Sie hatte die Gesellschaft und die Individuen mit selektivem Sinn zu versorgen, der es ihnen ermöglichte, ihren Platz in der vorgegebenen Ordnung zu finden. Wir haben oben die Generalisierung von Moral und Religion in diesem Zusammenhang genannt. Moral in der vormodernen, geschichteten Gesellschaft hatte die Funktion, die Zugehörigkeit zur jeweiligen Schicht, die durch die Gesellschaftsstruktur ohnehin gegeben war, zu stabilisieren. Die Ordnung selbst und die Zuweisung von Positionen innerhalb des Gesellschaftssystems bzw. innerhalb der Schicht war quasi *immer schon* geregelt. "Dann kann die Restregulierung der Inklusion der Moral überlassen bleiben, die dann nur noch zu bestimmen hat, wem nach Maßgabe seiner Herkunft und seines Verhaltens Achtung geschuldet ist und welches Verhalten Mißachtung auf sich zieht." (GS 3: 378) Doch in die Moral selbst war der Schichtindex vergleichsweise schwer einzubauen, denn sie kann nur funktional auf die Ordnung selbst reagieren, die aber ihrerseits einer Legitimation bedarf. Diese Legitimation fand sich in religiöser Codierung, deren Funktion darin besteht, die "Bestimmbarkeit der Welt" (FdR: 79) zu sichern. Zum Verhältnis von Religion und Moral, bezogen auf die semantischen "Angebote" für eine schichtindizierte Ausbildung stabiler Identitäten schreibt Luhmann: "Die Religion leistet mehr, als nur Moral aus sich heraus zu entlassen; sie garantiert auch die Erhaltung der Ordnung nach Gottes Willen und damit die Placierung der Möglichkeiten zu handeln im System der Schichtung. Die Differenz selbst, die die Ränge trennt, hat einen religiösen Sinn, weil sie den Aktionsradius und den Pflichtenkreis konkretisiert, innerhalb dessen der Einzelne ein gottesfürchtiges Leben führen kann." (GS 1: 132) Die weitgehende Kongruenz von sozialen und personalen Perspektiven, d.h. also die Parallelisierung von Identität und Zugehörigkeit zu einem Teilsystem bot eine "Sinn"-Sicherheit stabiler Identitäten, die sich nur langsam im Prozeß gesellschaftlicher Modernisierung veränderte. Diese Argumentation - das sollte nicht verkannt werden - darf nicht als harmonisierende Beschreibung einer Gesellschaftsformation verstanden werden, in der *alles in Ordnung* ist, weil sich alles einer Ordnung fügt. Gewiß hatte die monopolisierte Sinngebung von Welt und Gesellschaft durch organisierte Religion und durch sie legitimierte soziale Ungleichheit *auch* disziplinierende, vertröstende und offen unterdrückende Funktionen. Dennoch bot sie eine kosmologische *Sicherheit*, die die Möglichkeit der bewußtseinsmäßigen Verortung innerhalb der Gesellschaftsstruktur weniger von einem kontingenten, wir können fast sagen *weltlichen* Machtindex abhängig machte, als von einem alternativlos festgeschriebenen Sinnfundus, der die hierarchisch-ständische Gesamtordnung von historischer Beliebigkeit befreite und mit dem Siegel des *Ewigen* und *Gottgewollten* versah. Die Komplexität der Gesellschaft wie diejenige individueller Selbstidentifikationsfolien blieb dadurch vergleichsweise eingeschränkt. Erst mit der Zunahme gesellschaftlicher Komplexität wurde auch die Sicherheit spendende Kraft kosmologischer Weltbilder erschüttert, weil sie sich kaum mehr auf ihre Alternativlosigkeit stützen konnte.

Doch was heißt hier: *Zunahme gesellschaftlicher Komplexität*? Wir haben oben dargestellt, daß es keinen unilinearen Zusammenhang zwischen Komplexitätssteigerung und gesellschaftlicher Differenzierung gibt, sondern daß dieser Zusammenhang durch die *Form* der Differenzierung bestimmt wird. Selbstverständlich können wir hier nicht ausführlich und en detail auf den epochalen Wandel von stratifikatorischer Differenzierung der Gesellschaft zu modernen Sozialformen eingehen. Lediglich andeutungsweise sei gezeigt, wie die Differenzierungstheorie dieses Problem faßt. Es ist ein bekannter Sachverhalt, daß sich im Gefolge der Reformation und der europäischen Religionskriege eine gewisse Entfernung religiöser von politischen Handlungsmustern beobachten läßt. Schon die reformatorische Teilung der religiösen Autorität ordnet die Präferenz für Konfession der politischen Macht unter. Spätestens als es dem jeweiligen Regionalfürsten möglich wurde, seinen Untertanen seine Konfession zu oktroyieren, entsteht eine neue semantische Differenz: Religion und Politik werden zwar nicht unabhängig voneinander, sind aber nun als je Unterschiedliches aufeinander bezogen. Indem sich die Politik von den alten Legitimatoren zumindest in Differenz setzen konnte, entsteht für sie die Notwendigkeit der Reflexion auf sich selbst. Sie muß sich als eigenständige Operationssphäre konstituieren und richtet dafür einen eigenen semantischen Apparat ein, der die eigenen Grenzen zu anderen Semantiken genau zu ziehen erlaubt. *Staatsräson* und *Souveränität* werden zu Begriffen, die eine eigenständige Interessenlage des Staates gegenüber der Gesellschaft und die Unabhängigkeit der Politik von Kaiser und Papst zum Ausdruck bringen.[47] Politik, so könnte man diese Entwicklung auf eine Formel bringen, stellt von *Fremdreferenz* auf *Selbstreferenz* um: Nicht mehr die außerhalb politischen Handelns liegende Codifizierung der Gesamtselektivität der Welt ist der wesentliche Referenzhorizont, sondern die Politik selbst. Sie entdeckt den Staat, also sich selbst, als letzten Referenzhorizont ihres Prozessierens. Sie wird gewissermaßen zum letzten Fluchtpunkt ihrer selbst.

Diese wenigen Andeutungen dürften schon deutlich machen, daß die stratifizierte Gesellschaft nicht einfach eine Zunahme von Komplexität bewältigen muß, sondern zu einer neuen Handhabung gesellschaftlicher Komplexität quasi gezwungen wird - jedoch nicht im Sinne eines Zwangs, der von außen an die Gesellschaft herantritt, sondern durch sich selbst, nämlich durch die Ausdifferenzierung von

---

[47] Die Entstehungsbedingungen des modernen Staates zeichnet mit differenzierungstheoretischen Mitteln Rudolf Stichweh nach (vgl. Stichweh 1991).

Handlungsbereichen, die sich in der Gesellschaft auszudifferenzieren beginnen. Solche Differenzierungsprozesse selbstreferentieller Kommunikations-/Handlungsbereiche verweisen notwendig auf *Systembildung*. Wir haben also mit der Ausdifferenzierung der Politik mit einer Teilsystembildung zu tun, die sich auch in anderen Bereichen der Gesellschaft seit dem 16. Jahrhundert beobachten läßt: Was am Beispiel der Politik angedeutet wurde, gilt mutatis mutandis ebenso für andere gesellschaftliche Bereiche: etwa die Säkularisierung und beginnende Ablösung der Erziehung und der Pädagogik vom Modell stratifikatorischer Ordnung bei gleichzeitiger Herausbildung einer erziehungseigenen Semantik (vgl. GS 3: 191); die Ausdifferenzierung eines allein wissenschaftseigenen Codes (vgl. WissG); die Herausbildung einer familialen Privatsphäre und eines speziellen Liebescodes (vgl. LP: 163ff. und 183ff.); die Entfernung des Rechts von der Politik (vgl. AdR); die Entkoppelung der Wirtschaft von Religion und Moral und die vollständige Monetarisierung ökonomischer Beziehungen (vgl. WirtG: 43ff. und 230ff.). Es entsteht so aus der semantischen Autonomisierung verschiedener Bereiche der Gesellschaft eine neue Form der primären gesellschaftlichen Differenzierung, deren Teilsystemgrenzen nun nicht mehr an Lokalitäten und Kopräsenzen wie in der segmentär differenzierten Gesellschaft, auch nicht mehr an relativ undurchlässigen Schichten wie in der stratifizerten Gesellschaft verlaufen, sondern an gesellschaftlichen Funktionen, die je exklusiv sind und sich nicht gegenseitig ersetzen können. Diese nun *funktionale Differenzierung der Gesellschaft* bezeichnet die primäre Differenzierungform der modernen Gesellschaft.

Spätestens mit der Mitte des 19. Jahrhunderts, vollends aber zur Jahrhundertwende setzt sich die bereits seit dem Ende des 16. Jahrhunderts sich abzeichnende primäre Differenzierung der Gesellschaft als Differenzierung in nicht füreinander substituierbare Funktionen durch. Gesellschaftsstrukturell gesehen differenziert sich die Gesellschaft in Teilsysteme, die nicht mehr durch eine allen Systemen gemeinsame Grundsymbolik integriert werden können. Die einzelnen funktionalen Teilsysteme - Wirtschaft, Politik, Recht, Religion, Erziehung, Wissenschaft, Kunst etc. - operieren stets aus ihrer jeweiligen funktionsspezifischen Perspektive, die für sie selbst unhintergehbar ist. Diese Teilsysteme operieren nicht einfach mit ihnen zugeordneten, funktionsspezifischen Semantiken, sondern mit Hilfe von beobachtungsleitenden Grundunterscheidungen. "Man sieht jetzt deutlich, daß die Funktionssysteme sich nicht nur über eigene Kriterien des Richtigen, also nicht nur über Gesamtformeln ihrer Programme (Friede bzw. Gemeinwohl, Wohlstand, Bildung, Gerechtigkeit etc.) ausdifferenzieren, sondern daß dies primär über *binäre Codes* geschieht." (GS 3: 430; Hervorh. durch uns) Die Besonderheit funktionaler Teilsysteme ist, daß sie ihr Beobachtungsschema über die strikte *Zweiwertigkeit* ihrer binären Codes generieren. So ist für Politik entscheidend, ob man Amt und Entscheidungsmacht innehat oder nicht, für Wirtschaft, ob man zahlt oder nicht, für das Recht, ob etwas als rechtmäßig angesehen wird oder nicht, für Wissenschaft, ob eine Aussage wahr ist oder nicht, für Religion, ob etwas dem Heil oder dem moralischen Standard dient oder nicht, für Erziehung, ob etwas im Hinblick auf Chancen im Lebenslauf gelernt wird oder nicht. Auf den ersten Blick mögen solche Unterscheidungen recht banal erscheinen. Selbstverständlich muß wirtschaftliches Handeln darüber entscheiden, ob gezahlt oder nicht gezahlt wird, d.h. ob man kauft, verkauft, investiert, sich beteiligt, spart, an die Börse geht, Kredite aufnimmt, vergibt oder sperrt, hier produziert oder lieber in Fernost, Löhne erhöht, den Politiker besticht oder mit Kapitalflucht droht. Das Gleiche gilt für Politik. Selbstverständlich ist es eine Frage von Amts- und Machtverfügung, wenn man bestimmte Entscheidungen fällen oder verhindern will. Über diese Selbstverständlichkeiten hinaus ist aber zu bedenken, daß die in den binären Codierungen enthaltenen Unterscheidungen nicht irgendwelche kontingenten Beobachtungsgeneratoren sind, die in der Wirtschaft, in der Politik, im Recht usw. neben anderen vorkommen. Sie kommen nicht *in* den Systemen vor, sondern sie *sind* es letztlich selbst, die die jeweiligen Teilsysteme als soziale Systeme konstituieren.

Die angedeuteten Codierungen sind alle *zweiwertig* aufgebaut. Wie wir oben gezeigt habe, bilden zweiwertige Unterscheidungsräume Kontexturen, die alles andere, was nicht diesen Unterscheidungen unterliegt, als Drittes ausschließen (vgl. 3.6). In der modernen Gesellschaft kann demnach Macht nicht durch wissenschaftliche Wahrheit, religiöses Heil nicht durch Recht und ökonomischer Erfolg nicht durch erzieherische Operationen gesichert werden. Zwar wird niemand bestreiten, daß etwa der Zugang zu Bildung nicht völlig unabhängig von der ökonomischen Zahlungsfähigkeit ist und daß wissenschaftliche Wahrheit oft der Begründung politischer Entscheidungen dient. Gleichwohl sind solche Beziehungen zwischen den funktionalen Teilsystemen stets solche, die die *Grenzen* zwischen den Systemen nicht sprengen.

Die binären Codes bilden allerdings lediglich den kontexturellen Rahmen, innerhalb dessen das jeweilige Teilsystem Formen ausbilden kann. Der Code sorgt für die Schließung des Systems, die erst seine spezifische Form der Offenheit ermöglicht. Für die Offenheit des Systems dagegen sorgen Programme, d.h. Bedingungen nach denen für die eine oder andere Seite der Unterscheidung optiert wird. "In bezug auf seinen Code operiert das System als geschlossenes System, indem jede Wertung wie wahr/unwahr immer nur auf den jeweils entgegengesetzten Wert desselben Codes und nie auf andere, externe Werte verweist. Zugleich aber ermöglicht die Programmierung des Systems, externe Gegebenheiten in Betracht zu ziehen, das heißt die Bedingungen zu fixieren, unter denen der eine oder andere Wert gesetzt wird." (ÖKom: 83) Programme sind demnach "vorgegebene Bedingungen für die Richtigkeit der Selektion von Operationen" (ÖKom: 91). In der Wissenschaft etwa sind *Theorien* die Programme, die über *wahr* oder *unwahr* entscheiden (vgl. WissG: 183), *Preise* und *Investitionsprogramme* entscheiden, ob man zahlt oder nicht (vgl. WirtG: 226), *Gesetze*, *Verordnungen*, *Geschäftsordnungen* und *Verträge* entscheiden über *Recht* und *Unrecht* (vgl. ÖKom: 127), *politische Programme* entscheiden zwar nicht unmittelbar über *Regierung* und *Opposition*, dienen aber als Differenzierungs- und Zuweisungskriterium bei Wahlen (vgl. ÖKom: 171). Programmierungen ermöglichen es den operativ geschlossenen Teilsystemen, ihre Umwelt, also Externes, das sich dem Code womöglich nicht fügt, in die eigenen Operationen einzubauen, ohne dabei die eigene binäre Codierung zu verlassen. Wenn in einem totalitären Staat etwa von Staats wegen bestimmte wissenschaftliche Ergebnisse erwünscht werden und bei gegenteiligen Ergebnissen Mittel, Reputation und persönliche Freiheit verknappt werden, so kann Wissenschaft gleichwohl nicht aus seinem Code *wahr/unwahr* ausbrechen. Die politische Zumutung muß in wissenschaftlichen Programmen, d.h. in Theorien ausgedrückt werden, die Kriterien bereithalten, warum die Partei immer recht hat. Wer unter solchen Bedingungen Wissenschaft betreibt, könnte niemals kommunizieren, daß man etwas als wahr qualifiziert, weil die Machtverhältnisse so sind, wie sie sind. Stets muß dies mit wissenschaftlichen Mitteln, also: per Theorie, geleistet werden.

Die Theorie autopoietischer Systeme behauptet, daß Systeme nur innerhalb ihrer selbst operieren können und daß sie ihren Umweltkontakt ausschließlich systemrelativ, d.h. per eigenen Systemoperationen, herstellen (vgl. dazu SoSy: 242ff.). So kann etwa wirtschaftliche Kommunikation auf politische und rechtliche Umweltveränderungen ausschließlich *wirtschaftlich*, d.h. unter Handhabung der Unterscheidung *Zahlen/nicht Zahlen* reagieren; umgekehrt können Politik und Recht in die Wirtschaft nicht per wirtschaftlichen Operationen einwirken. Sie können Zahlungen nur so weit konditionieren, als sie politische und rechtliche Umweltbedingungen für Zahlungen herstellen. Deutlich wird dieser Zusammenhang dort, wo etwa die Intervention des einen Systems - z.B. eine politische Entscheidung über die Erhöhung von produktionsbezogenen Abgaben zur Ausstattung staatlicher Umweltprogramme - im anderen System zu systemeigenen Operationen führt, die die politische Intention womöglich konterkarieren - z.B. durch Verlegung von Produktionsstandorten ins Ausland. Das System/Umwelt-Paradigma erlaubt es, solche Entwicklungen nicht als noch nicht voll ausgebildete Perfektibilität des politischen Systems zu erklären, sondern als unaufhebbare operative Differenz zwischen den Teilsystemen.[48]

---

[48] Trotzdem werden auch von Protagonisten der Theorie funktionaler Differenzierung bisweilen Formulierungen gewählt, die eine Steuerung des Ganzen durch einen Teil des Ganzen nahelegen, so etwa Gunther Teubners These von der "Gesellschaftssteuerung durch reflexives Recht" (Teubner 1989: 81ff.).

Mit dem Begriff der *operativen Differenz* läßt sich erst die volle Bedeutung des Theorems der *binären Codierung* abstecken. Wir haben schon angemerkt, daß funktionale Teilsysteme der modernen Gesellschaft sich durch die *Zweiwertigkeit* ihrer Leitunterscheidung auszeichnen, die eine Welt innerhalb der Werte dieser Unterscheidung aufspannt. Zweiwertige Logiken konstituieren eine monokontexturale Struktur, also eine Welt, in der nichts anderes vorkommt als das, was innerhalb dieser Unterscheidung Platz hat (vgl. Günther 1979: 189). Dieser konstruktivistische Sachverhalt läßt sich auch am Beispiel der funktionalen Teilsysteme der Gesellschaft beobachten: Für das *Wirtschaftssystem* ist die Welt - sicher überspitzt formuliert - ein Anlageobjekt zur Herstellung und Wiederherstellung von Zahlungsfähigkeit; für die *Politik* ein Raum, in dem Entscheidungen zu treffen sind, je nach Maßgabe, ob man die Macht noch oder noch nicht in Händen hält; für *Recht* eine Welt, die dadurch strukturiert ist, daß man in ihr Rechtmäßiges von Rechtswidrigem unterscheiden kann; für *Religion* eine Welt, in der man sich für Heil oder Verdammnis entscheiden und qualifizieren kann;[49] für *Wissenschaft* ein Geltungsraum, in dem es wahre und unwahre Aussagen gibt. Von der konstruktivistischen Epistemologie kann man allerdings lernen, daß diese Differenzierungen die Gesellschaft nicht in *Seinsbereiche*, nicht in ontische Regionen einteilen. Vielmehr geht es hier nur um distinkte, nicht aufeinander abbildbare *Beobachtungsverhältnisse*. Nicht das Sein der Welt wird geteilt, sondern es kommt zu unterschiedlichen *Beobachtungen* - und das heißt nichts anderes als zu unterschiedlichen Handhabungen von Unterscheidungen, mit denen die Welt als ganze beobachtet wird (vgl. SoSy: 63). Man könnte sagen: Die jeweilige Beobachtung schließt aus, was sie durch ihre Leitunterscheidung nicht sehen kann, und sie schließt ein, was sie durch ihre Operationen ausschließt. Im Klartext: Rechtliche Kom-

---

[49] Dabei hat Religion selbstverständlich immer noch den selbstgesteckten Anspruch, die Gesamtselektivität der Welt zu repräsentieren, hat aber faktisch, in der Moderne zu einem Teilsystem unter anderen degradiert, nur noch einen marginalisierten Kommunikationsanteil an gesellschaftlicher Gesamtkommunikation.

munikation schließt alles aus, was nicht in die Leitunterscheidung des Rechtssystems paßt. Zugleich schließt das Recht seine binäre Opposition, das Unrecht, ausdrücklich ein, um überhaupt Unterscheidungen zu generieren. Recht gibt es nur da, wo es Unrecht gibt, Zahlen macht nur Sinn, wenn man es auch lassen kann, und Macht hat nur der, dem Machtlose gegenüberstehen. Das Gleiche gilt selbstverständlich auch umgekehrt: Unrecht gibt es nur im Horizont von Recht, nicht zahlen kann man nur, wenn man auch zahlen könnte, und machtlos ist man nur, wenn andere die Macht innehaben. "Die strikte Zweiwertigkeit ist [...] so angelegt, daß das System auch mit Unwerten weiterläuft. Unwerte sind zwar nicht anschlußfähig, man kann mit Unwahrheiten (mit Unrecht, mit Machtlosigkeit, mit Nichthaben etc.) im System nichts anfangen; aber die Spezifikation der Tatbestände, die den Unwert erfüllen, dirigiert zugleich das, was trotzdem (oder gerade deshalb) möglich ist. Die Zweiwertigkeit garantiert, mit anderen Worten, gegenüber jedem möglichen Fall die Autopoiesis des Systems." (WissG: 191) Die Autopoiesis des jeweiligen Teilsystems erzeugt also anhand ihrer dem System zugrundeliegenden binären Codierung *sich selbst* und damit: nichts weniger als *die Welt*.

Letztlich handelt es sich hierbei *formal* um den gleichen Sachverhalt, der auch für Hochkulturen gilt: Die Gesellschaft wird anhand einer Leitunterscheidung beobachtet und beschrieben und kann sich dadurch als ganze identifizieren. Solche Ontologie- oder Kosmologiebildung leistete eine "Beschreibung des Ganzen im Ganzen" (WissG: 210) und hatte gesellschaftsstrukturell auch die Position, dem Ganzen damit einen Sinn zu geben, der sich in Form einer gesamtgesellschaftlichen, stets religiösen Grundsymbolik auf nahezu alle sozialen Kontakte der Gesellschaft regulierend auswirkte. Ihre Einheit gewann diese Grundsymbolik dadurch, daß sie mit Hilfe von Letzt-, zumeist Gottesbegriffen die Kontingenz ihres Anfangs unsichtbar machte.

Wie gesagt, *formal* sind funktionale Teilsysteme in der gleichen Lage. Sie fangen jede ihrer Operationen mit einer Leitunterscheidung, ihrem binären Code, an und können aus dieser Kontextur nicht ausbrechen. Die Kontingenz des Anfangs wird hier dadurch unsichtbar gemacht, daß der Code unhintergehbar gesetzt wird: keine Wissenschaft ohne Wahrheit (und Nicht-Wahrheit), keine Ökonomie ohne Zahlung (und Nicht-Zahlung), keine Politik ohne Macht (und Nicht-Macht). Damit ist der Code eines Teilsystems sozusagen der "blinde Fleck" des Systems, den es nicht selbst beobachten kann (vgl. EaK: 17), ohne in Paradoxien der Selbstanwendung zu geraten (vgl. 3.6). Wenn funktionale Teilsysteme der Gesellschaft nicht als gleichsam in Institutionen gegossene und Stein gehauene Entitäten verstanden werden, sondern als Kommunikationssysteme, die nicht einfach einen Code verwenden, sondern gerade durch die Verwendung des Codes konstituiert werden, erzeugt jede Selbstbeobachtung eine *Paradoxie*: Es wird dann deutlich, daß die Codes selbst es sind, die das erzeugen, was sie in der Welt sehen. Das Wissenschaftssystem etwa sieht nicht bloß wahre und unwahre Aussagen über etwas in seiner Umwelt, sondern erzeugt mit Hilfe seiner System/Umwelt-Unterscheidung erst die Welt, die sein Gegenstand ist. Oder das Rechtssystem wird bei Selbstbeobachtung damit konfrontiert, daß es Recht und Unrecht selbst erzeugt und nicht einfach vorfindet. Paradoxien treten dann auf, "wenn die Unterscheidung 'System/Umwelt' im Inneren eines Systems erscheint, wodurch die Umwelt - die per Definition 'außerhalb' des Systems liegt - nun zugleich 'außerhalb' und 'innerhalb' des Systems erscheint" (Esposito 1991: 37). Systeme werden dann zur Selbstanwendung des Codes gezwungen und können nicht entscheiden, ob es rechtens ist, Recht und Unrecht zu unterscheiden, ob es wahr ist, zwischen wahr und unwahr zu unterscheiden, oder werden damit konfrontiert, daß jede Zahlung immer zweierlei produziert: "Zahlungsfähigkeit *und* Zahlungsunfähigkeit, also nichts" (WirtG: 134). Funktionale Teilsysteme sind also gezwungen, durch Entparadoxierung oder Invisibilisierung ihrer Paradoxien Selbstblockaden aufzuheben und damit die eigenen Operationen zu sichern. Wenn die Reflexion auf die Einheit des Codes unerträglich wird, wird Einheit schlicht durch Differenz ersetzt. "Dann kann das System seine Operationen an dieser Differenz orientieren, kann innerhalb dieser Differenz oszillieren, kann Programme entwickeln, die die Zuordnung der Operationen zu Positionen und Gegenpositionen des Codes regeln, *ohne die Frage nach der Einheit des Codes zu stellen."* (ÖKom: 77) Man könnte auch sagen: *Das System tut schlicht so, als sei die Welt so, wie sie beobachtet wird.*

Wahrheit, *Zahlung* und *Macht* sind sozusagen die God-Terms der entsprechenden Teilsysteme, was die Ersetzung der Operationen eines Systems durch ein anderes ausschließt. Neben der formalen Ähnlichkeit ist der *strukturelle* Unterschied dieser Selbstfestlegungen jedoch, daß keines der funktionalen Teilsysteme der Gesellschaft jene Reichweite vormaliger kosmologischer Weltauffassungen mehr haben kann. Es bilden sich gewissermaßen *nebeneinander* Kosmologien aus, die damit freilich keine mehr sind und deren Bezugsprobleme völlig anderer Art sind: Sie können nur sehen, was auf dem Bildschirm ihrer funktionsspezifischen Perspektive auftaucht. Alles andere bleibt ausgeschlossen, da es schlicht nicht in die Kontextur der beobachtungsleitenden Unterscheidung paßt.

Der horizontale Aufbau der Gesellschaft schließt aber keineswegs aus, daß die Teilsysteme der Gesellschaft Gesamtbeschreibungen des Gesamtsystems anfertigen. Allerdings können diese, da an ihren eigenen Code gebunden, *keine für alle verbindlichen* Beschreibungen abgeben. Die konstruktivistische Epistemologie lehrt: Solche funktionssystemspezifischen Beobachtungen können sich auch nicht partiell oder temporär von ihrem Code lösen, denn *erstens* können Systeme nicht außerhalb ihrer selbst operieren, und *zweitens* ist die Form autopoietischer Systeme nicht ein Resultat der Welt, sondern ihre jeweilige Welt resultiert gerade aus der formgebenden Unterscheidung (vgl. Spencer Brown 1971: 105f.). Teilsystemspezifische Beschreibungen der Gesellschaft bleiben notwendig teilsystemspezifisch, auch wenn Wissenschaftler, Politiker, Pfarrer oder Lehrer womöglich anderes behaupten - man ist versucht zu sagen: anderes behaupten *müssen*, um sich behaupten zu können.

Bevor wir auf die weiteren gesellschaftstheoretischen Konsequenzen der Theorie funktionaler Differenzierung zu sprechen kommen, sind noch einige Bemerkungen zum Charakter funktionaler Teilsysteme vonnöten. Oft wird die Theorie funktionaler Differenzierung in der Luhmannschen Variante scharf kritisiert, weil die behauptete Autonomie der verschiedenen Teilsysteme theoretisch zu strikt angesetzt werde. So sieht etwa Richard Münch in der Moderne eine Gesellschaftsform, "in der sich immer mehr in den Zonen der Interpenetration der Subsysteme und immer weniger in den Reservaten ihrer Eigenlogik abspielt" (Münch 1991: 23). Münch sieht darin die Möglichkeit wechselseitiger Steuerung und Konditionierung der Teilsysteme verbürgt (vgl. ebd.: 135ff.). In letzter Konsequenz erhofft sich ein solches Konzept durch die Wechselseitigkeit der Interpenetration ein gemeinsames normatives Dach, das gesellschaftliche Kommunikation selbststeuernd auf systemeigene und umweltliche Faktoren reagieren läßt.[50] Münch sieht gerade im Bemühen politischer, kultureller, ökonomischer, religiöser und wissenschaftlicher Handlungsträger und Organisationen, ihr Handeln aufeinander abzustimmen und so zumindest zu einer virtuell gemeinsamen Perspektive zu gelangen, einen Gegenbeweis gegen Luhmanns Behauptung der operativen Autonomie der Funktionssysteme. Dieser zunächst naheliegende Einwand läßt es uns notwendig erscheinen, auf eine Konsequenz der Luhmannschen Differenzierungstheorie noch einmal ausdrücklich hinzuweisen.

Luhmann unterscheidet ausdrücklich *nicht* Handlungsträger bzw. Organisationen, die die verschiedenen Teilsystemen ausmachen, sondern lediglich Kommunikationen, die sich und ihre Umwelt mit ihrer jeweils beobachtungsleitenden Unterscheidung in den Blick nehmen. Die Grenze ökonomischer und politischer Kommunikation ist es, die die Teilsystemgrenze zwischen Wirtschaft und Politik markiert, nicht der Unterschied zwischen einem Aufsichtsratsvorsitzenden und einem Bundeskanzler, bzw. zwischen einem Wirtschaftsbetrieb und einer politischen Partei. Funktionale Teilsysteme nutzen zwar entsprechend ausgebildete und sozialisierte Personen zu ihrer eigenen Reproduktion, v.a. sind sie darauf angewiesen, Organisationen auszu-

---

[50] Ähnlich argumentiert Helmut Willke, der von einem Übergang von der funktional differenzierten Gesellschaft hin zu einer neuen Form spricht, die auf die Vernetzung der verschiedenen Bereiche abstellt. "Ich nenne diese Form '*organisierte Differenzierung*', um hervorzuheben, daß das für die Gesellschaft insgesamt riskante Auseinandertreiben der Funktionsbereiche jedenfalls punktuell und teilweise in organisierten Vernetzungen aufgefangen wird." (Willke 1992: 183; vgl. dazu auch Kneer 1993).

bilden, ohne die die Moderne sicher undenkbar wäre. Doch die Teilsysteme gehen nicht in den ihnen zugeordneten Organisationen auf. Zwar gilt der Satz: "Die meisten Organisationen der modernen Gesellschaft sind spezifischen Funktionssystemen zugeordnet." (WissG: 678) Aber zugleich gilt: Organisationen sind keine "Gesellschaften oder gesellschaftliche Subsysteme, also Systeme, die die gesamte Kommunikation oder Aspekte dieser Kommunikation ausdifferenzieren" (WissG: 673f.). Man darf die Wirtschaft genausowenig mit der Summe aller Betriebe verwechseln wie etwa das Erziehungssystem mit den Schulen oder das Religionssystem mit den Kirchen. Es geht stets um ökonomische, pädagogische bzw. religiöse Kommunikationen, zwischen denen eine operative Grenze besteht. Daß diese Grenzen quasi durch Handlungsträger bzw. durch Personen hindurchgehen, etwa in dem Sinne, daß man zugleich erzogen wird, dafür zahlt und darüber hinaus an einem bestimmten Glaubensstil partizipiert, widerspricht dieser operativen Differenz nicht, wenn man Gesellschaft als Summe aller möglichen Kommunikationen und nicht als Summe aller Handlungsträger auffaßt. Dann ist es natürlich von entscheidender Bedeutung, in welcher Weise sich die jeweiligen Teilsysteme in einem Verhältnis von System und Umwelt gegeben sind und wie diese sich gegenseitig limitieren bzw. beeinflussen. Die operative Differenz der Teilsysteme scheint davon nicht berührt zu werden. Auf der Ebene der Programmierung allerdings ist sehr wohl eine gewisse Abstimmung von Systemperspektiven denkbar. Hier kann sich Politik auf Wirtschaft einstellen, indem wirtschaftliche Zielvorgaben und Limitationen in politische Programme umgemünzt werden; hier kann Erziehung sich auf religiöse Standards einlassen, ohne in Religion aufzugehen; hier kann Wirtschaft sich auf die rechtlichen Limitationen einstellen, die im Wirtschaftsverkehr gelten; und alle Teilsysteme scheinen wissenschaftliche Erkenntnisse in ihre Programmierung aufzunehmen, ohne daß damit eine lineare Übertragung wissenschaftlicher "Wahrheit" etwa in politische Programme Eingang finden könnte.

Zusammenfassung wichtiger Grundbegriffe:

* *Segmentäre Differenzierung* meint die Ausdifferenzierung der Gesellschaft in gleiche Teilsysteme, etwa Stämme, Dörfer, Familien.
* *Stratifikatorische Differenzierung* meint die Ausdifferenzierung der Gesellschaft in ungleiche Schichten, die durch eine gesamtgesellschaftlich wirksame Leitdifferenz innerhalb der Gesellschaftsstruktur verortet werden. Diese Leitdifferenz beobachtet gesellschaftliche Kommunikation im Hinblick auf die Unterscheidung *oben/unten.*
* *Funktionale Differenzierung* meint die Ausdifferenzierung der Gesellschaft in ungleiche Teilsysteme, die sich durch ihren Funktionsbezug zum Gesamtsystem unterscheiden, etwa Wirtschaft, Politik, Recht, Wissenschaft, Religion, Erziehung etc.
* Die Leitunterscheidungen der funktionssystemspezifischen Kommunikationen in der modernen Gesellschaft sind in Form *binärer Codierungen* gebaut. Diese sind die für das Funktionssystem unhintergehbaren, weil ersten Unterscheidungen, etwa: zahlen/nicht zahlen; Regierung/Opposition; Recht/Unrecht etc.
* Sorgen die Codierungen für die operative Schließung des Teilsystems, öffnen *Programmierungen* das System für externen Sinn. Mit *Programmen* entscheidet das Teilsystem über die Zuweisung von Codewerten. In der Wissenschaft etwa entscheiden *Theorien* über wahr oder falsch.

Literatur:

Niklas Luhmann: Gesellschaftliche Struktur und semantische Tradition, in: ders.: Gesellschaftsstruktur und Semantik. Studien zur Wissenssoziologie der modernen Gesellschaft, Band 1, Frankfurt/M. 1980, S. 9-71.

Niklas Luhmann: Ökologische Kommunikation. Kann die moderne Gesellschaft sich auf ökologische Gefährdungen einstellen?, Opladen 1986, S. 75-217.

4.4 Einheit und Differenz

Die gesellschaftsstrukturelle Konsequenz, die aus diesen Überlegungen zu ziehen ist, heißt, daß es aufgrund der Ausdifferenzierung von für sich selbst unhintergehbaren binären Codes in der modernen, funktional differenzierten Gesellschaft keine zentrale Instanz von gesamtgesellschaftlicher Reichweite mehr geben kann, die *alle* System/Umwelt-Differenzen transzendieren und damit *sinnhaft* verbinden könnte. "Daher fehlt jedem Teilsystem in seiner Umweltbeziehung eine Struktur und eine Symbolik, die auf das Ganze verweist. Dieser Verweis liegt ausschließlich in der Funktion selbst, also in einem Prinzip, das die Umwelt sich gerade nicht zu eigen machen kann." (GS 1: 28) "Welt" als Einheit der Differenz von System und Umwelt wird damit in perspektivische Welten aufgelöst; aus der *Monokontexturalität* vormaliger ontologischer Welten wird die *Polykontexturalität* teilsystemspezifischer Welten in der modernen, funktional differenzierten Gesellschaft. Eine der zentralen Konsequenzen der Luhmannschen Gesellschaftstheorie besteht darin, daß die moderne Gesellschaft multizentrisch geworden ist - die Moderne bietet keinerlei privilegierten Ort mehr an, der eine für alle Perspektiven bindende Deutung der Welt bereithält. Keineswegs fehlt es an Erklärungen für die Welt im Ganzen, aber man muß in der modernen Gesellschaft stets damit rechnen, daß die eigenen Beobachtungen von anderen Beobachtern als eine Beobachtung unter vielen beobachtet wird.

Luhmann baut auch nicht - wie etwa Jürgen Habermas - ein Konzept der *Lebenswelt* als Sphäre vertrauter Hintergrundüberzeugungen und vorkonsentierten Wissens in seine Theorie der Gesellschaft ein. Habermas konzipiert bekanntlich Lebenswelt als denjenigen Raum, in dem sich kommunikativ handelnde Subjekte auf dem Boden und im Horizont einer bereits geteilten Welt von praktischen Normen, theoretischen Einsichten und zum Teil sogar von Geschmacksurteilen bewegen. Dieser Boden ist es, der verständigungsorientiertes Handeln gegen die Imperative der zweckrational organisierten Systeme behauptet (vgl. Habermas 1981, I: 106). Für Luhmann ist Lebenswelt nicht eine den gesellschaftlichen Systemen gegenüberstehende Sphäre unversehrter Vergesellschaftung, sondern lediglich derjenige Boden und Horizont, der einem Beobachter erscheint, wenn er in der Welt Vertrautes und Unvertrautes vorfindet, gleich welche beobachtungsleitende Unterscheidung er gerade anwendet. Die Relativität der Beobachterposition in der modernen Gesellschaft sorgt zugleich dafür, daß Lebenswelt nicht als existierende gesellschaftliche Sphäre konzipiert wird, sondern polykontextural je als Resultat von Beobachtungen vorliegt (vgl. Luhmann 1986a: 182). Im Klartext heißt das: Meine Lebenswelt ist nicht deine Lebenswelt, weil je nach Relevanzstrukturen uns je Unterschiedliches vertraut ist.[51] Zwar kennt auch Habermas die Situationsrelativität der Lebenswelt für den Handelnden (vgl. Habermas 1981, II: 188), doch spielt für ihn Lebenswelt schon aus theorietechnischen Gründen eher die Rolle eines Spenders von Einheit: sicher nicht der Einheit gesellschaftlicher Lebensformen und kultureller Grundüberzeugungen, zumindest aber der Einheit einer gesellschaftlichen Sphäre, in der sich die kritischen Potentiale kommunikativer Handlungen entfalten können. Lebenswelt ist ihm "der transzendentale Ort, an dem sich Sprecher und Hörer begegnen" (ebd.: 192). Luhmann dagegen ist eher an dem empirischen Ort Lebenswelt interessiert, den er nicht mehr als Garant für eine einheitliche kommunikative Praxis, sondern lediglich als Resultat der Unterschediung *vertraut/unvertraut* denkt. So gesehen erscheint Lebenswelt überall, sowohl innerhalb als auch außerhalb funktionaler Teilsysteme der Gesellschaft. "An allen Unterscheidungen kondensieren Lebenswelten" (Luhmann 1986a: 186), d.h. überall wo kommuniziert wird, entstehen vertraute und unvertraute Räume. Daß Lebenswelt dann gleichsam ubiquitär erscheint, liegt daran, daß "für jedes System die Welt die Einheit *der eigenen* Differenz von System und Umwelt ist" (SoSy: 106), man könnte

---

[51] Die Polykontexturalität der "Mannigfaltigkeit der Wirklichkeiten" der Lebenswelt wird übrigens in der sozialphänomenologischen Lebensweltheorie von Alfred Schütz noch erheblich klarer gekennzeichnet, als Habermas´ kritisches Interesse an der Lebenswelt als Gegensphäre gegen die Systeme der Politik und Ökonomie es zuläßt (vgl. dazu Schütz 1971).

auch sagen: daß für jede Perspektive eben das Vertraute das Vertraute ist und nicht das Unvertraute. Eine Beobachtung zweiter Ordnung aber kann sehen, daß die Vertrautheit des Vertrauten nicht per se gegeben ist, sondern aus den jeweiligen Beobachtungsperspektiven resultiert. Insofern ist der Luhmannsche Begriff von Lebenswelt im Unterschied zu dem von Habermas nicht einer, der Einheit zumindest denkbar machen will, sondern der mit der unhintergehbaren Differenz der Perspektiven rechnet.

Noch mehr als an seiner allgemeinen Theorie sozialer Systeme läßt sich an Luhmanns Theorie der modernen Gesellschaft ablesen, daß er den theoretischen Blick von Einheit auf Differenz umstellt. Die Frage nach der Einheit der modernen Gesellschaft, so Luhmann, läßt sich nur "an den Funktionssystemen nachweisbar" (BdM: 41) machen, also anhand der Beobachtung differenter (!) Handhabungen der Einheit der Differenz von Selbst- und Fremdreferenz. Jedes funktionale Teilsystem der Gesellschaft referiert zugleich auf sich selbst und auf Fremdes. Am Beispiel des Wirtschaftssystems erläutert Luhmann dies folgendermaßen: "Die Selbstreferenz wird durch die Geldzahlung reproduziert. Der Zahlungsvorgang transportiert die Zahlungsfähigkeit und Zahlungsunfähigkeit des Systems. Er garantiert, daß im nächsten Moment wiederum Zahlungsfähigkeit und Geldbedarf gegeben sind - wenn auch in jeweils anderer Hand. Die Zahlung leistet insofern die Autopoiesis des Systems, die endlose Möglichkeit weiterer Operationen desselben Systems. Mit dem Medium Geld und den darin eingelassenen Formen (Preisen) verweist das System auf sich selbst. Die andere Seite der Transaktion bewegt Sach- oder Dienstleistungen. Hier geht es um eine Befriedigung von Bedürfnissen. Also um Fremdreferenz. Denn die Bedürfnisse müssen außerhalb des Wirtschaftssystems verankert sein [...]." (BdM: 39) Ein System referiert also in seinen Operationen immer zugleich auf sich selbst und auf Fremdes, also auf Umwelt. Entscheidend für Luhmann ist nun, daß sowohl die eine Seite (Selbstreferenz) als auch die andere Seite (Fremdreferenz) der Transaktion eine *systeminterne Operation* darstellt. "Immer ist die Transaktion in ihren beiden Seiten ein voll wirtschaftsinterner Vorgang und nicht etwas, was halb drinnen, halb draußen vollzogen werden könnte. Aber sie wäre [...] nicht möglich, wenn sie nicht Umwelt konstruieren, auf Umwelt verweisen würde." (BdM: 39) Umwelt aber ist selbst kein operierendes System, sondern stets eine systemrelative Umwelt, die allein durch die Operationen des Systems erzeugt wird. Die Einheit von Selbst- und Fremdreferenz vollzieht also letztlich die Einheit der Gesellschaft - mit der Einschränkung, daß diese Erzeugung von Einheit stets an die Operationen des jeweiligen Systems gebunden ist. Durch seine eigenen Beobachtungen erzeugt jedes Teilsystem ein Bild der Gesellschaft, allerdings nur *sein* Bild der Gesellschaft. Da sich binäre Codierungen selbst nicht beobachten können und weil funktionale Teilsysteme in ihren Operationen unhintergehbar an den eigenen Code gebunden sind, erfahren sie sich zunächst nicht als *Teil* der Gesellschaft, sondern sie vollziehen Gesellschaft per Anwendung des jeweiligen Codes und können deshalb nur das sehen, was sie sehen können. Im Falle der Wirtschaft ist dies die Limitierung der Beobachtung auf die Preisförmigkeit der Welt. In der Wirtschaft kommt nur das vor, was wirtschaftlich relevant ist, was per Geldmedium und Preisform verrechenbar ist.

In der funktional differenzierten Gesellschaft der Moderne zerfällt demnach die Einheit der Gesellschaft in jeweils teilsystemspezifische Beobachtungsverhältnisse. Unter Anwendung des Codes Zahlen/nicht Zahlen bekommt man etwas anderes in den Blick als unter Anwendung anderer Unterscheidungen, etwa wahr/unwahr oder Regierung/Opposition. Damit zerfällt zugleich ein vormals zentrisch gedachter Weltbegriff zu einem *multizentrischen* Weltbegriff, der "die traditionelle Zentrierung des Weltbegriffs auf eine 'Mitte' oder auf ein 'Subjekt' hin" (SoSy: 284) auflöst.[52] Eine solche Dezentralisierung des Weltbegriffs schlägt sich etwa in Konzepten der philosophischen Postmoderne nieder, in denen es um die Kritik der Hegemonie gesellschaftlicher Einheitsmetaphern im Sinne von *großen Erzählungen* geht (vgl. Lyotard 1986), um den unhintergehbaren und unauflösbaren *Widerstreit* verschiedener Satz-Regel-Systeme (vgl.

---

[52] Zur Multizentrizität des Weltbegriffs bei Luhmann vgl. Günter Thomas 1992.

Lyotard 1987), um die *freie Differenz* gegen die Identitätslogik der Moderne zugunsten eines informellen Chaos (vgl. Deleuze 1968). In dieser philosophischen Semantik kommt zum Ausdruck, daß der modernen Gesellschaft letztlich keine Instanz mehr zur Verfügung steht, von der her alle Operationen der Gesellschaft konditioniert werden könnten. Die funktionale Differenzierung der Gesellschaft verhindert durch die strukturdeterminierte Stabilität der Teilsysteme eine gemeinsame Perspektive, von der her alles, was in der Gesellschaft geschieht, in eine *reziproke*, d.h. *für beide Seiten gleichartige* Beziehung gesetzt wird. Innerhalb einer stratifikatorischen Struktur gibt es zwar auch unterschiedliche Perspektiven, jedoch ist für alle Seiten die Gesamtstruktur der Situation präsent. Jeder weiß, wer oben und wer unten steht. Für ungleiche Teilsysteme mit binär codiertem Funktionsbezug ist dagegen Intransparenz die Regel: Die Religion etwa kann im Problem der Zerstörung der natürlichen Umwelt einen Eingriff in Gottes Schöpfung oder womöglich einen Eingriff Gottes in die Schöpfung als Sündenlohn sehen; die Wirtschaft dagegen sieht nur einen künftigen Investitionsnachteil oder auch -vorteil; die Politik sieht einen entscheidenden Faktor bei der Mobilisierung von Wählerstimmen; Erziehung kapriziert sich auf ökologische Bildungsprogramme, da sie das Problem individuellen Fehlhandlungen zurechnet; und die Kunst entdeckt ein neues Thema zur künstlerischen Beschreibung der Welt. Es sollte deutlich geworden sein, daß die Theorie funktionaler Differenzierung den Gedanken der Einheit der Gesellschaft dadurch ersetzt, daß nun gefragt werden muß, *wer etwas als Einheit der Gesellschaft beobachtet*. Es macht einen Unterschied, von welcher Perspektive aus man die Gesellschaft sieht. "Es bleibt deshalb, will man feststellen, was der Fall ist, nur die Möglichkeit, sich an den operativen Vollzug von Beobachtungen zu halten, das heißt: Beobachter zu beobachten im Hinblick darauf, welche Unterscheidungen sie benutzen und welche Seite ihrer Unterscheidung sie markieren, um dort (und nicht auf der anderen Seite) weitere Operationen anzusetzen. Das, was als Realität konstruiert wird, ist letztlich also nur durch die Beobachtbarkeit von Beobachtungen garantiert." (BdM: 45) Nimmt man die konstruktivistische Epistemologie der Theorie autopoietischer Systeme ernst, bekommt man so beobachtend in den Blick, daß *die* gesellschaftliche Realität nicht außerhalb ihres jeweiligen, perspektivischen Vollzuges existiert, sondern operativ durch eben jene Leitunterscheidung entsteht, die gerade angewandt wird und die dem Anwender letztlich intransparent bleiben muß (vgl. Nassehi 1992). Luhmanns Theorieanlage ist so gebaut, daß sie nicht etwas als etwas beobachtet, sondern - im Sinne der Beobachtung zweiter Ordnung - beobachtet, wie in der Gesellschaft unterschiedlich beobachtet wird. Daß dies die eigene theoretische Beobachtung nicht als privilegierte Beobachterposition ausweisen läßt, liegt auf der Hand. Die Systemtheorie ist nur eine Beobachtung unter vielen, die eine Realität erzeugt, die man auch ganz anders sehen kann.

Die Beobachtung zweiter Ordnung macht eine Paradoxie sichtbar, der differenzierte Einheiten stets ausgesetzt sind. Die funktionale Differenzierung der Gesellschaft führt nicht nur zu einem Pluralismus der Funktionen, also nicht nur zu einer *Multiplität* von Codes, sondern gleichzeitig zu einer *Multizentrizität*: Jeder funktionale Code ist sich selbst zugleich das Zentrum der Welt und sieht sich - Beobachtung zweiter Ordnung! - als Beobachter unter anderen Beobachtern, die ebensowenig aus dem eigenen Horizont ausbrechen können, der mit der binären Codierung gegeben ist. Jeder Code muß also die Spannung aushalten, zugleich *unhintergehbar* und *kontingent* zu sein: *unhintergehbar*, weil er als Anfangsbedingung des Teilsystems nicht zur Disposition steht, und *kontingent*, weil die Welt auch anders, d.h. mit anderen Codes beobachtet werden kann. "Es geht mithin um Operationalisierung einer Paradoxie. Das Funktionssystem ist, als Differenz von System und Umwelt begriffen, die Gesellschaft, und es ist sie zugleich nicht. Es operiert geschlossen und offen zugleich. Es verleiht dem eigenen Realitätsanspruch Ausschließlichkeit, wenn auch nur im Sinne einer operationsnotwendigen Illusion." (ÖKom: 205) Diese Paradoxiehandhabung muß ein Gleichgewicht zwischen der Ermöglichung der eigenen Operationen und der Einsicht finden, daß die Einheit der Gesellschaft nicht alternativlos beobachtet werden kann. Im Klartext: Das Rechtssystem kann aufgrund seiner operativen Geschlossenheit nicht anders, als die Gesellschaft durch Handhabung der Unterscheidung Recht/Unrecht zu beobachten. Es kann darin aber zugleich die eigene Limitation mitbeobachten, daß es nur das sehen kann, was es sehen kann, nicht aber das, was es nicht sehen kann. Andere Beobachter kommen, so kann beobachtet werden, zu anderen Beobachtungen des gleichen Gegenstandes. Aber die Identität des Gegenstandes selbst ist paradox, denn sie wird durch die Beobachtung erst erzeugt und kann somit gleichzeitig Unterschiedliches *sein*[53].

Die Paradoxie der differenzierten Einheit hat erhebliche Konsequenzen für die Frage der Einheit des Gesellschaftssystems. "Grundsätzlich läuft jeder Versuch, im System die Einheit des Systems zum Gegenstand einer Operation zu machen, auf eine Paradoxie auf; denn diese Operation muß sich selbst dabei ausschließen und einschließen." (ÖKom: 216) Solange die Gesellschaft die Reproduktion der Einheit noch in einem Zentrum lokalisieren kann und durch Hierarchisierungen konkurrierende Einheitsreproduktionen ausschließt, wird die Paradoxie gar nicht erst sichtbar - sie kann an den Schöpfer oder das Gottesgnadentum des Repräsentanten abgegeben werden.[54] Die funktionale Differenzierung läßt diese Auslagerung nicht mehr zu und macht die Paradoxie damit sichtbar: *Einheit wird Differenz*, will heißen: "die Einheit der Gesellschaft ist dann nichts anderes als diese Differenz der Funktionssysteme" (ÖKom: 216).

Die entscheidende gesellschaftstheoretische Frage, die sich aus

---

[53] An dem vorstehenden Satz läßt sich schön erkennen, wie Ontologien "als Nebenprodukte der Kommunikation" (SoSy: 205) entstehen. Die Sprache bietet uns kaum Formen an, aus dem Seins-Schema herauszukommen. Wir können nur sagen: Der Gegenstand kann Unterschiedliches *sein*, dabei *erscheint* er lediglich unterschiedlich. Doch auch diese sprachliche Form trifft nicht ganz, denn was da als Gegenstand erscheint/entgegensteht, ist ja gerade nichts Entgegenstehendes, sondern wird nur systemrelativ erzeugt.

[54] Das heißt nicht, daß die Paradoxie früher nicht sichtbar geworden wäre. Gerade die Geschichte der Gottesbeweise legt davon ein beredtes Zeugnis ab. Und nicht umsonst ist Nikolaus Cusanus zu Luhmanns Lieblingsphilosoph des Mittelalters avanciert, weil dieser die *coincidentia oppositorum* in Gott ausformuliert: "Gott steht jenseits aller Unterscheidungen, selbst jenseits der Unterscheidung von Unterscheidungen und der von Unterschiedenheit und Nichtunterschiedenheit." (EaK: 27; vgl. auch GS 3: 296; SozA 5: 87f.).

der Differenzierungstheorie ergibt, ist die, wie soziale Ordnung möglich ist, wenn man keine gemeinsame Perspektive, keine "gesellschaftliche Gemeinschaft" (Parsons), kein gemeinsames Handlungsziel aller Gesellschaftsmitglieder, nicht einmal den Gedanken einer intersystemischen Abstimmung zwischen den Teilsystemen voraussetzen kann. Luhmann setzt gegen solche Postulate das empirische Argument, daß die jeweiligen systemrelativen Operationen zwar kontingent sind, d.h. daß man alles auch anders sehen kann und somit eine *Gemeinsamkeit* oder *Einheit* der Gesellschaft nicht voraussetzbar ist, ohne zu fragen, wer sie beobachtet. Allerdings finden sich teilsystemspezifische Kommunikationen sehr wohl in einer Umwelt vor, durch die sie limitiert werden. Diese strukturgebenden Limitationen schränken Möglichkeiten ein und lassen die Beliebigkeit nicht ins Uferlose sich ausweiten. Luhmann richtet den Blick des Beobachters darauf, daß soziale Systeme ja nichts anderes tun, als in ihren jeweiligen Grenzen zu operieren, und setzt dieses Operieren nebeneinander letztlich als Garant für Ordnung. Selbstverständlich kann das politische System nur politisch operieren und mit der Unterscheidung Regierung/Opposition beobachten, es erfährt aber etwa ökonomische Umweltbedingungen als Limitation von Möglichkeiten. Und genauso selbstverständlich bricht das Wirtschaftssystem nicht aus seinem systembildenden Code von Zahlen und nicht Zahlen aus, wenn es in rechtlicher Kommunikation möglichkeitsbindende Einschränkungen vorfindet. Die nacheinander in der Zeit stattfindenden Operationen stellen sich also - vor allem durch entsprechend offen gehaltene Programmierung - gewissermaßen aufeinander ein, ohne daß damit eine *gemeinsame* Perspektive oder gar die Möglichkeit der *Verständigung* über gemeinsame Ziele, Normen und Werte impliziert werden müßte. Ganz im Gegenteil verschärft dieses dynamische Wechselspiel der reziproken Konstitution von System und Umwelt die Differenz zwischen den Operationen, die sich allein durch ihr Auftreten unhintergehbar an den *eigenen* Code binden. Wenn gezahlt wird, hat das zwar womöglich politische Effekte, aber es wird eben gezahlt und nicht regiert oder opponiert. Wenn wissenschaftlich über Erziehung kommuniziert wird, wird nicht erzogen, wenn auch pädagogisches Handeln im

Horizont, d.h. in der (selbstkonstituierten!) Umwelt (erziehungs-) wissenschaftlicher Kommunikation stattfinden mag.

Die wechselseitigen Limitierungen sind es, die letztlich dazu führen, daß so etwas wie eine gesellschaftliche Ordnung entsteht, die allerdings nicht als Ordnungsfaktor vorgegeben ist, sondern sich prozessual stets neu bewähren und herausbilden muß. Wir haben oben darauf hingewiesen, daß Struktur und Prozeß keine gegensätzlichen Größen sind, sondern sich wechselseitig ermöglichen. Insofern erfordert das gleichzeitige Operieren von Teilsystemen ein ständiges Austarieren des eigenen Möglichkeitsspielraums in einer komplexen Umwelt. Soziale, besser: gesellschaftliche Ordnung kann gemäß dem Theorem autopoietischer Systeme, die sich durch Dauerzerfall von Ereignissen reproduzieren, nichts sein, was ist, wie es ist, sondern was sich in Ereignissen stets neu in der Zeit ausbilden und bewähren muß.[55] Trotz des Dauerzerfalls ändert sich nicht mit jedem Ereignis die Welt, vielmehr legen sich autopoietische soziale Systeme auf Bewährtes fest, greifen auf Funktionales zurück, stabilisieren damit Erwartungen und schränken Komplexität und Kontingenzbewußtsein ein. Luhmann greift zur Beschreibung dieses Sachverhalts auf den von Heinz von Foerster stammenden Begriff *Eigenwerte* (vgl. v. Foerster 1985: 210) zurück. Solche sich mit der Zeit herausbildenden Eigenwerte sind strukturelle Selbsteinschränkungen, die bestimmte Anschlüsse wahrscheinlicher machen. In diesem Sinne ist Siegfried J. Schmidt zuzustimmen, wenn er sagt, autopoietische Systeme operierten *induktiv* und *konservativ* (vgl. Schmidt 1987: 25), was selbstredend nicht im Sinne der politischen Semantik gemeint ist, sondern die Wiederanwendung erfolgreicher Selektionen des Systems meint.

Durch so entstehende *Eigenwerte* entsteht eine soziale Ordnung, die nicht nur in der Referenz auf das System selbst, sondern auch in der Referenz auf Fremdes mit der Zeit zu Erwartbarkeiten führt, die das Nebeneinander operativ disparater Teilsysteme ermöglicht. "Was

---

[55] Zum Zeitaspekt der autopoietischen Reproduktion, insbesondere im Hinblick auf Strukturbildung in Prozessen, vgl. Nassehi 1993a: 184ff.

bleibt, ist ein Minimum an 'negentropischer' Ordnung, das heißt eine Ordnung mit gebundenen Alternativen. Ihre Eigenwerte findet man in 'Stellen' oder auch in 'Funktionen', die immer auch anders besetzt, aber eben nicht beliebig anders besetzt sein können. Stabilität wird dann dadurch gewährleistet, daß für alles, was wir vorfinden, nur begrenzte Ersatzmöglichkeiten in Betracht kommen." (BdM: 47) *Modernität* ist für Luhmann letztlich der Umgang mit der Erfahrung, daß alles auch anders sein könnte (Kontingenz), sich aber dennoch jene empirischen Operationen (Beobachtungen) und Kommunikationen (Handlungen) einstellen, die wir beobachten. Die Grundoperation der Moderne ist das Beobachten zweiter Ordnung, das die operative Autonomie der verschiedenen Funktionssysteme ermöglicht: im Wissenschaftssystem durch Publikationen, die wissenschaftlich beobachtbar machen, wie die Wissenschaft beobachtet, sowie durch Wissenschaftstheorie; im politischen System durch Beobachtung der öffentlichen Meinung, die nichts anderes ist als die Beobachtung der Politik durch ihr Publikum; im Wirtschaftssystem durch die Beobachtung der Beobachtung von Preisen; im Rechtssystem durch die (verfassungs)rechtliche Beobachtung des Rechts; in der Erziehung durch Beobachtung der Beobachtung von Zöglingen; schließlich in der Familie durch die Beobachtung von Familienmitgliedern durch familiale Kommunikation.[56] Solche Beobachtungen zweiter Ordnung ermöglichen erst die Entstehung selbstreferentieller Ordnungen, die nicht an einem Außen - etwa an Gott oder einer sonstigen Einheitschiffre - orientiert sind. Der Preis für die Zirkel- und Paradoxiegefahr, für den Fall ins Bodenlose, für den - philosophisch gesprochen - drohenden *regressus ad infinitum* ist das Erleben von Kontingenz, der Gewinn ist eine potentielle Formenvielfalt und Flexibilität, ein erheblicher Zeitgewinn bei der Reaktion auf Veränderung sowie die Fähigkeit der Entstehung einer sich selbst

---

[56] Belege für diese kurzen Andeutungen bezüglich der Beobachtung zweiter Ordnung in den Funktionssystemen finden sich in BdM: 119ff., speziell zur Familie in SozA 5: 170ff., für die Wirtschaft in WirtG: 307f., für die Wissenschaft in WissG: 297f., für Medizin in SozA 5: 190f., für Religion in GS 3: 330ff., für Kunst in Luhmann 1986b: 6ff.

verstärkenden Ordnung. "In diesem Sinne ist das Beobachten zweiter Ordnung mit seiner Semantik, seinen Eigenwerten der Kontingenz, methodologisch gesprochen, eine intervenierende Variable, die erklärt, daß die Gesellschaft in eine an Funktionen orientierte Differenzierungsform" (BdM: 119) übergegangen ist.

Die Beobachtung zweiter Ordnung fungiert in Luhmanns Gesellschaftstheorie sowohl als wissenschaftliche Beobachtungstechnik als auch als wesentliches Merkmal der modernen Gesellschaft selbst, die sich als rekursive Vernetzung von Beobachtungen zweiter Ordnung beschreiben läßt. Alles Beobachten der Gesellschaft erfolgt also stets innerhalb der Gesellschaft - sobald beobachtend kommuniziert wird, findet sich Gesellschaft im Vollzug vor. Wir haben gezeigt, daß Luhmann diese Paradoxie des Enthaltenseins der soziologischen Beobachtung der Gesellschaft in dem Beobachteten sozusagen in den Gegenstand seiner Analyse einbaut. Wir wollen nun noch auf eine weitere Konsequenz dieses operativen Gesellschaftsbegriffs aufmerksam machen, der sich in Luhmanns Theorie im Begriff der *Weltgesellschaft* niederschlägt.

Bereits in einem Aufsatz von 1971 hat Luhmann den Begriff geprägt (vgl. SozA 2: 51ff.). Er stellt darauf ab, daß die moderne Gesellschaft insbesondere durch die Spezialisierung der Funktionscodes, die erdumspannend wirken, keine territorialen Grenzen mehr hat. Sie ist zwar auf die Erde beschränkt, findet aber in ihrer Umwelt keine anderen Gesellschaften mehr vor, ist also *Welt*gesellschaft. *Welt* steht für Luhmann für die "Sinneinheit der Differenz von System und Umwelt" (SoSy: 283). Da jedes System sich und seine Umwelt unterscheidet, erscheint die Welt jedem System als Korrelat seiner eigenen System/Umwelt-Differenz. Die Welt als Ganze wird dann sozusagen als Einheit der Differenz von System und Umwelt gedacht. Diese theoretische Konstruktion destruiert einen Weltbegriff, der das Ganze der Welt als seiende Einheit denkt, als etwas, das über dem Besonderen liegt und die Mannigfaltigkeiten des Besonderen verbindet. Welt wird von Luhmann vielmehr *systemrelativ* gedacht: Jede System/Umwelt-Differenz hat ihre eigene Welt, weil sie eine je eigene Differenz von System und (systemrelativer) Umwelt hat. Dieser *multizentrische Weltbegriff* (vgl. SoSy:

284) ergibt sich aus dem perspektivischen Aufbau des systemtheoretischen Denkens. Doch wie kann angesichts dieses radikalen Perspektivismus und der je systemrelativen Beobachterposition dann von einer einheitlichen Weltgesellschaft gesprochen werden?

Zunächst betont Luhmann *theoretisch*, daß sich der Begriff Weltgesellschaft gleichsam aus der Begriffskonstruktion selbst ergibt. Wenn unter Gesellschaft diejenige Einheit verstanden wird, "die alle Kommunikationen und nichts anderes in sich einschließt und dadurch völlig eindeutige Grenzen hat" (SoSy: 557), ist Gesellschaft notwendig Weltgesellschaft, da die Sinneinheit der Differenz von (Gesellschafts-)System und Umwelt dann die Welt als Ganze ist. Zugleich bringt Luhmann das *empirische* Argument, daß sich der soziale Verkehr tatsächlich erdumspannend entwickelt (vgl. WissG: 619). Entscheidend ist jedoch, daß der Begriff einer einheitlichen Weltgesellschaft nicht die radikale Differenziertheit der modernen Gesellschaft einzieht - das gilt sowohl für die primäre Differenzierung in Funktionssysteme als auch für sekundäre Differenzierungen etwa in eine sogenannte *erste* und *dritte* Welt, oder die Differenzierung in Nationalstaaten. Insbesondere letzteres scheint Kritiker immer wieder an der ausdrücklich von Luhmann konzipierten *Differenziertheit* der Einheit der Weltgesellschaft vorbeisehen zu lassen. Walter Reese-Schäfer etwa kritisiert: "Nun ist die Weltgesellschaft weder eine empirisch feststellbare noch eine, wenn es so etwas gibt, theoretische Tatsache. Wir haben es vielmehr mit einer Vielfalt von Einzelstaaten zu tun." (Reese-Schäfer 1992: 89) Abgesehen davon, daß Staatsgrenzen kaum als Gesellschaftsgrenzen zu denken sind, scheint ein solches Argument gerade den Clou der Theorie funktionaler Differenzierung nicht zu sehen. Es ist eben nur eine *politische* Beobachtung der Welt, sie in Nationalstaaten differenziert zu sehen. Schon die Wirtschaft entzieht sich dieser Beobachtung, wenn die Wirtschaftspolitik eines regionalen Staates etwa zu Kapitalflucht ins Ausland führt. Es ist soziologisch kaum sinnvoll, dies so zu beschreiben, das Kapital flüchte von einer Wirtschaft in die andere. Alle funktionalen Teilsysteme haben sich in dieser Weise internationalisiert - und finden in sich doch segmentäre Grenzen vor, die parallel zu Staatsgrenzen oder Grenzen von staatlichen Zusammenschlüssen verlaufen können. Das gilt für die internationale *scientific community* genauso wie für (internationales) Recht, für die religiöse Querlage zu nationalen Grenzen (*"urbi et orbi"*) ebenso wie für die Internationalisierung des Sports, von der Politik, die etwa von Reese-Schäfer als Garantin für die territoriale Begrenztheit von Gesellschaften angeführt wird, ganz zu schweigen. Uns scheint ein Verständnis für die Regionalisierung der Weltgesellschaft durch jenen Gesamtbegriff nicht, wie Reese-Schäfer meint (vgl. ebd.: 90), blokkiert zu werden. Womöglich benötigen wir gerade einen Begriff der Weltgesellschaft, um auch die theoretische Tradition des Denkens in Regionalgrenzen zu überwinden - empirische Evidenzen dafür scheinen uns jedenfalls ausreichend vorzuliegen. "Die primäre Struktur gesellschaftlicher Differenzierung schließt heute an die Unterschiede zwischen Funktionssystemen an, und das Ausmaß, in dem die heutige Weltgesellschaft noch schichtmäßig bzw. nach Zentrum/Peripherie differenziert ist, ergibt sich aus dem Fungieren der Funktionssysteme. Es sind politische Gründe, aus denen die regionale Segmentierung des politischen Systems der Weltgesellschaft in Staaten trotz permanenter Kriegsgefahr festgehalten wird; und es sind wirtschaftliche Gründe, die eine Differenzierung nach Zentrum und Peripherie, nach hochentwickelten und entwicklungsbedürftigen Regionen forcieren." (ÖKom: 168) Wir meinen, daß gerade das Problem der differenzierten Einheit der Weltgesellschaft, die theoretisch über den Kommunikationsbegriff beschrieben wird, die entscheidenden Erweiterungen einer Theorie der modernen Gesellschaft erwarten läßt. Gerade hier, am Thema einer Gesellschaftstheorie, dürfte deutlich werden, daß Luhmanns Projekt einer fachuniversalen soziologischen Theorie trotz der Fülle an vorliegendem Material noch nicht zu seinem Abschluß gekommen ist.

Zusammenfassung wichtiger Grundbegriffe:

* *Lebenswelt* steht bei Luhmann nicht für einen Garanten gesellschaftlicher Einheit, sondern für diejenige *vertraute* Sphäre, die einem Beobachter erscheint, wenn er *Vertrautes* und *Unvertrautes* vorfindet. Was jeweils als vertraut oder unvertraut erscheint, hängt von der Perspektive des Beobachters ab.
* Die *Paradoxie differenzierter Einheiten* besteht darin, daß jede Beobachtung des Gesellschaftssystems das Gesellschaftssystem in toto sieht und es zugleich nicht sehen kann. Sie sieht eine Einheit, weil sie nur sieht, was sie sehen kann; sie sieht aber auch Differenz, weil sie womöglich sehen kann, daß andere anders sehen.
* Die *Einheit des Gesellschaftssystems* läßt sich in der funktional differenzierten Gesellschaft deshalb an keinem Ort der Gesellschaft alternativlos bzw. mit gesellschaftsweitem Geltungsanspruch repräsentieren.
* *Weltgesellschaft* bezeichnet den Gesellschaftstyp der Moderne, in der die Einheit der Gesellschaft nurmehr als erdumspannende Gesamtheit aller möglichen Kommunikationen verstanden wird.

Literatur:

Niklas Luhmann: Beobachtungen der Moderne, Opladen 1992, S. 11-49.

Niklas Luhmann: Tautologie und Paradoxie in den Selbstbeschreibungen der modernen Gesellschaft, in: Zeitschrift für Soziologie 16 (1987), S. 161-174.

4.5 Person, Inklusion und Individuum

Wie wir oben bereits erläutert haben, hat Luhmann für den Begriff *Mensch* keinen theoretischen Platz. Für ihn sind Menschen keine autopoietischen Systeme, da es ihnen an der Einheit ihrer Operationen mangelt. Der Mensch besteht vielmehr aus verschiedenen autopoietischen Systemen, die strukturell miteinander gekoppelt sind: organisches System, Immunsystem, Nervensystem/Gehirn und Bewußtsein. Doch wird niemand, auch Luhmann nicht, leugnen, daß es ohne Menschen keine Gesellschaft gäbe, was sich ja schon in dem programmatischen Satz ablesen läßt, daß es keine Kommunikation ohne Bewußtsein geben könne, obwohl (und weil) beide sich nicht überlappen. Wie kommen also Menschen in Luhmanns Gesellschaftstheorie vor? Zur Beantwortung dieser Frage haben wir auf die folgenden drei Begriffe einzugehen: *Person*, *Inklusion* und *Individuum*.

- *Person* steht in der Theoriesprache Luhmanns für einen Adressaten sozialer Systeme (vgl. WissG: 33).
- *Inklusion* meint die Teilhabe von Personen an bestimmten Kommunikationen (vgl. WissG: 346).
- *Individuum* schließlich meint zweierlei, zum einen die "Individualität psychischer Systeme" (SoSy: 346ff.), die sich aus der Unteilbarkeit psychischer Operationen ergibt, zum anderen Individualität als spezifisch modernes Muster individueller Selbstbeschreibungen (vgl. GS 3: 216ff.).[57]

Mit dem Begriff *Person* gewinnt Luhmann - wie wir oben schon erläutert haben - die Möglichkeit, die Einheitsvorstellung vom Menschen als Ganzheit zu unterlaufen und seine Inanspruchnahme durch Kommunikation zu beschreiben. "Personen sind demnach Strukturen der Autopoiesis sozialer Systeme, nicht aber ihrerseits psychische Systeme oder gar komplette Menschen. Personen müssen daher von den Einheiten unterschieden werden, die im Vollzug der Autopoiesis des Lebens oder der Gedanken eines Menschen erzeugt werden." (WissG: 33) Die Kommunikation ist es, die durch ihre Struktur entscheidet, welche Aspekte eines Menschen durch sie adressiert werden. So adressiert wissenschaftliche Kommunikation einen Hochschulprofessor nur als Wissenschaftler, nicht aber als Vertreter eines bestimmten sexuellen Stils, als religiösen Virtuosen oder als Hypertoniepatienten. Und wenn sich dieser Professor mit einem Kollegen über sexuelle Stile unterhält, so ist dies nicht wissenschaftliche Kommunikation, nur weil es innerhalb universitärer Räume geschieht, sondern ein Interaktionssystem, das auf die Personen wiederum in einer bestimmten Weise selektiv zugreift.[58]

---

[57] Damit getrost weitergelesen werden kann: Die tautologische und paradoxe Formulierung ist kein Versehen, wir kommen darauf zurück!

[58] Luhmanns Personbegriff ist verwandt mit dem soziologischen Rollenbe-

Gesellschaftstheoretisch bedeutsam ist der Personbegriff insofern, als die Verteilung von Rollenerwartungen an konkrete Personen unmittelbarer Ausdruck gesellschaftlicher Differenzierungsgrade und -formen ist. Es macht durchaus einen Unterschied, ob ein Mensch in seinen unterschiedlichen Verrichtungen stets *die gleiche Person* ist oder ob er in seiner Person *unterschiedliche Personen* in sich vereinigt. Dies verweist bereits auf den Begriff *Inklusion*, also auf die Teilhabebedingungen an sozialer Kommunikation. "Inklusion erreicht, wer kommunizieren kann, was man kommunizieren kann [...]" (WissG: 346), heißt es bei Luhmann lapidar. *Was* man kommunizieren kann, hängt von den jeweiligen Erwartungsstrukturen sozialer Systeme ab, und *wer* es kommunizieren kann, verweist auf die Zugangsbedingungen zu bestimmten sozialen Zusammenhängen.

Inklusionsbedingungen hängen - wie schon angedeutet - unmittelbar von gesellschaftlichen Differenzierungsformen ab. Die vormoderne Differenzierung der Gesellschaft in ungleiche Schichten läßt die Grenzen der gesellschaftlichen Teilsysteme parallel zu Grenzen zwischen Menschen verlaufen. Man gehört *entweder* der einen *oder* der anderen Schicht an. Wenn man mit Luhmann sagen kann, daß jedes Teilsystem durch die eindeutige Leitdifferenz *oben/unten* seinen Platz im Ganzen kennt, so gilt dies erst recht für Personen. Sie nehmen nicht eine individuelle *Einzigartigkeit* im Sinne einer Abgrenzung zur gesellschaftlichen Umwelt in Anspruch, denn das hieße: "aus der Ordnung herausfallen. Privatus heißt inordinatus." (GS 1: 72). Der wesentliche Unterschied zur segmentären Gesellschaft liegt allerdings darin, daß die Gruppenzugehörigkeit der Person, also ihr Zugeordnetsein zu *einem* sozialen System, nicht mehr die Zuordnung zu einer alternativlosen Gruppe ist, deren Gruppengrenzen gleichsam auch Gesellschaftsgrenzen bilden. Die Bezugsgröße ist jetzt nicht mehr die Gesellschaft als ganze, sondern das jeweilige hierarchisierte Teilsystem, dem die Person nun - ebenso alternativlos

---

griff, unterscheidet sich von ihm allerdings in der Weise, daß *Rolle* bereits eine allgemeine Verhaltenserwartung, losgelöst vom Rollenträger meint, während *Person* auf die Zurechnung bzw. Erwartung eines Verhaltens auf einen konkreten Menschen abstellt (vgl. SoSy: 430).

- zugehört. "Segmentäre und stratifikatorische Differenzierung sind darauf angewiesen, Personen je einem der Teilsysteme zuzuordnen. Entsprechend setzt sich in segmentären Gesellschaften unter der Bedingung von Exogamie in der Generationenfolge das Einlinienprinzip durch. In geschichteten Gesellschaften wird innerhalb der Schicht geheiratet, so daß die Schichten [...] rekrutierungsmäßig autonom sind. Auch wo Mobilität vorkommt, gehört die Person im Prinzip einer und nur einer Schicht an. *Die Identität der Person beruht in diesem Sinne auf ihrem 'Stand' - also* direkt *auf dem Prinzip sozialer Differenzierung.*" (GS 1: 30; Hervorh. durch uns) Die Gesellschaft und ihre innergesellschaftlichen Grenzen waren es also selbst, die den Boden für eine stabile, an konkreten Rollen und Erfordernissen ausgerichtete Identität ermöglichten: Der Bauer identifizierte sich unreflektiert und alternativlos über seinen Stand, so auch der Bürger, der Adlige oder der Kleriker. Auch hier war die individuelle Position wesentlich eine *zugeschriebene Position*, codiert nach einem stabilen *Schichtindex*. Die Zuordnung der Person zu sozialen Strukturen, also die *Inklusion* der Person, betraf die gesamte Existenz, das Individuum mit all seinen verschiedenen Möglichkeiten, an gesellschaftlicher Kommunikation zu partizipieren. *Multifunktionale Einheiten* wie Familien bzw. Haushalte oder funktionale Äquivalente wie Klöster und Zünfte boten dem Menschen einen festen Platz in der Gesellschaft.

Mit dem Übergang zur funktional differenzierten Gesellschaft ändern sich die Inklusionsbedingungen radikal. Personen können nun nicht mehr allein einem Teilsystem zugeordnet werden, das in Form von multifunktionalen Einheiten Stabilität und Sicherheit spendet. Die moderne Gesellschaft verlangt von Personen die *gleichzeitige* Zugehörigkeit zu *verschiedenen* Teilsystemen. Solche *Mischexistenzen* waren für vormoderne Gesellschaften nahezu ausgeschlossen, weil die innergesellschaftlichen Grenzziehungen parallel zur Selbstidentifikationsfolie verliefen. Bin ich Bauer, reicht mir dieses in der Gesellschaftsstruktur verankerte Identifikationssymbol aus, um mich in der Gesellschaft zu verorten, und zwar sowohl im Verhältnis zu meinesgleichen als auch erst recht gegenüber solchen, die in der Hierarchie über mir stehen. Es ist die alternativlose Zugehörigkeit zu *einem* Teilsystem, das Identität *spendet*, also von außen, wir könnten sagen: *gesellschaftlich* zuweist. Eine *Mischexistenz* zu sein, also etwa zugleich Adliger und Bürger, war bis auf wenige Ausnahmen unmöglich, sie war mit den Mitteln der Stratifikation nicht zu behandeln. Genau auf eine *Mischexistenz* aber "reduziert die funktionale Differenzierung die persönliche Existenz. Sie kann Personen nicht mehr den Teilsystemen zuordnen in dem Sinne, daß eine Person einem und nur einem Teilsystem angehörte - die eine etwa eine rein juristische Existenz führte, die andere nur erzogen würde." (GS 1: 30) Man könnte diese Liste noch vervollständigen: Niemand führt eine nur wirtschaftliche Existenz, keiner geht ganz als Wissenschaftler auf, selbst ein Grenzfall für moderne Gesellschaften - Ordensleute, die tatsächlich fast nur im Religionssystem verankert sind - nehmen am Wirtschaftssystem teil oder sind Wahlbürger im Sinne des politischen Systems. Nicht mehr durch Zuordnung der Person zu nur *einem* gesellschaftlichen Teilsystem nimmt die Person an gesellschaftlicher Kommunikation teil. Vielmehr gilt nun - zumindest nominell - "das Prinzip der *Inklusion* aller in alle Funktionssysteme: Jede Person muß danach Zugang zu allen Funktionskreisen erhalten können je nach Bedarf, nach Situationslagen, nach funktionsrelevanten Fähigkeiten oder sonstigen Relevanzgesichtspunkten. Jeder muß rechtsfähig sein, eine Familie gründen können, politische Macht mitausüben oder doch mitkontrollieren können; jeder muß in Schulen erzogen werden, im Bedarfsfalle medizinisch versorgt werden, am Wirtschaftsverkehr teilnehmen können. Das Prinzip der Inklusion ersetzt jene Solidarität, die darauf beruhte, daß man einer und nur einer Gruppe angehörte. Die universelle Inklusion wird mit Wertpostulaten wie Freiheit und Gleichheit idealisiert; sie ist in Wahrheit natürlich keineswegs freigestellt oder gleich verteilt, aber sie ist durch die Differenzierungsform der Gesellschaft nicht mehr vorreguliert." (GS 1: 31) Dieser Mangel an Vorregulierung hat nicht nur Einflüsse auf die kontingente, d.h. bei jedem anders ausfallende Kombination von Inklusions- und Zugehörigkeitsmerkmalen in gesellschaftliche Teilsysteme. Es hat auch - das scheint uns erheblich wichtiger zu sein - Auswirkungen auf die Art und Weise, wie die

Person sich selbst identifiziert, wie sie ihrer Individualität eine Identität verleiht.

Zunächst fällt auf, daß die innergesellschaftlichen Teilsystemgrenzen nicht mehr parallel zu persönlichen Lebenslagen verlaufen. Vormoderne Grenzziehungen zwischen Schichten waren *auch* Grenzen zwischen ganzen Personen, zwischen typisierten Individuallagen, zwischen mehr oder weniger festgefügten Lebensformen. In modernen Gesellschaften gilt dies nicht mehr. Ulrich Beck beschreibt die funktionale gesellschaftliche Differenzierung aus der Perspektive von Personen sehr treffend folgendermaßen: "*Alles, was in systemtheoretischer Perspektive getrennt erscheint, wird zum integralen Bestandteil der Individualbiographie:* Familie *und* Erwerbsarbeit, Ausbildung *und* Beschäftigung, Verwaltung und Verkehrswesen, Konsum, Medizin, Pädagogik usw. Teilsystemgrenzen gelten für Teilsysteme, aber nicht für Menschen in institutionenabhängigen Individuallagen. [...] Die Teilsystemgrenzen gehen durch Individuallagen hindurch." (Beck 1986: 218) Die Grenzen funktionaler Teilsysteme müssen also in individuellen Lebenslagen wieder gebündelt werden. Die Ich-Identität der Person wird damit konsequenterweise zunehmend das Ergebnis einer spezifischen *Eigenleistung* des Individuums. Damit wird in gewissem Sinne die Erkenntnis widergespiegelt, die wir oben für gesellschaftliche Teilsysteme präsentiert haben: Der Wechsel der primären Systemreferenz zum *Selbst.* Auch personale oder psychische Systeme, sagen wir der Einfachheit halber: *Personen*, sind nun darauf angewiesen, ihre Identität *selbstreferentiell*, d.h. wesentlich unter Rekurs auf die Reflexion über sich selbst zu erlangen. Luhmann betont diesen Sachverhalt, indem er von "Synthesen im Einzelnen" (GS 1: 219) spricht, die es dem Individuum ermöglichen, sich in den wechselnden und mannigfaltigen Anforderungen im Bestimmungsbereich der verschiedenen gesellschaftlichen Teilsysteme zu bewegen. Im Klartext: Die Gesellschaft bietet dem einzelnen zwar immer noch Definitionsmerkmale, semantische Beschreibungsfolien und vorstrukturierte Wirklichkeitsbereiche an, sie kann aber die Ich-Identität des Menschen nicht mehr *von außen* bestimmen. Das Individuum wird zunehmend auf sich selbst zurückgeworfen und muß eigene Ressourcen mobilisieren, um auf die Frage zu antworten: *Wer bin ich?* Es muß sich also - so das Signum unseres Zeitalters - auch selbst der Beobachtung zweiter Ordnung aussetzen. Es muß beobachten, wie es sich und andere(s) beobachtet.[59]

Die Struktur der Selbstidentifikationslage von Personen, insbesondere was ihren gesellschaftsstrukturellen Wandel angeht, dürfte nunmehr ausreichend expliziert worden sein. Mehrfach ist allerdings schon der Begriff *Individuum* bzw. *Individualität* gefallen, also der dritte Begriff, den wir in diesem Abschnitt einführen wollten. Die oben schon angedeutete operative "Individualität psychischer Systeme" besagt, daß das Bewußtsein per se ein *individuelles System* ist, da es seine unteilbare operative Einheit durch den je eigenen Bewußtseinsstrom erhält, aus dem es nicht ausbrechen kann.[60] Diesen Sachverhalt können wir hier jedoch vernachlässigen, da er lediglich von systemtheoretischer und theorietechnischer, nicht aber von gesellschaftstheoretischer Bedeutung ist. Gesellschaftstheoretisch bedeutsam wird der Begriff allerdings, wenn man sich seine semantische Potenz für die Selbstbeschreibung des Menschen in der Moderne vergegenwärtigt.

Luhmann zeigt, daß sich ein Verständnis für *Individualität* und *Individuum* semantisch parallel zur Gesellschaftsstruktur entwickelt hat. Noch im 17. Jahrhundert wird für die Bestimmung von Individualität ausschließlich der Bezug auf ein der Person Äußeres gewählt - nämlich Geburtsstand und geographische Lokalisierung, gemäß Differenzierung in Schichten und in geographisches Zentrum

---

59 Mit dieser Theorie der Soziogenese von Individualität schließt Luhmann unmittelbar an Motive soziologischer Klassiker an, etwa an Norbert Elias´ Theorie der Transformation von Fremd- in Selbstzwänge, an Georg Simmels Kulturphilosophie oder an Max Webers Persönlichkeitsethik. Wir belassen es bei dieser bloßen - unvollständigen! - Aufzählung, weil Luhmann zum einen selbst wenig Wert auf die Kontinuität mit klassischen Motiven der Gesellschaftstheorie legt und weil zum anderen eine ausführliche Würdigung solcher Parallelen nicht en passant möglich wäre. Im Falle Simmels vgl. dazu jedoch Nassehi 1993b.

60 Nicht zufällig erinnert diese Formulierung an Edmund Husserls *Phänomenologie des inneren Zeitbewußtseins*, worauf Luhmann gerade bei der Beschreibung der Individualität psychischer Systeme ausdrücklich hinweist (vgl. SoSy: 201 und 356).

und Peripherie (vgl. GS 3: 178). Erst allmählich beginnt über einen literarischen Heroenkult oder die romantische Verklärung des individuellen Allgemeinen genau diese Differenz und dann das Verhältnis von Besonderem und Allgemeinem wichtig zu werden. Semantisch markant hat sich dabei die Konstruktion des *transzendentalen Subjekts* in der Bewußtseinsphilosophie seit Kant herausgestellt. Indem man das Individuum zum *Subjekt*, also zur Grundlage alles Seienden erhob, wurden mit der Französischen Revolution individuelle Bedürfnisse, Interessen und Ansprüche - philosophische Stichworte: *Selbstbestimmung und Autonomie* - zu Werten an sich erklärt (vgl. GS 3: 211f.). Schließlich wurde mit sich durchsetzender funktionaler Differenzierung die Grenze zwischen Ich und Welt, d.h. zwischen Individuum und Gesellschaft, so scharf gezogen, daß der Rekurs auf Ich-Identität und die Frage *Wer bin ich?* zum wesentlichen Problem der Bestimmung von Welt wurde. "Nicht eine vorfindbare Identität ist demnach der Ausgangspunkt und der Punkt, in den alles zurückkehrt, sondern der Anspruch: der Anspruch, Individuum zu sein und als Individuum zugelassen zu sein." (GS 3: 244) *Identität und Individualität fallen zusammen.*

Nochmals anders gewendet: Das moderne Individuum ist aufgrund des Fehlens von allgemeinen, identitätsverbürgenden Deutungssystemen, von traditionellen Lebensformen und von sicheren Rollen- und Verhaltensstandards darauf angewiesen, *sich selbst* zum Maß aller Dinge zu machen. Individualität wird also nicht mehr über *In*klusion, sondern über *Ex*klusion bestimmt (vgl. GS 3: 160). In der Semantik schlägt sich dies unter anderem im ständigen Rekurs auf den Wunsch nach *Selbstverwirklichung* und *Selbstbestimmung* nieder. Dieses ständige Verlangen ist notwendiges Resultat des Defiziterlebnisses, konstatieren zu müssen, "daß man nicht das ist, was man ist. [...] Ohne ein solches Defizit bestünde überhaupt kein Anlaß, die eigene Identität zu reflektieren, so wie auch umgekehrt die Reflexion das Defizit als Differenz zwischen dem, was man ist, und dem was man nicht ist, produziert. Individualität ist Unzufriedenheit." (GS 3: 243) Individuen finden sich also letztlich in einer paradoxen Situation vor: Sie beschreiben sich zwar als einzigartig und autonom, kopieren dabei aber ein Muster, das es verbietet, Muster zu kopieren (vgl. AdB: 440; GS 3: 221). Es dürfte nun auch deutlich werden, warum sich Individualität letztlich nur tautologisch und paradox darstellen läßt, wie wir es oben getan haben: Individualität als modernes Muster individueller Selbstbeschreibungen. Tautologisch ist sie, weil *individuelle* Selbstbeschreibungen stets *Individualität* als Selbstbeschreibung produzieren. Dies ist eine Folge funktionaler gesellschaftlicher Differenzierung. Paradox ist sie, weil man aus der Widersprüchlichkeit des Musters, keinem Muster zu folgen, nicht entkommen kann. Resultat ist die gesellschaftliche und zumeist sicher auch die psychische Selbstbeschreibung als Individuum, das sich im Bestimmungsbereich verschiedener sozialer Anforderungen vorfindet.

Auch Individualität darf also nicht ausschließlich als psychisches Phänomen verstanden werden, vielmehr erfordert die Differenziertheit und Komplexität der Moderne, daß die Autopoiesis der Gesellschaft so auf Personen zugreift, daß sie als Individuen beobachtet werden, obwohl die Gesellschaft in Gestalt funktionaler Teilsysteme letztlich nur auf Teile jenes vermeintlich Unteilbaren zugreift. Man könnte sagen: Gesellschaft beobachtet je nur partikulare Personenmerkmale und bekommt die *ganze Person* nicht in den Blick. Sie muß aber stets die *In*dividualität der ganzen Person unterstellen - und wir schließen stets von den partikularen Anteilen, die wir an Personen wahrnehmen, darauf, daß sie auch noch *andere Seiten* hat -, um die Person überhaupt als Person behandeln zu können.

Was man hier mit Luhmann beschreiben kann, ist sicher kein neuer Sachverhalt, sondern wurde und wird - wenn auch mit anderen theoretischen Mitteln und Absichten - von der soziologischen Theoriebildung immer wieder beschrieben. Man denke nur an die breite Semantik vom *Sinnverlust*, den das moderne, individualisierte Subjekt zu erleiden habe (Weber, Habermas), an die These vom *metaphysischen Heimatverlust* (Berger) oder an das Diktum der *Janusköpfigkeit* der Individualisierung (Beck). Luhmann stimmt nicht in jenen Verlustgestus ein, sondern versucht zunächst, den Sachverhalt theoretisch konsistent zu beschreiben. Luhmanns Perspektive ist eine genuin soziologische, sie markiert mit der für ihn unhintergehbaren Unterscheidung von psychischen und sozialen Systemen eine Position, die nicht mehr in die humanistische Tradition einer anthropologischen Sinnbestimmung von Welt und Gesellschaft passen will. "Sie ist radikal antihumanistisch, wenn unter Humanismus eine Semantik verstanden wird, die alles, auch die Gesellschaft, auf die Einheit und Perfektion des Menschen bezieht. Sie ist zugleich eine Theorie, die, im Unterschied zur humanistischen Tradition, das Individuum ernst nimmt." (Luhmann 1992: 131) Doch auch Luhmann meldet gewisse Bedenken an, inwieweit die Moderne jene radikale Selbstreferenz in der Selbstbeschreibung des Individuums verkraften kann, wohl wissend, daß jeder Versuch, Einheiten wiederherzustellen, nur neue Differenzen setzen würde. Er formuliert: "Die derzeit wohl zentralen Probleme der modernen Gesellschaft liegen in den Rückwirkungen von Umweltveränderungen, die die Gesellschaft ausgelöst hat, auf die Gesellschaft selbst. Das gilt nicht nur für die physisch-chemisch-organische Umwelt; das gilt ebensosehr für die psychische Umwelt des Gesellschaftssystems. In einem Maße wie nie zuvor ändert unser Gesellschaftssystem die Lebensbedingungen auf dem Erdball. Wir können nicht voraussetzen, daß die Gesellschaft weiterhin mit der Umwelt, die sie schafft, existieren kann. Ebenso fraglich ist, ob die Gesellschaft die psychischen Mentalitäten, vor allem diejenigen Motive erzeugt, mit denen sie als Gesellschaft existieren kann, oder ob es auch hier Diskrepanzen gibt, die historisch ohne jede Parallele sind." (WirtG: 169) Aber damit sind wir schon mitten in der Zeitdiagnose.

Zusammenfassung wichtiger Grundbegriffe:

* *Person* meint einen system- und situationsspezifischen Adressaten sozialer Kommunikation.
* *Inklusion* bezeichnet die Teilhabe von Personen an bestimmten Kommunikationen.
* *Individuum* meint zweierlei, zum einen die "Individualität psychischer Systeme", die sich aus der Unteilbarkeit psychischer Operationen ergibt, zum anderen Individualität als spezifisch modernes Muster von Selbstbeschreibungen.

Literatur:

Niklas Luhmann: Die Form "Person", in: Soziale Welt 42 (1991), S. 166 175.

Niklas Luhmann: Individuum, Individualität, Individualismus, in: ders.: Gesellschaftsstruktur und Semantik. Studien zur Wissenssoziologie der modernen Gesellschaft, Band 3, Frankfurt/M. 1989, S. 149-258.

5 Diagnose der Gesellschaft

Luhmanns Theorie der Beobachtung zweiter Ordnung, die dem Beobachter die Relativität seines Standpunktes und die Paradoxie der Selbstbeobachtung vor Augen führt, schließt es letztlich aus, eine Zeitdiagnose zu formulieren, die darüber belehrt, wie die Gesellschaft *eigentlich* beschaffen sei oder sogar sein solle. Die konsequente Anwendung des Theorems der Beobachtung zweiter Ordnung führt vielmehr zu einer anderen Fragestellung: Sie beobachtet, wie sich die Gesellschaft selbst beobachtet und was sie dabei in den Blick bekommt. Wir werden im folgenden die Anwendung dieser Technik an drei Beispielen demonstrieren, an denen Luhmann die Selbstthematisierung des Gesellschaftssystems untersucht: an der Beobachtung der Risikokommunikation, an der Beobachtung moralischer Kommunikation und an der Beobachtung und Möglichkeit von Kritik.

5.1 Risiko

Eine der sicher prominentesten Themen für die Selbstthematisierung der modernen Gesellschaft ist ohne Zweifel eine Krisensemantik, die sowohl im technisch-industriellen, im politischen und militärischen sowie im Gesundheitsbereich Unheilvolles erwarten läßt - und dies mit gutem Grund, wie wir angesichts zahlloser Katastrophenmeldungen und ständiger Warnungen vor riskantem Verhalten immer wieder zu hören bekommen. In der Thematisierung von Risiken und der Bewältigung drohender und erfolgter Selbstschädigungen des Gesellschaftssystems sieht Luhmann demnach einen prominenten Gegenstand, an dem sich die Selbstthematisierung der Gesellschaft verdeutlichen läßt. Hier wendet er die Technik der Beobachtung von Beobachtungen zeitdiagnostisch an.

Von Risiken ist spätestens dann die Rede, wenn deutlich wird, daß entstandener oder drohender Schaden in unmittelbarem Zusammenhang mit Entscheidungen steht, etwas zu tun oder zu lassen.

Nicht daß Unerwartetes oder Unheilvolles überhaupt geschieht, ist letztlich das Thema von Risikodiskursen, sondern die Beobachtung solcher Schäden als unmittelbare Folge von menschlichen Handlungen. "In der Frage, wie Unheil erklärt und behandelt wird, steckt also ein bedeutendes kritisches Potential - kritisch nicht in dem Sinne eines Aufrufs zur Ablehnung der Gesellschaft, die sich solchem Unheil ausgesetzt findet, sondern kritisch im Sinne eines verschärften, nichtselbstverständlichen Unterscheidungsvermögens." (SdR: 1f.)

Es liegt nahe, das Unheil, d.h. unerwünschte Folgen von Entscheidungen, auf falsche Entscheidungen zurückzuführen. Doch diese sehr einfache Phänomenreduktion scheint nicht auszureichen, um einen Schadenseintritt tatsächlich auszuschließen, wie schon das Problem großtechnischer Risiken zeigt. Obwohl man gerade im technischen Bereich meint, in eindeutigen *Wenn-dann-Kausalitäten* ein Kalkül für die Berechnung der zukünftigen Folgen gegenwärtiger Entscheidungen zu besitzen, kommt es immer wieder zu Schäden. Dieses Kalkül funktioniert in der Tat nahezu fehlerlos - allerdings mit dem nicht zu vernachlässigenden Nachteil, daß es erst *nach* Schadenseintritt wirklich zufriedenstellend arbeitet. Untersuchungskomissionen, so der amerikanische Organisationssoziologe Charles Perrow, können "erst nachträglich mit Bestimmtheit angeben, was in dieser Situation falsch gemacht wurde und was man stattdessen hätte tun sollen" (Perrow 1989: 24). Die eingetretenen Schäden lassen sich bei Anwendung des Kalküls tatsächlich auf falsche Entscheidungen zurückführen - die Diagnose der Untersuchungskomission pflegt dann zumeist *menschliches Versagen* zu lauten. Gerade die Risikoforschung Perrows aber zeigt, daß eine solche einfache Zurechnung ein Zuviel an Linearität, d.h. an Kausalattribution auf einem linearen Zeitstrahl unterstellt, an dem man Wirkung und Ursache eindeutig und im besten Falle sogar antizipativ zurechnen kann (vgl. ebd.: 125f.). Gerade aber risikoträchtige technische Anlagen sind in den seltensten Fällen *lineare* Systeme, also solche, bei denen sich eine eineindeutige Berechnung von *Wenn-dann-Kausalitäten* anwenden läßt. Dazu Perrows Credo der entwickelten Risikogesellschaft: "Die Vorstellung von unerwarteten Interaktionen wird uns allen immer vertrauter. Diese Vorstellung kennzeichnet unsere gesellschaftliche und politische Welt ebenso wie die der Technik und der Industrie." (ebd.: 107) Mit der Undurchschaubarkeit und Unerwartbarkeit wächst aber zugleich das Bewußtsein, daß die Gesellschaft selbst es ist, der man den Schadenseintritt zurechnen muß - der Gesellschaft, d.h. hier: Handlungen, Entscheidungen und Unterlassungen. Da extramundane Standpunkte ausfallen, die es erlauben könnten, Kontingenzvorsorge zumindest per religiöser Deutung des eingetretenen Schadens als Schicksal, Strafe Gottes oder Sündenlohn zu betreiben, wird die Immanenz des Problems nur zu deutlich. *Die moderne Gesellschaft produziert die Schäden, auf die sie zu reagieren hat, selbst, und sie kann lernen, dies als Zukunftsrisiko gegenwärtigen Handelns zu begreifen.*

Risiken sind also Zeit-, besser: Zukunftsprobleme. Durch Entscheidungen in der Gegenwart werden Bindungen für die Zukunft eingegangen, die die Möglichkeiten der Zukunft zwar einschränken, die aber erst *in der Zukunft*, also in einer Gegenwart, in der die Entscheidungen irreversibel vergangen sind, beobachtet werden können (vgl. Nassehi 1993a: 370ff.). Im Moment des Entscheidens bleibt die Zukunft riskant: Man bindet die Zeit, "*obwohl* man die Zukunft nicht hinreichend kennen kann" (SdR: 21). Die Zurechnung von Folgen auf Entscheidungen macht die Differenz zwischen Vergangenheit und Zukunft *sichtbar*; es ist damit "weniger Kontinuität und mehr Diskontinuität zu sehen als früher" (SdR: 56), als Unheil und Schaden weniger auf Entscheidungen als aufs Schicksal zugerechnet werden konnten und im schicksalhaften Unheil womöglich verborgene Heilspotentiale vermutet wurden.[61]

Die Einsicht in die Unmöglichkeit, die Zukunft vorwegzunehmen, um so in der gegenwärtigen Entscheidung selbst das zukünftige Schadenspotential zu lokalisieren, hat die Risikoforschung zu der Erkenntnis geführt, daß Risiken unvermeidbar sind, wann immer

---

[61] Nicht umsonst wird dem Leiden in der gesamten christlichen Tradition als Analogon zum Leiden Christi eine Heils- und Läuterungsfunktion zugeschrieben.

entschieden wird, auch wenn man sich entscheidet, nicht zu entscheiden. Auf eine Kurzformel gebracht: *Sicher ist nur, daß es keine absolute Sicherheit gibt.* Insofern ist nicht zu erwarten, daß durch Verbesserung etwa von technischen Anlagen *Sicherheit* im Sinne von Risikovermeidung erreicht werden könnte. Selbstverständlich können Atomkraftwerke, Flugzeuge oder Öltanker *sicherer* gebaut und betrieben werden, doch auch der Einsatz von zusätzlichen Sicherheitstechniken birgt neue Risiken, weil mit ihnen entschieden wird. Die Folge: Wenn Entscheidungen per se riskant sind, birgt auch die Entscheidung für Sicherheit Risiken.[62] Da es aus diesem Dilemma keinen Ausweg gibt, muß sich die Risikoforschung wie die praktische Risikohandhabung damit begnügen, vom Superlativ auf den Komparativ umzustellen: Da *höchste Sicherheit* nicht möglich ist, muß man sich damit abfinden, Riskantes wenigstens mit *höherer Sicherheit* auszustatten. Im Klartext heißt das, Risiken gegeneinander abzuwägen oder durch Vermeidungsstrategien auszuschließen (so etwa Perrow 1989: 22 und 355ff.) oder aber riskante Systeme fehlerfreundlicher auszulegen (so etwa Weizsäcker/Weizsäcker 1984: 167ff.).

Wir haben diesen Stand der Risikoforschung so ausführlich dargestellt, um Luhmanns Anschluß und seine *soziologische* Beobachtungsweise verdeutlichen zu können. Gemäß dem Theorem der Beobachtung zweiter Ordnung beobachtet Luhmann, wie die moderne Gesellschaft ihre Beobachtungen des Risikoproblems beobachtet. Jede Beobachtung arbeitet - wir haben mehrfach darauf hingewiesen - per Handhabung einer Unterscheidung. Die beobachtungsleitende Unterscheidung, die der Risikohandhabung sowohl in der von uns dargestellten Variante der Risikoforschung als auch in den Massenmedien und in der politischen Öffentlichkeit zugrunde liegt, ist zumeist die Unterscheidung *Risiko/Sicherheit*. "Das hat in der politischen Rhetorik den Vorteil, daß man, wenn man sich gegen allzu

---

[62] Dazu Luhmann (SdR: 103) in Abwandlung Hölderlins:
"Wo aber Kontrolle ist
Wächst das Risiko auch"

riskante Unternehmungen ausspricht, zugleich als jemand erscheint, dem der allgemein geschätzte Wert der Sicherheit am Herzen liegt. [...] Die Risikoform wird damit eine Variante der Unterscheidung unerfreulich/erfreulich." (SdR: 28) Es wird damit sozusagen zweierlei verdeckt: Zum einen das Problem der unbekannt bleibenden Zukunft in der Zeitdimension und das Problem des Entscheiders in der Sozialdimension. Im Klartext: Die Unterscheidung Risiko/Sicherheit suggeriert, daß in der Sachdimension bei entsprechend richtigen Entscheidungen Risiken durch entsprechende Maßnahmen *mit Sicherheit* vermieden werden könnten. Daß aber die Zukunft unbekannt bleibt, korrumpiert letztlich die Möglichkeit von Sicherheit und weitet damit die eine Seite der Unterscheidung - Risiko - auf die andere - Sicherheit - aus. Diese Tautologie kann nur verdeckt werden, wenn man der Sachdimension - etwa: der Technik oder den richtigen Informationen - mehr zumutet, als diese aufgrund der unbekannt bleibenden Zukunft leisten kann. Desweiteren verdeckt die Unterscheidung, daß jeder Entscheider Risiken produziert, auch der, der sich für Sicherheit und gegen Risiko entschieden hat.

Luhmann wendet hier die Technik der Beobachtung zweiter Ordnung an, um die Konsequenzen zu beobachten, die sich daraus ergeben, wie sich die Gesellschaft selbst beobachtet. Zu dieser Technik gehört auch - und dies ist der eigentliche wissenschaftliche Ertrag von Luhmanns Soziologie -, die Beobachtungen der Gesellschaft mit anderen Beobachtungen zu konfrontieren, d.h. andere Unterscheidungen zu verwenden, mit denen man womöglich anderes in den Blick bekommt. Luhmann schlägt deshalb vor, die Unterscheidung *Risiko/Sicherheit* durch die Unterscheidung *Risiko/Gefahr* zu ersetzen, die per Beobachtung zweiter Ordnung darauf abstellt, *wie* Schäden und Schadenserwartungen *von wem* beobachtet werden. "Entweder wird der etwaige Schaden als Folge der Entscheidung gesehen, also auf die Entscheidung zugerechnet. Dann sprechen wir von Risiko, und zwar vom Risiko der Entscheidung. Oder der etwaige Schaden wird als extern veranlaßt gesehen, also auf die Umwelt zugerechnet. Dann sprechen wir von Gefahr." (SdR: 30f.) Beobachtet man nicht nur schlicht, daß es Schäden *gibt* oder *zu erwarten gibt*, sondern wie sie von wem beobachtet werden, stößt man auf soziale Attributionsvorgänge, auf Konstruktionen von "Zurechnung/Nichtzurechnung auf Entscheidungen" (SozA 5: 137). Die Beobachtung zweiter Ordnung baut die Kontingenz der Beobachtung sozusagen in den beobachteten Gegenstand ein, indem der *gleiche* Schaden unterschiedlich zugerechnet werden kann: als Gefahr von außen oder als Risiko der Entscheidung.

In der empirischen Risikoforschung ist diese von Luhmann vorgeschlagene Unterscheidung zur Beobachtung von Schäden bereits angewandt worden, nämlich in Forschungen über AIDS-Kommunikation.[63] Zwar haben wir als Angehörige der "Risikogesellschaft" (Beck 1986) inzwischen gelernt, daß wir unseren bevorstehenden Tod uns selbst zurechnen müssen: Wir sterben am Nikotin- oder Alkoholgenuß, an zu fetten Speisen, im Straßenverkehr, in Kriegen und durch Mord, durch Umweltverschmutzung, medizinische Behandlungsfehler und falschen Mediengebrauch - "Wir amüsieren uns zu Tode" (Postman) -, zusammengefaßt also: durch eine riskante Lebensweise, die man wahlweise einzelnen Entscheidern (also auch: sich selbst) oder der westlichen Zivilisation, der abendländischen Kultur oder wem auch immer zurechnen kann.[64] Doch bei kaum einem anderen Risiko wird der Konnex zwischen Entscheidung und Schaden so deutlich wie beim Risiko, sich durch falsche Sexualpraktiken mit dem HIV zu infizieren. Alois Hahn, Willy H. Eirmbter und Rüdiger Jacob haben denn auch das Problem der AIDS-Kommunikation im Hinblick auf die Unterscheidung *Risiko/Gefahr* untersucht und sind zu dem Ergebnis gekommen, daß AIDS - idealtypisch gesehen - für Gruppen, die eher an traditionellen Werten orientiert sind und durch ihre Lebensweise kaum der Gefahr einer Ansteckung ausgesetzt sind, AIDS als permanente *Gefahr* thematisieren, gegen die man

---

[63] Wohlgemerkt, die soziologische Beobachtung von AIDS beobachtet nicht die Immunschwächekrankheit selbst, sondern beobachtet die kommunikative Thematisierung der Krankheit.

[64] Darüber kann womöglich das Bewußtsein verlorengehen, daß wir auch ohne diese Risiken sterblich sind. Also nicht *Leben/Tod* kann hier die angemessene beobachtungsleitende Unterscheidung sein, sondern *langes/kurzes Leben* (vgl. SdR: 37, Anm. 58).

kaum etwas unternehmen kann - außer daß man Verantwortliche (das heißt: Infizierte und besonders gefährdete Gruppen) kollektiver Kontrolle unterwirft. Als *Risiko* dagegen erscheint AIDS denjenigen, die durch eigene Entscheidungen für bzw. gegen bestimmte Sexualpraktiken den möglichen Schaden sich selbst zurechnen (vgl. Hahn/Eirmbter/Jacob 1992: 418f.).

Die moderne Gesellschaft ist für Luhmann nicht deshalb eine *Risikogesellschaft*, weil sie Schäden, Leid, Zerstörung und Unfälle hervorbringt - das haben alle früheren Gesellschaften auch getan. Zur Risikogesellschaft wird sie erst dadurch, daß kein gnädiger Mantel namens *Schicksal* oder *Unglück* mehr über die Schäden gelegt werden kann. In der Moderne, in der die Diskontinuität von Vergangenheit und Zukunft in nahezu jeder Gegenwart eine Entscheidung verlangt, muß alles, was geschieht auf Entscheidungen zugerechnet werden. Zerstört ein Erdbeben Häuser, so ist nicht das Erdbeben die Ursache, sondern entweder die falsche Entscheidung einer Baubehörde, angemessene Sicherheits(sic!)vorschriften versäumt zu haben, oder die eines Statikers, die Belastungsfähigkeit des Hauses falsch berechnet zu haben. Das Eingreifen in einen vormals als quasi-natürlich geglaubten Gang der Welt produziert ohne Zweifel ein Bewußtsein der Gestaltbarkeit, Veränderbarkeit und Steuerbarkeit der Welt - dies jedoch muß mit dem Risiko der falschen Entscheidung oder Unterlassung bezahlt werden.

Wir haben - am Beispiel des AIDS-Risikos - schon verdeutlicht, daß Risiken die Gesellschaft nicht nur in Form technischer Katastrophen betreffen. Das Strafrecht etwa handelt womöglich riskant, wenn es Schwangerschaftsabbrüche in jedem Fall verbietet und feststellen muß, daß dann nicht weniger, aber medizinisch riskanter abgetrieben wird, oder wenn es durch rigide Strafverfolgung von Drogengebrauchern deren Kriminalität miterzeugt, die sie dann wieder verfolgt, um sie zu verhindern. Investitionen sind stets riskant, weil der Markt von hoher Dynamik ist und die Preise nicht vorhersehbar sind. Medizinische Eingriffe riskieren manchmal womöglich höhere Schäden als den erwarteten Nutzen, und vielleicht riskiert schulische Erziehung schon dadurch, daß sie Themen curricular aufgreift, daß diese für Schüler an Interesse und Bedeutung verlieren.

Ähnliche Beispiele lassen sich fortsetzen (vgl. etwa SdR: 53). Entscheidend ist jedoch dabei nicht, welches Handeln nun tatsächlich riskant *ist*, sondern wie es beobachtet wird. Wer politisch, rechtlich, intim, medizinisch, wirtschaftlich oder wie auch immer entscheidet, macht sich beobachtbar: Man kann ihm die Folgen seiner Entscheidung zurechnen und sehen, daß sein riskantes Verhalten andere in Gefahr bringt. Die Unterscheidung *Risiko/Gefahr* stellt insbesondere auf den sozialen Aspekt des Risikoverhaltens ab: Wer ist Entscheider und wer Betroffener, also: für wen ist die Entscheidung ein Risiko und für wen eine Gefahr?

Die gesellschaftliche Dynamik der Kommunikation über Risiken und Gefahren liegt laut Luhmann weniger in den Schäden selbst als vielmehr in der Risikokommunikation, in der solche Schäden ja erst kommunikativ, also von der Gesellschaft registriert werden. Und als Risiken erscheinen Entscheidungen erst dann, wenn sie per Beobachtung zweiter Ordnung beobachtet werden, d.h. wenn ein Entscheider unterscheidet: Er unterscheidet erwünschte von unerwünschten Handlungsfolgen und sieht sich damit dem Risiko seiner Entscheidung ausgesetzt. "Jemand, der sich riskant verhält, etwa im Straßenverkehr riskant überholt oder mit einem Schießwerkzeug spielt, mag das als Beobachter erster Ordnung tun. Aber sobald er überlegt, ob er sich auf ein Risiko einlassen soll, beobachtet er sich selbst aus der Position eines Beobachters zweiter Ordnung; und erst dann kann man eigentlich von Risikobewußtsein und Risikokommunikation sprechen; denn nur dann werden die für Risiko typischen Unterscheidungen der Operation zu Grunde gelegt, daß mitberücksichtigt wird, daß sie auch eine andere Seite haben und nicht einfach nur Objekte referieren." (SdR: 235) In der modernen Gesellschaft ist es kaum möglich, nicht beobachtet zu werden. Deshalb setzen sich Entscheidungen stets dem Risiko aus, als Risiken bzw. als Gefahren beobachtet zu werden. In der gesellschaftlichen Kommunikation kommt dies insbesondere in der Kommunikation von Protest oder von Protestbewegungen zum Ausdruck. Hatte Luhmann für Protestbewegungen in "Ökologische Kommunikation" noch nichts anderes als Hohn und Spott übrig - hier war von "blasierter Selbstgerechtigkeit", vom Fehlen von Theorie etc. die Rede (ÖKom: 234ff.) -, scheint er in ihnen nun einen Katalysator für die Selbstbeschreibung des Gesellschaftssystems zu sehen. Nicht mehr auf die ökonomische Verteilungsgerechtigkeit fokussieren sich die Protestbewegungen der Risikogesellschaft, sondern auf einen neuen Typ von Protest: auf die "Ablehnung von Situationen, in denen man das Opfer des riskanten Verhaltens anderer werden könnte" (SdR: 146). Soziale Bewegungen sind letztlich diejenigen Beobachter der Gesellschaft, die die Form *Risiko/Gefahr* von der Seite der Gefahr her sehen und damit das Problem der Zurechenbarkeit von Entscheidungen sichtbar machen. Wenn hier auch oft sehr einfache Zurechnungen und Erklärungsmuster herhalten müssen, um den Erfolg der Bewegung oder zumindest den der Beobachtung zu sichern, ist für Luhmann "die damit erzeugte Sensibilität für Folgen der Strukturentscheidungen der modernen Gesellschaft und für die sozialen Kosten jeder Zeitbindung ein Gewinn, den man nicht unbedingt nur negativ bewerten muß" (SdR: 154). Diese Sensibilität jedoch ist für Luhmann keinesfalls ein Garant dafür, daß die Gesellschaft Formen entwickelt, aus dem Risiko des Entscheidens und aus der Unbekanntheit jeglicher Zukunft zu entfliehen. Vielmehr könnte die Sensibilität darin bestehen, daß beide Seiten lernen, daß die Form *Risiko/Gefahr* eine Zwei-Seiten-Form ist: Die Entscheider könnten dann sehen, daß ihnen die Ursache für Gefahr zugerechnet wird, und die Betroffenen könnten dann sehen, daß Risiken da unhintergehbar sind, wo entschieden wird. Luhmanns Soziologie des Risikos vermag einen Sinn dafür zu vermitteln, wie sich Beobachter wechselseitig beobachten und wie diese Beobachtungen letztlich nicht durch Verständigung oder bessere Einsicht zu versöhnen sind.

Hier wird deutlich, daß die Entwicklung von hilfsbereiten Lösungsvorschlägen letztlich Luhmanns Sache nicht ist. Er ist der distanzierte Beobachter, der Beobachter beobachtet und mit seinen eigenen Beobachtungen lediglich eine weitere Beobachtung hinzufügt. Bei aller analytischen soziologischen Potenz ist die praktische Umsetzbarkeit dieser Beobachtungen beschränkt. Und nur Spötter könnten dies wirklich kritisieren, denn was soll die wissenschaftliche Beobachtung anderes tun als wissenschaftlich zu beobachten? Wo Luhmann aber allzu hilfsbereit wird, kann er nur die altbekannten *zweitbesten Lösungen* präsentieren. Wenn er der Politik rät, "die Entscheidungsrisiken des einen bzw. anderen Pfades gegeneinander abzuwägen" (SdR: 185), so sagt dies nicht mehr, als daß man sich mit dem Risiko des Risikos abfinden muß. Und wenn er diesem Rat hinzufügt, die Politik müsse dies "nicht zuletzt auch im Hinblick auf die Protestaffinität der Sekundärfolgen und auf die Stimmkraft der Betroffenen" (SdR: 185) tun, fragt man sich: Was sollte Politik sonst tun?

Luhmanns zeitdiagnostische Potenz sehen wir darin, daß sie deutlich macht, daß die moderne Gesellschaft durch die Etablierung von Beobachtungsverhältnissen zweiter Ordnung ihrer Einheit verlustig geht. Wer auch immer beobachtet, kann, ob er will oder nicht, beobachtet werden und setzt sich damit dem Risiko aus, anders gesehen zu werden, als er selbst sich und die Welt sieht. Luhmann zwingt dazu, die Welt als differenzierte Einheit von disparaten Beobachtern zu sehen, die sich wechselseitig in einem Verhältnis der Co-Evolution gegeben sind. Nirgends lassen sich Steuerungszentren oder alternativlose Beobachtungspunkte ausmachen. Man kann sich - und wenn man noch so guten Willens ist und wenn man sich wie etwa Hans Jonas noch so sehr auf persönliche Verantwortlichkeit verlassen will (vgl. Jonas 1979) - eben nicht darauf verlassen, daß andere die Welt so beobachten, wie es einem selbst notwendig erscheint. Man muß sich damit begnügen, zumindest so viel Rationalität aufbringen zu können, daß man dies sehen kann. Luhmann verlangt deshalb am Ende seines Risiko-Buches konsequenterweise, eine Form der Verständigung zu pflegen, die die unterschiedlichen Beobachter zwar nicht versöhnt, die aber zumindest ein Nebeneinander erlaubt. Aufs Risikoproblem bezogen: Zwar sehen Entscheider und Betroffene Unterschiedliches, aber zumindest sollten sie sehen lernen, daß sie Unterschiedliches sehen, und so den Weg für eine wechselseitige Beobachtung ihrer Beobachtungen freimachen. Das überbrückt zwar nicht die Differenz, macht sie aber womöglich handhabbar. Von Träumen einer konsensuellen Verständigung jedenfalls hat Luhmann längst Abstand genommen. "Deshalb mag es ratsam sein, daneben und davon deutlich unterschieden auch den Weg der Verständigungen zu pflegen, der unabhängig davon funktionieren kann, ob und wie weit die Beteiligten wechselseitig die Welten ihrer Beobachtung rekonstruieren können." (SdR: 247)

Die Dynamik gerade des Risikoproblems, das in der öffentlichen Debatte um die moderne Gesellschaft den traditionellen Kampfplatz der Moderne - die ökonomische Verteilungsgerechtigkeit - auf den zweiten Platz zu verbannen scheint, scheint uns auch in einer Paradoxie der Unterscheidung *Risiko/Gefahr* zu liegen, auf die Luhmann selbst kaum aufmerksam macht: Daß wir uns Risiken aussetzen, indem wir entscheiden, scheint mehr und mehr den Charakter einer Gefahr anzunehmen, denn letztlich kann man sich nicht für oder gegen das Entscheiden entscheiden. Der Zwang zur Entscheidung läßt sich niemandem zurechnen, er geht auf keine Entscheidung zurück. Letztlich ist man als Entscheider auch Betroffener, was die Unterscheidung *Risiko/Gefahr* einzuziehen droht. Um diese Implosion der Unterscheidung nicht zu riskieren (sic!), ziehen sich Entscheider zumeist auf Sachkompetenz und technischen Rigorismus zurück und qualifizieren Risiken als zumutbar, während Betroffenen dann nur noch Fundamentalkritik und moralischer Rigorismus als Reaktionsform und Resonanzboden bleibt.

Zusammenfassung wichtiger Grundbegriffe:

* Als *Risiko* erscheinen Entscheidungen dann, wenn man die Entscheidung im Hinblick auf ihre unbekannt bleibende Zukunft beobachtet.
* Die Unterscheidung *Risiko/Gefahr* stellt darauf ab, daß mögliche Folgen von Entscheidungen für Entscheider als Risiko und für Betroffene, die selbst nicht entscheiden, als Gefahr erscheinen.

Literatur:

Niklas Luhmann: Risiko und Gefahr, in: ders.: Soziologische Aufklärung 5. Konstruktivistische Perspektiven, Opladen 1990, S. 131-169.

5.2 Moral

In den letzten Jahren läßt sich innerhalb der öffentlichen Diskussion ein verstärktes Interesse an moralischen und ethischen Fragen beobachten. Es ist sicherlich nicht falsch zu behaupten, daß dieses Interesse in nicht unerheblichem Maße mit der Thematik zusammenhängt, die wir im letzten Abschnitt diskutiert haben, also mit dem Problem ökologischer Gefahren und Risiken. Innerhalb der öffentlichen Diskussion lassen sich nicht wenige Stimmen finden, die auf die Beobachtung ökologischer Risiken mit normativen Appellen und moralischen Postulaten reagieren. Man fordert einen radikalen Umdenkungsprozeß, der zu einem veränderten Umgang mit der Natur führt. "Gerade angesichts von Gefahren und Risiken und angesichts der Einschätzungsunsicherheiten, über die man hinwegkommen muß, wird mancher sich motiviert fühlen, Flagge zu zeigen und zu sagen, was er moralisch erwartet. [...] Es kann mithin nicht überraschend kommen, daß mit der Zuspitzung von Risiken im Bereich der modernen Technologie der Moralpegel der öffentlichen Kommunikation steigt." (Luhmann 1993: 332) Im Rahmen der Thematisierung der ökologischen Selbstgefährdung der modernen Gesellschaft wird die Möglichkeit einer neuen Ethik, einer Umweltethik, diskutiert. Ethikkommissionen begeben sich auf die Suche nach stabilen Fundamenten, die eine neue Moral tragen könnten. Das verstärkte Interesse an moralischen und ethischen Fragen hat längst seinen Niederschlag in einer Reihe von sozialphilosophischen Entwürfen gefunden. Hans Jonas etwa spricht von dem moralischen Prinzip Verantwortung, Jürgen Habermas und Karl-Otto Apel skizzieren Grundlagen einer sogenannten Diskursethik. Der amerikanische Philosoph John Rawls entwickelt eine Theorie der moralischen Gerechtigkeit; und selbst der französische Denker Michel Foucault, der den Prämissen seiner Philosophiekollegen häufig so vehement widersprochen hat, erhofft sich im Rückgang auf den antiken Begriff der Lebenskunst Einsichten für eine aktuelle Ethik. Der Versuch einer Neuformulierung und Neubegründung der Ethik scheint, so könnte man sagen, der heimliche Konsenspunkt moderner und postmoderner Philosophie zu sein.

Luhmann schließt sich diesen philosophischen Begründungsversuchen auf den Gebieten der Moral und der Ethik *nicht* an, sondern bemüht sich um eine *soziologische* Beobachtung *moralischer* Phänomene. Er versucht eine solche soziologische Theorie der Moral zu formulieren, die selbst nicht wiederum mit moralischen Ansprüchen auftritt. Dies ist keineswegs selbstverständlich. "Jede Wissenschaft, die Themen der Moral behandelt, steht heute vor der Frage, ob sie selbst sich moralischen Normen zu unterwerfen habe; ob sie im Chor der Stimmen, die das Gute gutheißen und das Schlechte verurteilen, mitsingen solle, sei es mit führender Stimme, sei es im Kontrapunkt, oder ob sie sich als moralfreie Erkenntnisleistung begreifen solle, für die Moral ein Gegenstand ist wie jeder andere." (SdM: 8) Luhmann optiert eindeutig für die zweite Möglichkeit. Eine soziologische Theorie der Moral, die Distanz hält zu moralischen Wertungen, nimmt gegenüber moralischen und ethischen Fragen somit eine Außenperspektive ein. Sie versetzt sich in die Position eines Beobachters zweiter Ordnung.

Unabhängig von der Perspektive, von der aus moralische Phänomene beobachtet werden, ist jede Moraltheorie zunächst gehalten, ihre Begriffe sorgfältig zu definieren. Unter Moral versteht Luhmann eine *besondere Art von Kommunikation*, und zwar ist eine solche Kommunikation moralisch qualifiziert, die mit der Unterscheidung *gut/schlecht* bzw. *gut/böse* operiert und dabei menschliche *Achtung* oder *Mißachtung* zum Ausdruck bringt. Mit dem Begriff der Ethik bezeichnet Luhmann hingegen jede anspruchsvolle, elaborierte Beschreibung, "die sich auf Probleme der Moral einläßt und sie zu reflektieren versucht" (GS 3: 371). Ethik wird, kurz gesagt, definiert als *Reflexionstheorie der Moral*. Beide Definitionsvorschläge sind sicherlich erläuterungsbedürftig.

Moralische Kommunikation ist durch einen binären Code charakterisiert, der zwischen gut und schlecht (bzw. gut und böse) unterscheidet. Die Codewerte gut und schlecht beziehen sich dabei nicht auf spezifische Eigenschaften oder (fachliche) Leistungen, so wie man etwa von einem guten Fußballspieler oder nach dem versalzenen Essen von einem schlechten Koch sprechen kann. Eine moralische Kommunikation liegt dann vor, wenn mit den Codewerten gut und schlecht zugleich Hinweise auf Achtung und Mißachtung mitgeführt werden und Achtung und Mißachtung sich dabei auf die *Person als Ganze* beziehen. Eine Kommunikation besitzt also allein dann eine moralische Qualität, wenn sie angibt, für welche Ansichten und für welche Handlungen eine Person Achtung bzw. Mißachtung verdient. Das kann explizit geschehen, zumeist wird es aber nur angedeutet. Man unterhält sich in der Umweltgruppe über moderne Recyclingverfahren und signalisiert zugleich, daß diejenigen Personen, die ihr Altpapier nicht in den dafür vorgesehenen Container bringen, moralisch mißachtet werden.

Der moralische Code gut/schlecht hat universelle Relevanz, d.h. Moral kann alles beurteilen. Das Gleiche gilt etwa auch für den Code des Wissenschaftssystems (wahr/unwahr) oder für den Code des Rechtssystems (Recht/Unrecht). Insofern kann man davon sprechen, daß jedes Thema, jede Handlung, jede Ansicht wissenschaftlich oder rechtlich, aber eben auch: moralisch beobachtet werden kann. Der Begriff der universellen Relevanz einer beobachtungsleitenden Unterscheidung meint also nicht, daß ständig mit Hilfe des Codes beobachtet wird, er meint lediglich, daß *alles* damit beobachtet werden *kann*. "Achtung und Mißachtung wird typisch nur unter besonderen Bedingungen zuerkannt. Moral ist die jeweils gebrauchsfähige Gesamtheit solcher Bedingungen. Sie wird keineswegs laufend eingesetzt, sondern hat etwas leicht Pathologisches an sich. Nur wenn es brenzlig wird, hat man Anlaß, die Bedingungen anzudeuten oder gar explizit zu nennen, unter denen man andere bzw. sich selber achtet oder nicht achtet." (Pl: 18).

Kommunikation wird nur in bestimmten Fällen moralisch aufgeladen. In den Fällen aber, in denen das geschieht, kann man, so Luhmann, nicht selten einen besonderen Eifer, eine besondere Hartnäkkigkeit der moralischen Bewertungen beobachten. Moralisches Engagement kann nur schwer wieder zurückgenommen werden. Das hängt damit zusammen, daß der moralische Code sich nicht nur auf bestimmte Ausschnitte der Person bezieht - in moralischen Fragen steht die Person als Ganze auf dem Prüfstand. Und vor allem weist moralische Kommunikation nicht nur Achtung, sondern auch Mißachtung zu. Deshalb kommt es in solchen Fällen, in denen eine

Person aufgrund bestimmter Handlungen oder Ansichten moralisch diskreditiert wird, häufig dazu, daß die Kommunikation in aggressive Auseinandersetzungen einmündet. Moral endet in hartnäckigen Fällen in Streit, Gewalt, Terror. "Moral ist ein riskantes Unternehmen. Wer moralisiert, läßt sich auf ein Risiko ein und wird bei Widerstand sich leicht in der Lage finden, nach stärkeren Mitteln suchen zu müssen oder an Selbstachtung einzubüßen. Moral hat daher, soweit sie sich nicht im Selbstverständlichen aufhält und hier fast unnötig ist, eine Tendenz, Streit zu erzeugen oder aus Streit zu entstehen und den Streit dann zu verschärfen." (GS 3: 370)

Für Luhmann liegt in der Tatsache, daß moralische Kommunikation nur allzu oft Konflikte erzeugt bzw. verschärft, eines der Hauptprobleme der Moral, ein Problem allerdings, das philosophische Ethikkonzeptionen bisher weitgehend ausgeblendet haben. In der philosophischen Tradition ist unter Ethik zumeist das Geschäft der Begründung moralischer Urteile verstanden worden. Diese Tradition hat bis heute, wenn man etwa an Apel, Habermas oder Rawls denkt, überlebt. Luhmann hingegen definiert Ethik, wie bereits angedeutet, als Reflexionstheorie der Moral. Aufgabe der Ethik ist demzufolge nicht mehr die Begründung, sondern die Reflexion der Moral. Unter Ethik wird jede kognitive Beschreibung der Moral verstanden, die moralische Kommunikationen aus einer moralinternen Perspektive reflektiert. Anders etwa als die Soziologie, die die Moral von außen beobachtet, orientiert sich die ethische Reflexion somit an dem moralischen Code gut/böse. Es muß an dieser Stelle aber noch einmal ausdrücklich darauf hingewiesen werden, daß Luhmann nicht daran interessiert ist, eine neue Ethik - nun verstanden als Reflexionstheorie der Moral - zu entwerfen. Ihm geht es vielmehr darum, aus der Perspektive einer soziologischen Gesellschaftstheorie Anregungen für eine solche Ethik zu geben. Jede ethische Konzeption, die diese Anregungen aufnimmt, gerät aber unweigerlich in einen Gegensatz zu traditionellen Begriffen der Ethik; zwischen einer Ethik als Begründung und einer Ethik als Reflexion bestehen also zentrale Differenzen. Im folgenden sollen vier dieser Differenzen kurz angesprochen werden.

Eine Ethik, die sich als Begründungstheorie der Moral definiert, erhebt *erstens* den Anspruch, moralische Urteile als richtig oder vernünftig auszuzeichnen; dies geschieht bei aller Unterschiedlichkeit traditioneller Ethikkonzeptionen zumeist auf eine solche Weise, daß letzte Gründe bzw. Prinzipien - etwa der kategorische Imperativ bei Kant oder das Prinzip des zu vermeidenden performativen Widerspruchs bei Apel -, die selbst nicht wiederum begründungsbedürftig sind, angeführt werden. Gegen diese Auffassung bringt Luhmann vor, daß jede (Letzt-)Begründung sich durch ihren Vollzug dem Vergleich mit anderen Möglichkeiten ausgesetzt findet - und dadurch scheitert.[65] Am Ende der Begründungsleiter stehen keine obersten Prinzipien, sondern alternative Möglichkeiten; Begründung führt also nicht zu einer Einheit, nicht zu notwendigen Bedingungen, sondern nur zu weiteren Differenzen, nur zu Kontingenzen. Jede Begründung "sabotiert sich laufend selbst, indem sie den Zugang zu anderen Möglichkeiten eröffnet, wo sie ihn verschließen möchte. Wenn wir dies beobachten, führt uns das zu der Konsequenz, Begründung sei ein paradoxes Unternehmen, das sich, wie immer, mit irgendeiner Art der Unehrlichkeit auf den Weg bringen muß." (GS 3: 360) Luhmann schlägt deshalb der Ethik vor, auf eine Begründung moralischer Urteile zu verzichten und sich stattdessen auf die kognitive Beschreibung moralischer Sachverhalte zu beschränken.

Die Auffassung, daß die Aufgabe der Ethik in der Begründung moralischer Urteile liege, geht *zweitens* von der Annahme aus, daß sich mit Hilfe der Begründung ethischer Prinzipien universelle, einheitliche, also konsensuelle Moralvorstellungen herstellen und institutionalisieren ließen; die in der Kantischen Tradition stehenden Ethikkonzeptionen von Apel und Habermas bezeichnen aus diesem Grunde das Diskursprinzip auch als Universalisierungsgrundsatz. Dabei versuchen sie ihre Behauptung mit der Annahme zu untermauern, daß die moderne Gesellschaft durch einen Bestand konsensueller Werte und Normen charakterisiert sei. Eine Ethik hingegen,

---

[65] Das Scheitern solcher (Letzt-)Begründungen ließe sich dann auch an den unterschiedlichen Ethiken aufzeigen; in diesem Sinne dekonstruiert etwa Richard Gebauer die von Jürgen Habermas vertretene Version der Diskursethik (vgl. Gebauer 1993).

die Anregungen von der Theorie sozialer Systeme aufnimmt, widerspricht einer solchen Auffassung. Damit wird nicht abgestritten, daß der moralische Code gut/schlecht von universeller Relevanz ist. Bestritten wird aber die Annahme, daß der moralische *Code* gut/schlecht einheitlich, d.h. mit den gleichen Entscheidungs*programmen*, angewendet wird. Jede moralische Festlegung muß damit rechnen, daß sie aus der Perspektive eines anderen Moralprogramms beobachtet und kritisiert wird. Gerade in der modernen Gesellschaft lassen sich, so Luhmann, gesellschaftseinheitliche Moralprogramme nicht mehr ausmachen. "Für den Moralgebrauch unserer Gesellschaft scheint nun bezeichnend zu sein, daß zwar der binäre Code durchgehend gebraucht wird, aber daß man auf der Ebene der Programme keinen Konsens mehr unterstellen kann - jedenfalls nicht in den kritischen Fällen, in denen eine explizite Verwendung von Moral als Form der Kommunikation sich allein lohnt." (Luhmann 1991c: 498)

Damit hängt ein weiterer Punkt eng zusammen. Eine soziologische Beobachtung moralischer Kommunikation lehrt *drittens*, daß die moderne Gesellschaft nicht auf Moral gegründet ist. Diese Aussage geht über die bereits thematisierte These der Divergenz gesellschaftlicher Moralvorstellungen weit hinaus. Sie verweist darauf, daß die moderne, funktional differenzierte Gesellschaft durch moralische Kommunikation nicht integriert werden kann. Die Funktionssysteme sind primär über binäre Codes ausdifferenziert. Das politische System etwa orientiert sich an der Unterscheidung Regierung/Opposition, das Wissenschaftssystem an der Unterscheidung wahr/unwahr usw. "In keinem dieser Fälle können die beiden Werte dieser Codes mit den beiden Werten des Moralcodes kongruent gesetzt werden. Es darf gerade nicht dahin kommen, daß man die Regierung für strukturell gut, die Opposition für strukturell schlecht oder gar böse erklärt. Das wäre die Todeserklärung für Demokratie. Dasselbe läßt sich leicht nachprüfen am Falle von wahr/unwahr, von guten oder schlechten Zensuren, von Geldzahlungen oder deren Unterlassen, von Liebesentscheidungen für diesen oder keinen anderen Partner. Die Funktionscodes müssen auf einer Ebene höherer Amoralität eingerichtet sein, weil sie ihre beiden Werte für alle Operationen des Systems zugänglich machen müssen." (Pl: 23f.) Die Funktionscodes sind moralisch indifferent strukturiert, sie sind also nicht an der Unterscheidung gut/schlecht ausgerichtet. Damit ist nicht ausgeschlossen, daß innerhalb der Funktionssysteme moralische Kommunikationen wieder vorkommen. Die Art und Weise, in der das geschieht, richtet sich aber "nicht nach einem gesellschaftseinheitlichen Metacode, sondern nach den Strukturbedingungen der jeweiligen Funktionssysteme" (GS 3: 431). Die moderne Gesellschaft ist, so Luhmann, polykontextural strukturiert. Das besagt, daß es eine irreduzible Vielfalt von Beobachtungsmöglichkeiten gibt, die von keinem archimedischen Standpunkt ineinander überführt werden könnten. Damit entfällt die Möglichkeit einer moralischen Integration - und ebenso: die Möglichkeit einer politischen, wirtschaftlichen usw. Integration - der Gesellschaft. Im Gegensatz dazu hatte die klassische Ethik, ebenso aber auch die soziologische Tradition, der Moral eine gesamtgesellschaftliche Integration noch zugetraut.

Die universelle Anwendbarkeit des moralischen Codes - analog zu anderen Unterscheidungen - besagt jedoch nicht, daß sich Moral neben Ökonomie, Recht, Politik, Wissenschaft usw. zu einem eigenständigen Funktionssystem ausdifferenziert hat. Moralfragen werden eben nicht an *eine* gewissermaßen *zuständige Stelle* verwiesen, sondern werden gesellschaftsweit, quasi: immer und überall, behandelt - oder eben nicht (vgl. GS 3: 434).

Im Zusammenhang mit dem Beobachtungsbegriff haben wir betont, daß sich jede Beobachtung, die sich selbst beobachtet, in Paradoxien verstrickt. Das gilt *viertens* auch für moralische Kommunikationen, also für solche Kommunikationen, die ihre Beobachtung an der Unterscheidung gut/schlecht ausrichten. "Jeder binäre Code, auch der der Moral, führt bei einer Anwendung auf sich selbst zu Paradoxien. Man kann nicht entscheiden, ob die Unterscheidung von gut und schlecht ihrerseits gut oder nicht vielmehr schlecht ist." (Pl 27) Beispiele dafür, daß verwerfliches Handeln gute Folgen und tugendhaftes Handeln schlimme Folgen auslösen können, sind seit langem bekannt. Damit wird unentscheidbar, ob die ethische Reflexion nun zu gutem oder zu schlechtem Handeln raten soll. Die traditionelle Ethik aber hatte, so Luhmann, die Paradoxie des Moralcodes vorschnell ausgeblendet. "Die Moralparadoxie wird neutralisiert und in ein Begründungsproblem verwandelt. Die bedenklichen Realfolgen des Moralisierens werden, wenn überhaupt gesehen, nicht der Moral zugerechnet." (GS 3: 434) Moral wurde in traditionellen Ethikkonzeptionen stets für etwas Gutes gehalten. Eine Ethik hingegen, die an soziologische Beobachtungen anknüpft, hätte die Aufgabe, beide Seiten des Moralcodes, also positive und negative Folgen moralischer Kommunikation, zu reflektieren. Vor allem hätte eine solche Ethik herauszuarbeiten, daß moralische Kommunikation, die mit der Mißachtung von Personen droht, in der Nähe des Streits, der Gewalt, der kriegerischen Auseinandersetzung angesiedelt ist. Aus diesem Grunde rät Luhmann der Ethik, Gefahren und Risiken der moralischen Kommunikation aufzuzeigen. "Angesichts dieser Sachlage ist die vielleicht vordringlichste Aufgabe der Ethik, vor Moral zu warnen." (Pl: 41)

Die soziologische Beobachtung der Moral, die Luhmann unternimmt, wirft Fragen auf. Um mit dem zuletzt angesprochenen Punkt zu beginnen: Der Vorschlag, den Luhmann der Ethik unterbreitet, nämlich vor Moral zu warnen, verhält sich komplementär zur philosophischen Tradition. Es ist aber die Frage, ob dieser Vorschlag einem differenztheoretischen Ansatz gerecht wird. Ein solcher Ansatz hätte doch negative *und* positive Folgen moralischer Kommunikation zu reflektieren und sich nicht wiederum auf eine Seite zu beschränken. Aufgabe einer funktionalen Analyse wäre es gerade, die sozialen Bedingungen beider Seiten aufzuzeigen. Wenn Luhmann selbst betont, daß Moral durchaus "nach den Strukturbedingungen der jeweiligen Funktionssysteme" (GS 3: 431) in deren Programmen vorkommen kann, so ist damit noch längst nicht ausgemacht, daß diese "Infektion durch Moral" (GS 3: 431) nur negative Folgen haben kann, vor denen dann zu warnen ist. Womöglich könnte die Ethik einen kontrollierten Gebrauch der Moral empfehlen. Eine zweite, damit zusammenhängende Frage ist aber die, ob die Soziologie selbst mit einem moralischen oder besser: *kritischen* Impetus auftreten soll bzw. kann.

Zusammenfassung wichtiger Grundbegriffe

* *Moral* ist eine besondere Form der Kommunikation, die anhand der Unterscheidung gut/schlecht Hinweise auf Achtung und Mißachtung enthält.
* *Ethik* ist jede kognitive Beschreibung der Moral, die moralische Kommunikation intern, also mit Hilfe des Codes gut/schlecht zu reflektieren sucht.

Literatur:
Niklas Luhmann: Ethik als Reflexionstheorie der Moral, in: ders.: Gesellschaftsstruktur und Semantik. Studien zur Wissenssoziologie der modernen Gesellschaft, Band 3, Frankfurt/M. 1989, S. 358-447.

5.3 Kritik

Mit der Frage nach dem kritischen Potential der Systemtheorie berühren wir einen Punkt, der in der Auseinandersetzung mit Luhmanns Theorie sozialer Systeme stets einen prominenten Platz eingenommen hat. Luhmann wurde und wird in immer neuen Wendungen vorgeworfen, daß er eine unkritische Beschreibung, ja apologetische Rechtfertigung der gesellschaftlichen Verhältnisse vornehme. Richtungweisend für diese Kritik sind, wie wir angedeutet haben, diejenigen Einwände geworden, die Habermas bereits Anfang der siebziger Jahre formuliert hat. Habermas hat übrigens seine Kritik mehr als zehn Jahre später - also nach der mittlerweile erfolgten autopoietischen Wende der Theorie sozialer Systeme - wiederholt. Er attestiert der Luhmannschen Fassung des systemtheoretischen Funktionalismus auch weiterhin ein sozialtechnologisches und konservatives Erkenntnisinteresse. Die um den Autopoiesis-Begriff erweiterte Theorie sozialer Systeme kann, so Habermas, "gar nicht umhin, sich auf die Komplexitätssteigerung moderner Gesellschaften affirmativ einzustellen" (Habermas 1985: 426). Dieser Vorwurf, der in den unterschiedlichsten Variationen durchgespielt worden ist, hat bis heute die Auseinandersetzung mit der soziologischen Theorie Luhmanns bestimmt.[66] Die These, daß diese über keinerlei kritisches Potential verfüge, gehört anscheinend zum unhinterfragten Grundkonsens des gegenwärtigen Soziologiebetriebs. Dieser Eindruck wird noch verstärkt, wenn man bedenkt, daß Luhmann selbst in einem Aufsatz vom *Ende der kritischen Soziologie* gesprochen hat. Was also soll noch die Frage nach dem kritischen Potential der Theorie selbstreferentieller Systeme?

Möglicherweise gelangt man zu einer anderen Antwort, wenn man mit Hilfe anderer Unterscheidungen beobachtet. Daß Beobachtungen stets an bestimmte Unterscheidungen gebunden sind, ist eine der zentralen Aussagen der Theorie sozialer Systeme. Im abschließenden Teil möchten wir uns die Grundannahmen dieser Theorie zu eigen machen, um sie immanent auf ihre kritischen Möglichkeiten hin zu befragen.

Im übrigen bezeichnet das Wort Kritik nichts anderes als ein Unterscheiden. Bei dem Geschäft der Kritik geht es zunächst also darum, Unterscheidungen einzuführen, Grenzen zu ziehen, Differenzen zu setzen und damit Beobachtungen zu generieren. Die Theorie Luhmanns nimmt, wie wir bereits häufiger bemerkt haben, die Position eines Beobachters zweiter Ordnung ein. Wie immer diese Beobachtungen und Beschreibungen zweiter Ordnung im einzelnen ausfallen, es ist klar, daß es dabei nicht darum gehen kann, ein normatives Ideal zu formulieren, an dem die gesellschaftlichen Verhältnisse gemessen und kritisiert werden können.[67] Eine solche Vorgehenswei-

---

[66] Diese Auseinandersetzung hat manchmal den Charakter einer wenig weiterführenden Kritik, die das Theoriekonzept der Systemtheorie Luhmanns gar nicht erst zur Kenntnis nimmt. Reese-Schäfer bemerkt dazu treffend, in einem großen Teil der Sekundärliteratur werde "nichts verstanden, aber alles widerlegt" (Reese-Schäfer 1992: 16). Zuweilen nimmt dies sogar die Form von Glaubensbekenntnissen an, in denen jegliche wissenschaftliche Standards verlassen werden. Als Beispiel vgl. nur Sigrist 1989.

[67] Der Versuch, die Gesellschaft am Maßstab eines normativen Ideals zu messen, hat die kritische Soziologie von Marx bis Habermas bestimmt. Marx unternimmt eine immanente Kritik der kapitalistischen Verwertungslogik; als kritischer Maßstab fungiert dabei ein Gleichheits- und

se würde auf das Niveau der Beobachtung erster Ordnung zurückfallen, die die Gesellschaft als ein beobachterunabhängiges Objekt von außen zu betrachten versucht. Mit der Transformation der soziologischen Theoriebildung von der Beobachtung erster Ordnung in eine Beobachtung zweiter Ordnung werden traditionelle Formen soziologischer Kritik obsolet. Umgekehrt ist eine Beobachtung zweiter Ordnung aber nicht gezwungen, den Anspruch der Kritik vollständig preiszugeben. Mit dem Übergang zu einer Beobachtung zweiter Ordnung ändert sich aber die Form der Kritik.

Wenn in der Soziologie von Kritik oder kritischen Anliegen die Rede ist, sind damit zumeist die drei folgenden Punkte gemeint:

- Kritik verstanden als Entlarvung undurchschauter, latenter Strukturen,
- Kritik verstanden als Entfaltung von Alternativen der gesellschaftlichen Entwicklung,
- Kritik verstanden als Aufklärung gesellschaftlicher Gefährdungslagen bzw. sozialer Pathologien.

Innerhalb der Theorie sozialer Systeme lassen sich, so unsere These, alle drei Kritikpunkte wiederaufnehmen und reformulieren. Im Vergleich zur soziologischen Tradition ergeben sich dabei jedoch jeweils gewichtige Verschiebungen.

Die Theorie sozialer Systeme, die sich darauf konzentriert, Beobachtungen zu beobachten und Beschreibungen zu beschreiben, braucht nicht darauf zu verzichten, *latente Strukturen und Funktionen* aufzuzeigen. Die Beobachtung zweiter Ordnung beobachtet an anderen Beobachtern, was diese nicht sehen können, wo sie ihren blinden Fleck besitzen, welche Paradoxien sie invisibilisieren usw. Ein ähnliches Erkenntnisinteresse hatte auch die klassische Ideolo-

---

Freiheitsideal, das dem bürgerlichen Selbstverständnis entnommen wird. Hingegen versucht Habermas mit Hilfe der von ihm konzipierten Universalpragmatik ein kommunikatives Vernunftideal zu explizieren, das als normatischer Maßstab systemische Übergriffe von Wirtschaft und Politik auf die Lebenswelt als Ursache moderner Sozialpathologien kritisiert. Zur Auseinandersetzung mit der damit angedeuteten Zeitdiagnose von Habermas vgl. Kneer 1990.

giekritik vertreten, die freilich stets mit dem Anspruch aufgetreten war, eine Beschreibung der gesellschaftlichen Wirklichkeit, wie sie *an sich* sei, zu leisten. In diesem Sinne unterscheidet etwa Marx zwischen Ideologie und Wissenschaft und kritisiert die ideologische *unwahre* Position aus der Perspektive der *wahren* Wissenschaft. "Gleich welcher Herkunft und welcher theoretischen Ausstattung, der 'kritische Rationalismus', die 'kritische Theorie' usw. hatten immer Attitüden des Besserwissens angenommen. Sie stellten sich als konkurrierende Beschreiber mit tadelfreien moralischen Impulsen und mit besserem Durchblick vor. Wie immer vorsichtig formuliert und wie immer den Anforderungen an Wissenschaftlichkeit genügend, ihre Perspektive war die eines Weltbeobachters erster Ordnung." (EkS: 148) Innerhalb der klassischen Ideologiekritik wird ausgeblendet, daß auch die eigene Beobachtung an einen blinden Fleck gebunden ist, latente Strukturen besitzt, Paradoxien invisibilisiert, kurz: daß auch die eigene Beobachtung nicht sehen kann, was sie nicht sehen kann. Auf der Ebene der Beobachtung zweiter Ordnung gilt es hingegen, die autologischen Konsequenzen aus dieser Beobachtung zu ziehen. Das besagt: Der Beobachter zweiter Ordnung ist gegenüber anderen Beobachtern in keiner privilegierten Position, er muß sich vielmehr gefallen lassen, daß er umgekehrt selbst beobachtet und über seine blinden Flecke aufgeklärt wird. Der Ideologiekritiker ist immer zugleich auch Ideologe. Damit verliert der Begriff der Ideologiekritik aber seinen Sinn. Statt dessen kann man davon sprechen, daß der Beobachter zweiter Ordnung immer auch Beobachter erster Ordnung ist. "Der Beobachter zweiter Ordnung kann sich, wie gewohnt, zum Beobachter erster Ordnung 'kritisch' einstellen, er kann sich ihm gegenüber ablehnend oder belehrend verhalten, kann Übernahmeangebote unterbreiten (was wir auch soeben tun) - aber er muß sich in seinem eigenen Beobachten beobachten bzw. beobachten lassen. Er muß seine Instrumente offenlegen, muß sich Wie-Fragen stellen." (EkS: 149f.)

Ferner braucht die Theorie sozialer Systeme nicht darauf zu verzichten, *alternative Möglichkeiten* zu explizieren. Im Gegenteil: Die Ermittlung anderer Möglichkeiten und der Vergleich möglicher Alternativen, also die kontrastierende Gegenüberstellung funktional äquivalenter Problemlösungsmöglichkeiten bildet die methodologische Grundlage des von Luhmann konzipierten *Äquivalenzfunktionalismus*. Auch in dieser Hinsicht lassen sich somit eindeutige Parallelen zwischen einer kritischen Soziologie und der Theorie sozialer Systeme aufzeigen. Dabei dürfen die Gegensätze aber nicht übersehen werden: Eine in kritischer Einstellung vorgenommene Explikation funktional äquivalenter Möglichkeiten, die die Position eines Beobachters zweiter Ordnung einnimmt, kann nicht damit rechnen, daß die Vorschläge in anderen gesellschaftlichen Bereichen unmittelbar aufgegriffen werden. Die Soziologie als Teilsystem des Wissenschaftssystems als Teilsystem des Gesellschaftssystems produziert "nur" wissenschaftliche Texte. Welche Auswirkungen diese Texte in politischen, wirtschaftlichen, religiösen, pädagogischen, rechtlichen und künstlerischen Kontexten haben, hängt *nicht* wiederum von wissenschaftsinternen Kriterien ab. Politik, Wirtschaft, Erziehung, Recht und Kunst haben sich zu autonomen, selbstreferentiellen und damit operativ geschlossenen Teilsystemen der modernen Gesellschaft ausdifferenziert, die von der Wissenschaft nicht kausal gesteuert werden können. "Soziologische Kritik" bedeutet auf der Ebene der Beobachtung zweiter Ordnung auch und gleichzeitig immer eine Kritik der Selbstüberschätzung soziologischer Theoriebildung. Damit wird nicht jegliche gesellschaftliche Relevanz soziologischen Wissens bestritten - dies allein schon deshalb nicht, weil es sich bei soziologischen und wissenschaftlichen Kommunikationen um gesellschaftsinterne Operationen handelt. Aber ein Einfluß der soziologischen Theorie auf andere gesellschaftliche Teilbereiche wird damit nicht ausgeschlossen. "Dennoch kann innerhalb theoretischer Diskussionen genug 'Rauschen' und genug Irritation erzeugt werden, um die Semantik der Funktionssysteme auf bisher nicht genutzte eigene Möglichkeiten aufmerksam werden zu lassen." (SBR: 46f.).

Und drittens braucht die Theorie sozialer Systeme auch nicht darauf zu verzichten, *gesellschaftliche Gefahren und Risiken* zu identifizieren. Im Gegensatz zur soziologischen Tradition kann es dabei aber nicht darum gehen, ein normatives Gesellschaftsideal zu formulieren und die reale Gesellschaft an diesem zu messen. Vielmehr weist Luhmann auf eine alternative Form der Kritik hin. "Es ist ebenso billig wie unverantwortlich, Ideale aufzustellen, denen die Verhältnisse nicht genügen, und dann Klage zu führen über die noch immer nicht eingelösten Versprechen der bürgerlichen Revolution. Ich sehe in dieser Attitude keine Theorie, geschweige denn kritische Theorie. Geht man statt dessen von der Unwahrscheinlichkeit dessen aus, was so gut wie normal funktioniert, kann man deutlicher und vor allem genauer erkennen, wo das System in bezug auf seine eigenen strukturellen Erfordernisse inkonsequent und selbstgefährdend operiert." (SozA 4: 132) Erst vor dem Hintergrund dieser Überlegung werden Luhmanns Betrachtungen zur ökologischen Selbstgefährdung der modernen Gesellschaft, die wir weiter oben bereits angedeutet haben, verständlich. Die Theorie sozialer Systeme unternimmt eine Explikation sozialer Problemlagen, indem sie die Folgewirkungen, die die moderne Gesellschaft auslöst, mit ihren eigenen strukturellen Erfordernissen konfrontiert. Aus diesem Grunde scheint uns die Behauptung falsch zu sein, daß Luhmann allein die positiven Seiten der modernen Gesellschaft hervorhebt. Keine soziologische Theorie, die den universalistischen Anspruch erhebt, die moderne Gesellschaft insgesamt zu beschreiben, kann diese Seite ausblenden. Von einem differenztheoretischen Ansatz läßt sich zudem lernen, daß keine der zwei Seiten, also weder positive noch negative Aspekte, bei der Beobachtung der modernen Gesellschaft fehlen darf. Erst dann kann man sehen, daß im Zuge des Modernisierungsprozesses positive *und* negative Aspekte, Chancen *und* Risiken gleichermaßen zugenommen haben. "Historisch geändert hat sich vor allem die faktische Situation und damit die Erfahrungslage für die Beobachtung der Gesellschaft. Wie nie zuvor ist deutlich, daß positive und negative Aspekte in einer unauflösbaren Weise verknüpft sind und durch ein und dieselben Strukturbedingungen reproduziert werden. Der technische Fortschritt führt zu Umweltschäden, die nur durch weiteren technischen Fortschritt mit einer immer stärkeren Technologieabhängigkeit der Gesellschaft abgeschwächt werden können. Das rationale Funktionieren der Funktionssysteme, und gerade das rationale Ausnutzen kleinster Differenzen, Chancen, Gelegenheiten erzeugt durch 'Abweichungsverstärkung' immense Ungleichheiten, für die keine Funktion angegeben werden kann. Das gilt für die Wirtschaft, also für die Verteilung von Reichtum und Armut, aber auch für die Erziehung und für die Chancen der Forschung. Die hohe Organisationsabhängigkeit der Funktionssysteme führt zu einer Abhängigkeit von der 'bürokratischen' Logik der Selbstreproduktion von Organisationen, die die Offenheit und Flexibilität der Funktionssysteme erheblich einschränkt und ein ständiges Nichtausnutzen von Chancen erzeugt. Entsprechend wächst die Diskrepanz zwischen Erwartungen und Wirklichkeiten, zwischen dem, was man als möglich sieht, und dem, was dann faktisch geschieht." (SozA 4: 36)

Die damit angesprochenen gesellschaftlichen Problemlagen sind nach Luhmann keine krisenhaften Erscheinungen, die mit Hilfe kurzfristiger Veränderungen gelöst werden könnten. Der Begriff der Krise suggeriert ein falsches Bild. Es handelt sich vielmehr um strukturelle Effekte der modernen Gesellschaft selbst, die gerade durch die Modernität der modernen Gesellschaft, also durch das Prinzip der funktionalen Differenzierung, ausgelöst werden. "Wer von Symptomen einer Krise spricht, hat die Hoffnung noch nicht aufgegeben. Gerade in der Spannung zwischen Gefahr und Hoffnung liegt der Appellcharakter des Begriffs. Die krisenhaften Erscheinungen der Gegenwart werden auf Fehlentwicklungen, vor allem des Industriekapitalismus, zurückgeführt, die man korrigieren kann. Noch in den 70er Jahren konnte man lesen, daß die ökologischen Probleme der modernen Gesellschaft ein Phänomen des profitsüchtigen Kapitalismus seien und unter sozialistischen Bedingungen nicht auftreten würden. Es muß gleichsam eine gute Gesellschaft hinter der Gesellschaft geben, auf die man Strukturen und Effekte zurückdirigieren kann. [...] Aber in dem Maße, als diese Krise soziologisch erklärt wird, entsteht eine Gesellschaftstheorie, die die Krisenphänomene nicht mehr nur als vorübergehend behandeln, nicht mehr nur auf falsches Bewußtsein oder falsche Politik zurückführen kann, sondern sie als strukturelle Effekte der modernen Gesellschaft begreifen muß. Und wenn eine solche realistische Begegnung der Gesellschaft mit sich selbst erreicht ist: was könnte dann noch Kritik besagen?" (EkS: 147f.)

Wir haben Luhmann in diesem letzten Abschnitt so ausführlich zitiert, um zu zeigen, daß sich in seinen Schriften eine Reihe von

Bemerkungen finden, die zumindest die Richtung angeben, in der eine Antwort auf diese Fragestellung zu suchen wäre. Damit wollen wir aber nicht behaupten, daß Luhmann selbst diese Frage in den Vordergrund seines theoretischen Interesses gerückt hätte. Von den oben angesprochenen drei Dimensionen des Kritikbegriffs (Explikation latenter Strukturen, Entfaltung alternativer Möglichkeiten, Aufklärung gesellschaftlicher Problemlagen) scheint in seinen bisherigen Schriften die erste Dimension zu dominieren. Uns kommt es abschließend darauf an zu zeigen, daß sich auch die anderen beiden Dimensionen im Rahmen einer Theorie sozialer Systeme aufnehmen und stärker entfalten lassen. Dies deutet darauf hin, daß vieles in der Theorie sozialer Systeme noch weitergedacht und umgeschrieben werden muß. Die Theorie sozialer Systeme erhofft sich jedenfalls - wie Luhmann bemerkt - Leser, die "hinreichend Geduld, Phantasie, Geschick, Neugier mitbringen, um auszuprobieren, was bei solchen Umschreibversuchen in der Theorie passiert" (SoSy: 14).

Siglen häufig zitierter Schriften Luhmanns

AdB	Die Autopoiesis des Bewußtseins, in: Soziale Welt 36 (1985), S. 402-446.
AdR	Ausdifferenzierung des Rechts. Beiträge zur Rechtssoziologie und Rechtstheorie, Frankfurt/M. 1981.
AuW	Archimedes und wir. Interviews, hg. v. Dirk Baecker und Georg Stanitzeck, Berlin 1987.
BdM	Beobachtungen der Moderne, Opladen 1992.
BK	Wie ist Bewußtsein an Kommunikation beteiligt?, in: Hans Ulrich Gumbrecht und K. Ludwig Pfeiffer (Hg.): Materialität der Kommunikation, Frankfurt/M. 1988, S. 884-905.
EaK	Erkenntnis als Konstruktion, Bern 1988.
EkS	Am Ende der kritischen Soziologie, in: Zeitschrift für Soziologie 20 (1991), S. 147-152.
FdR	Funktion der Religion, Frankfurt/M. 1977.
GS1-3	Gesellschaftsstruktur und Semantik. Studien zur Wissenssoziologie der modernen Gesellschaft, 3 Bände, Frankfurt/M. 1980, 1981 und 1989.
HaLu	Theorie der Gesellschaft oder Sozialtechnologie. Was leistet die Systemforschung?, Frankfurt/M. 1971 (mit Jürgen Habermas).
LP	Liebe als Passion, Frankfurt/M. 1982.
ÖKom	Ökologische Kommunikation. Kann die moderne Gesellschaft sich auf ökologische Gefährdungen einstellen?, Opladen 1986.
Pl	Paradigm lost: Über die ethische Reflexion der Moral. Rede von Niklas Luhmann anläßlich der Verleihung des Hegel-Preises 1989, Frankfurt/M. 1990.
RuS	Reden und Schweigen, Frankfurt/M. 1989 (mit Peter Fuchs).
SdM	Soziologie der Moral, in: Niklas Luhmann/Stephan H. Pfürtner (Hg.): Theorietechnik und Moral, Frankfurt/M. 1978, S. 8 - 116.
SBR	Die soziologische Beobachtung des Rechts, Frankfurt/M. 1986
SdR	Soziologie des Risikos, Berlin/New York 1991.
SoSy	Soziale Systeme. Grundriß einer allgemeinen Theorie, Frankfurt/M. 1984.
SozA1-5	Soziologische Aufklärung, 5 Bände, Opladen 1970, ^{3}1975, 1981, 1987 und 1990.
UaM	Universität als Milieu, hg. v. André Kieserling, Bielefeld 1992.
WirtG	Die Wirtschaft der Gesellschaft, Frankfurt/M. 1988.
WissG	Die Wissenschaft der Gesellschaft, Frankfurt/M. 1990.

Literatur

Baecker, Dirk, 1992: Die Unterscheidung zwischen Bewußtsein und Kommunikation, in: Wolfgang Krohn und Günter Küppers (Hg.): Emergenz. Die Entstehung von Ordnung, Organisation und Bedeutung, Frankfurt/M., S. 217-268.

Baecker, Dirk/Jürgen Markowitz/Rudolf Stichweh/Hartmann Tyrell/Helmut Willke (Hg.), 1987: Theorie als Passion. Niklas Luhmann zum 6o. Geburtstag, Frankfurt/M.

Beck, Ulrich, 1986: Risikogesellschaft. Auf dem Weg in eine andere Moderne, Frankfurt/M.

Bertalanffy, Ludwig v., 1951: Zu einer allgemeinen Systemlehre, in: Biologia Generalis. Archiv für die allgemeinen Fragen der Lebensforschung 19, S. 114-129.

Bertalanffy, Ludwig v., 1956: General System Theory, in: General Systems. Yearbook of the Society for the Advancement of General Systems Theory, Bd. 1, hg. v. Ludwig v. Bertalanffy und Anatol Rapoport, Ann Arbor/Michigan, S. 1-10.

Dahrendorf, Ralf, 1986: Pfade aus Utopia. Arbeiten zur Theorie und Methode der Soziologie, München.

Deleuze, Gilles, 1968: Différence et répétition, Paris.

Durkheim, Emile, 1965: Die Regeln der soziologischen Methode, 2. Aufl., Neuwied/Berlin.

Durkheim, Emile, 1988: Über soziale Arbeitsteilung. Studie über die Organisation höherer Gesellschaften, 2. Aufl., Frankfurt.

Esposito, Elena, 1991: Paradoxien als Unterscheidungen von Unterscheidungen, in: Hans Ulrich Gumbrecht und K. Ludwig Pfeiffer (Hg.): Paradoxien, Dissonanzen, Zusammenbrüche. Situationen offener Epistemologie, Frankfurt/M., S. 35-57.

Fichte, Johann Gottlieb, 1988: Grundlage der gesamten Wissenschaftslehre (1794), Hamburg.

Foerster, Heinz v., 1985: Sicht und Einsicht. Versuche zu einer operativen Erkenntnistheorie, Braunschweig/Wiesbaden.

Foerster, Heinz v., 1987: Erkenntnistheorien und Selbstorganisation, in: Siegfried J. Schmidt (Hg.): Der Diskurs des Radikalen Konstruktivismus, Frankfurt/M., S. 133-158.

Foucault, Michel, 1988: Archäologie des Wissens, Frankfurt/M.
Fuchs, Peter, 1992a: Die Erreichbarkeit der Gesellschaft. Zur Konstruktion und Imagination gesellschaftlicher Einheit, Frankfurt/M.
Fuchs, Peter, 1992b: Niklas Luhmann - beobachtet. Eine Einführung in die Systemtheorie, Opladen.
Gebauer, Richard, 1993: Letzte Begründung. Eine Kritik der Diskursethik von Jürgen Habermas, München.
Giddens, Anthony, 1988: Die Konstitution der Gesellschaft. Grundzüge einer Theorie der Strukturierung, Frankfurt/M./New York.
Glanville, Ranulph, 1988: Objekte, Berlin.
Günther, Gotthard, 1976: Beiträge zur Grundlegung einer operationsfähigen Dialektik. Erster Band, Hamburg.
Günther, Gotthard, 1979: Beiträge zur Grundlegung einer operationsfähigen Dialektik. Zweiter Band, Hamburg.
Habermas, Jürgen, 1971: Theorie der Gesellschaft oder Sozialtechnologie? Eine Auseinandersetzung mit Niklas Luhmann, in: Jürgen Habermas und Niklas Luhmann: Theorie der Gesellschaft oder Sozialtechnologie - Was leistet die Systemforschung? Frankfurt/M., S. 142-290.
Habermas, Jürgen, 1981: Theorie des kommunikativen Handelns, 2 Bände, Frankfurt/M.
Habermas, Jürgen, 1985: Der philosophische Diskurs der Moderne. Zwölf Vorlesungen, Frankfurt/M.
Hahn, Alois, 1987: Sinn und Sinnlosigkeit, in: Hans Haferkamp/Michael Schmid (Hg.): Sinn, Kommunikation und soziale Differenzierung. Beiträge zu Luhmanns Theorie sozialer Systeme, Frankfurt/M., S. 155-164.
Hahn, Alois/Willy H. Eirmbter/Rüdiger Jacob, 1992: AIDS: Risiko oder Gefahr?, in: Soziale Welt 43, S. 400-421.
Hegel, Georg Wilhelm Friedrich, 1970: Phänomenologie des Geistes, Frankfurt/M.
Hejl, Peter M., 1982: Sozialwissenschaft als Theorie selbstreferentieller Systeme, Frankfurt/M./New York.
Hejl, Peter M., 1987: Konstruktion der sozialen Konstruktion. Grundlinien einer konstruktivistischen Sozialtheorie, in: Siegfried J. Schmidt (Hg.): Der Diskurs des Radikalen Konstruktivismus, Frankfurt/M., S. 303-339.
Joas, Hans, 1992: Die Kreativität des Handelns, Frankfurt/M.
Jonas, Hans, 1979: Das Prinzip Verantwortung. Versuch einer Ethik für die technologische Zivilisation, Frankfurt/M.
Kneer, Georg, 1990: Die Pathologien der Moderne. Zur Zeitdiagnose in der

'Theorie des kommunikativen Handelns' von Jürgen Habermas, Opladen.

Kneer, Georg, 1992: Bestandserhaltung und Reflexion. Zur kritischen Reformulierung gesellschaftlicher Rationalität, in: Werner Krawietz und Michael Welker (Hg.): Kritik der Theorie sozialer Systeme. Auseinandersetzungen mit Luhmanns Hauptwerk, Frankfurt/M., S. 86 - 112.

Kneer, Georg, 1993: Selbstreferenz, Ironie und Supervision. Systemtheoretische Betrachtungen des modernen Staates, in: Sozialwissenschaftliche Literaturrundschau (in Vorbereitung).

Kneer, Georg/Armin Nassehi, 1991: Verstehen des Verstehens. Eine systemtheoretische Revision der Hermeneutik, in: Zeitschrift für Soziologie 20, S. 341-356.

Knyphausen, Dodo zu, 1992: Paradoxien und Visionen. Visionen einer paradoxen Theorie der Entstehung des Neuen, in: Konstruktivismus: Geschichte und Anwendung, Delfin 1992, Frankfurt/M., S. 140-159.

Köck, Wolfram K., 1990: Autopoiese, Kognition und Kommunikation. Einige kritische Bemerkungen zu Humberto R. Maturanas Bio-Epistemologie und ihren Konsequenzen, in: Volker Riegas und Christian Vetter (Hg.): Zur Biologie der Kognition. Ein Gespräch mit Humberto R. Maturana und Beiträge zur Diskussion seines Werkes, Frankfurt/M., S. 159-188.

Krohn, Wolfgang/Günther Küppers/Rainer Paslack, 1987: Selbstorganisation - Zur Genese und Entwicklung einer wissenschaftlichen Revolution, in: Siegfried J. Schmidt (Hg.): Der Diskurs des Radikalen Konstruktivismus, Frankfurt/M., S. 441-465.

Kuhn, Thomas S., 1976: Die Struktur wissenschaftlicher Revolutionen, Frankfurt/M.

Levy-Bruhl, Lucien, 1959: Die geistige Welt der Primitiven, Düsseldorf/ Köln.

Luhmann, Niklas, 1978: Geschichte als Prozeß und die Theorie sozio-kultureller Evolution, in: Karl Georg Faber und Christian Meier (Hg.): Historische Prozesse, München, S. 413-440.

Luhmann, Niklas, 1986a: Die Lebenswelt - nach Rücksprache mit Phänomenologen, in: Archiv für Rechts- und Sozialphilosophie 72, S. 176-194.

Luhmann, Niklas, 1986b: Das Medium der Kunst, in: Delfin 4, Heft 1, S. 6-15.

Luhmann, Niklas, 1987: Tautologie und Paradoxie in den Selbstbeschreibungen der modernen Gesellschaft, in: Zeitschrift für Soziologie 16, S. 161-174.

Luhmann, Niklas, 1988: Neuere Entwicklungen in der Systemtheorie, in: Merkur 42, S. 292-300.

Luhmann, Niklas, 1990: Sthenographie, in: Niklas Luhmann/Humberto R. Maturana/Mikio Namiki/Volker Redder/Francisco Varela: Beobachter. Konvergenz der Erkenntnistheorien? München, S. 119-137.

Luhmann, Niklas, 1991a: Die Form "Person", in: Soziale Welt 42, S. 166-175.

Luhmann, Niklas, 1991b: Sthenographie und Euryalistik, in: Hans Ulrich Gumbrecht/K. Ludwig Pfeiffer (Hg.): Paradoxien, Dissonanzen, Zusammenbrüche. Situationen offener Epistemologie, Frankfurt/M., S. 58-82.

Luhmann, Niklas, 1991c: Politik und Moral. Zum Beitrag von Otfried Höffe, in: Politische Vierteljahreszeitschrift 32, S. 497-500.

Luhmann, Niklas, 1992: Operationale Geschlossenheit psychischer und sozialer Systeme, in: Hans Rudi Fischer/Arnold Retzer/Jochen Schweitzer (Hg.): Das Ende der großen Entwürfe, Frankfurt/M., S. 117-131.

Luhmann, Niklas, 1993: Die Moral des Risikos und das Risiko der Moral, in: Bechmann, Gotthard (Hg.): Risiko und Gesellschaft. Grundlagen und Ergebnisse interdisziplinärer Risikoforschung, Opladen, S. 327 - 338.

Lyotard, Jean Francois, 1986: Das postmoderne Wissen. Ein Bericht, Graz/Wien.

Lyotard Jean Francois, 1987: Der Widerstreit, München.

Maturana, Humberto R., 1982: Erkennen: Die Organisation und Verkörperung von Wirklichkeit, Braunschweig/Wiesbaden.

Maturana, Humberto R., 1990: Gespräch mit Humberto R. Maturana, in: Volker Riegas/Christian Vetter (Hg.): Zur Biologie der Kognition. Ein Gespräch mit Humberto R. Maturana und Beiträge zur Diskussion seines Werkes, Frankfurt/M., S. 11-90.

Maturana, Humeberto R./Francisco Varela, 1982: Autopoietische Systeme: eine Bestimmung der lebendigen Organisation, in: Humberto R. Maturana: Erkennen, Braunschweig/Wiesbaden, S. 170-235.

Maturana, Humberto R./Francisco Varela, 1987: Der Baum der Erkenntnis. Die biologischen Wurzeln des menschlichen Erkennens, Bern/München/Wien.

Merton, Robert K., 1967: Der Rollen-Set. Probleme der soziologischen Theorie, in: Heinz Hartmann (Hg.): Moderne amerikanische Soziologie. Neuere Beiträge zur soziologischen Theorie, Stuttgart, S. 255-267.

Münch, Richard, 1988: Theorie des Handelns. Zur Rekonstruktion der Beiträge von Talcott Parsons, Emile Durkheim und Max Weber, Frankfurt/M.

Münch, Richard, 1991: Dialektik der Kommunikationsgesellschaft, Frankfurt/M.

Nassehi, Armin, 1992: Wie wirklich sind Systeme? Zum ontologischen und epistemologischen Status von Luhmanns Theorie selbstreferentieller Systeme, in: Werner Krawietz und Michael Welker (Hg.): Kritik der Theorie sozialer Systeme. Auseinandersetzungen mit Luhmanns Hauptwerk, Frankfurt/M., S. 43-70.

Nassehi, Armin, 1993a: Die Zeit der Gesellschaft. Auf dem Weg zu einer soziologischen Theorie der Zeit, Opladen.

Nassehi, Armin, 1993b: Gesellschaftstheorie, Kulturphilosophie und Thanatologie. Eine gesellschaftstheoretische Rekonstruktion von Georg Simmels Theorie der Individualität, in: Sociologia Internationalis (im Erscheinen).

Parsons, Talcott, 1951: The Social System, Glencoe.

Parsons, Talcott, 1968: The Structure of Social Action, New York.

Parsons, Talcott, 1976: Zur Theorie sozialer Systeme, Opladen.

Parsons, Talcott/Robert F. Bales/Edward A. Shils, 1953: Working Papers in the Theory of Action, Glencoe.

Perrow, Charles, 1989: Normale Katastrophen. Die unvermeidbaren Risiken der Großtechnik, Frankfurt/M./New York.

Reese-Schäfer, Walter, 1992: Luhmann zur Einführung, Hamburg.

Roth, Gerhard, 1987a: Erkenntnis und Realität. Das reale Gehirn und seine Wirklichkeit, in: Siegfried J. Schmidt (Hg.): Der Diskurs der Radikalen Konstruktivismus, Frankfurt/M., S. 229-255.

Roth, Gerhard, 1987b: Autopoiese und Kognition. Die Theorie H.R. Maturanas und die Notwendigkeit ihrer Weiterentwicklung, in: Siegfried J. Schmidt (Hg.): Der Diskurs der Radikalen Konstruktivismus, Frankfurt/M., S. 256-286.

Rousseau, Jean-Jacques, 1963: Der Gesellschaftsvertrag, Stuttgart.

Schmidt, Siegfried J., 1987: Der Radikale Konstruktivismus: Ein neues Paradigma im interdisziplinären Diskurs, in: ders. (Hg.): Der Diskurs des Radikalen Konstruktivismus, Frankfurt/M., S. 11-88.

Schneider, Wolfgang Ludwig, 1991: Objektives Verstehen. Rekonstruktion eines Paradigmas: Gadamer-Popper-Toulmin-Luhmann, Opladen.

Schneider, Wolfgang Ludwig, 1992: Hermeneutik sozialer Systeme, in: Zeitschrift für Soziologie 21, S. 420 - 439.

Schütz, Alfred, 1971: Über die mannigfaltigen Wirklichkeiten, in: ders.: Gesammelte Aufsätze, Band 1: Das Problem der sozialen Wirklichkeit, Den Haag, S. 237-298.

Sigrist, Christian, 1989: Das gesellschaftliche Milieu der Luhmannschen Theorie, in: Das Argument 178, S. 837-862.

Simon, Fritz B., 1988: Unterschiede, die Unterschiede machen. Klinische Epistemologie: Grundlagen einer systemischen Psychiatrie und Psychosomatik, Berlin.

Spencer Brown, George, 1971: Laws of Form, London.

Srubar, Ilja, 1989: Vom Milieu zu Autopoiesis. Zum Beitrag der Phänomenologie zur soziologischen Theoriebildung, in: Christoph Jamme und Otto Pöggeler (Hg.): Phänomenologie im Widerstreit. Zum 50. Todestag Edmund Husserls, Frankfurt/M., S. 307-331.

Steinbacher, Karl, 1990: Art. Funktion (sozialwissenschaftlich)/Funktionalismus, in: Europäische Enzyklopädie zu Philosophie und Wissenschaften, hg. v. Hans-Jörg Sandkühler, Band 2, Hamburg, S. 205-211.

Stichweh, Rudolf, 1991: Der frühmoderne Staat und die europäische Universität. Zur Interaktion von Politik und Erziehungssystem im Prozeß ihrer Ausdifferenzierung (16.-18. Jahrhundert), Frankfurt/M.

Teubner, Gunther, 1989: Recht als autopoietisches System, Frankfurt/M.

Thomas, Günter, 1992: Welt als relative Einheit oder als Letzthorizont? Zur Azentrizität des Weltbegriffs, in: Werner Krawietz/Michael Welker (Hg.): Kritik der Theorie sozialer Systeme, Frankfurt/M., S. 327-354.

Tjaden, K.H., 1971: Soziale Systeme. Materialen zur Dokumentation und Kritik soziologischer Ideologie, Neuwied/Berlin.

Weber, Max, 1976: Wirtschaft und Gesellschaft, 5. Aufl., Tübingen.

Weizsäcker, Christian v./Ernst Ulrich v. Weizsäcker, 1984: Fehlerfreundlichkeit, in: Klaus Kornwachs (Hg.): Offenheit - Zeitlichkeit - Komplexität. Zur Theorie der offenen Systeme, Frankfurt/M./New York, S. 167-187.

Wenzel, Harald, 1986: Einleitung des Herausgebers: Einige Bemerkungen zu Parsons' Programm einer Theorie des Handelns, in: Talcott Parsons: Aktor, Situation und normative Muster. Ein Essay zur Theorie sozialen Handelns, Frankfurt/M., S. 7-58.

Wenzel, Harald, 1991: Die Ordnung des Handelns. Talcott Parsons' Theorie des allgemeinen Handlungssystems, Frankfurt/M.

Wiener, Norbert, 1963: Kybernetik. Regelung der Nachrichtenübertragung im Lebewesen und in der Maschine, 2., rev. und erg. Aufl., Düsseldorf/ Wien.

Willke, Helmut, 1989: Systemtheorie entwickelter Gesellschaften. Dynamik und Riskanz moderner gesellschaftlicher Selbstorganisation, Weinheim/ München.

Willke, Helmut, 1992: Ironie des Staates. Grundlinien einer Staatstheorie polyzentrischer Gesellschaft, Frankfurt/M.

Sachregister

Das Sachregister weist Begriffe wie *System, Umwelt, Komplexität, Soziologie* und andere, die auf nahezu jeder Seite vorkommen, nicht aus. Ebenso wurde der Übersichtlichkeit wegen auf solche Begriffe verzichtet, die problemlos über das Inhaltsverzeichnis zu erschließen sind. Kursiv gesetzte Seitenzahlen verweisen auf Textstellen mit definitorischem oder besonders elementarisierendem Carakter.